Serge Abad-Gallardo

MEIN WEG ALS FREIMAURER

Serge Abad-Gallardo

MEIN WEG ALS FREIMAURER

Ich diente Luzifer, ohne es zu wissen

Vorwort von Maurice Caillet

media maria

Bibliografische Information: Deutsche Nationalbibliothek.
Die Deutsche Nationalbibliothek verzeichnet diese Publikation in der Deutschen Nationalbibliografie; detaillierte bibliografische Daten sind im Internet über http://dnb.ddb.de abrufbar.

Originalausgabe: »Je servais Lucifer sans le savoir«
© Éditions Pierre Téqui, Paris 2016

MEIN WEG ALS FREIMAURER
Ich diente Luzifer, ohne es zu wissen
Serge Abad-Gallardo
Übersetzung: Dr. Gabriele Stein
© Media Maria Verlag, 4. Auflage, Illertissen 2024
Printed in Germany

Alle Rechte vorbehalten
ISBN 978-3-9479311-5-6

www.media-maria.de

Inhalt

Vorwort	13
Prolog	15
Einleitung	17
Unbehagen bei einer freimaurerischen Tempelarbeit	17
Zweifel am Freimaurerleben	17
Freimaurer ... sein oder nicht sein?	21
Austritt aus der Loge ... und dann?	24
I. Im Schatten der Symbole	29
Sinn und Tragweite der freimaurerischen Symbole ..	29
Symbolik des Musivischen Pflasters und des Relativismus	32
Was bedeutet das Musivische Pflaster?	32
Die Vorstellungen von Gott und der Ewigkeit sind relativ	34
Das unüberwindliche Paradox einer relativen Wahrheit	35
Aus Sicht der Freimaurerei befindet sich die Kirche im Irrtum	40
Von Grund auf eine Doppelmoral	42

In den Augen der Freimaurerei ist das Böse für die Menschheit nötig und nützlich	46
Ein Werkzeug, um die Welt aus den Angeln zu heben	50
Die Macht des Hebels	50
Sich selbst rühmen!	54

II. Der Einfluss der Freimaurerei auf die Politik 59

Dieses »Glück der Menschheit«	59
Die Scheidung	60
Die Abtreibung	62
Die Ehe für gleichgeschlechtliche Pare	67
Wahrscheinlich eine freimaurerische ehemalige Ministerin?	70
Das Gesetz für eine Minderheit	71
Die Kommuniqués der Freimaurerei	72
Der Großorient verurteilt die Äußerungen der katholischen Kirche........................	73
Die Euthanasie	75
Die Freimaurerei arbeitet seit Langem auf die Legalisierung der Euthanasie hin	77
Freimaurerische Formulierungen im Gesetz	78
Die Arbeit der Lobbys	79
Die wertvolle Unterstützung der ADMD	81
Sterbehilfe in Ausnahmefällen................	81
Sterbehilfe im Namen der Zivilisation	82
Sterbehilfe aus Nächstenliebe	86
Sterbehilfe bei Kindern, Demenzkranken und psychisch Kranken?.......................	87
Gesetze, die aus der esoterischen Lehre der Freimaurerei hervorgegangen sind.............	88
Die Enzyklika Leos XIII.	90

III.	Eine Initiationsgemeinschaft	93
	Die freimaurerische Bruderkette	93
	Das Ritual der Bruderkette	94
	Die energetische Kraft der Bruderkette	97
	Das Anrufen von Mächten, die uns übersteigen	98
	Hiram wieder zum Leben erwecken	99
	Das Tarot und die Bruderkette	102
IV.	Wie ich herausfand, dass die Freimaurerei eine satanische Religion ist	107
	Johannisfest	107
	Eine Parodie der Eucharistie	110
	Luzifer – als Gott verehrt!	113
	Der satanische Genius	114
	»Jeder von uns ist sein eigener Luzifer«	116
	Rollentausch zwischen Gott und dem Teufel	118
	Wie die Freimaurerei ihren Bezug auf Luzifer rechtfertigt	119
	Die Freimaurerei verherrlicht Luzifers Ungehorsam	120
	Die Leugnung des Taufsakraments	121
	Die Freimaurerei verehrt die Schlange aus dem Buch Genesis	122
	Die Leugnung Christi	124
	Warum sich die Freimaurerei auf die Bibel bezieht	127
	Das Kreuz im XVIII. Hochgrad	128
	Das satanische Zeichen des XVIII. Hochgrads	129
	Parodie auf das letzte Abendmahl im XVIII. Grad	130

Die Freimaurerei leitet sich direkt von Kain ab und
ist von Luzifer inspiriert 131
Die Freimaurerei: eine satanische Religion 135

V. **Luzifer lässt nicht los** 143

Die Anfechtungen des Dämons 143
   Wenn der Dämon mit an Bord ist 143
   Ein Gebet um Befreiung von der Freimaurerei ... 143
   Ein langer Weg der Befreiung 150

VI. **Bekehrung und Friede** 153

Umkehr und Befreiung 153
   Ich hatte die Hilfe der Engel abgelehnt 153
   Kindliche Prägung durch einen Glauben, von dem
   ich mich entfernt hatte 155
   Ein guter Kandidat für die Freimaurerei 156
   Rückkehr zum christlichen Glauben 157
   »Welches Wunder hat Sie aus der Freimaurerei
   herausgeholt?« 158
   Akte zur Stärkung des Glaubens 161
   Der Krankenbesuch 162
   Das Kreuz hat das Böse besiegt 165
   Ein bestätigter, weil authentischer geistlicher Ruf 167
   Gott hat das Böse nicht erschaffen 169
   Im Gebet mit einem Freimaurer! 172
   Notwendige Vergebung.................... 176
   Die freimaurerische Spiritualität hat nichts mit
   dem christlichen Gebet zu tun 180

Schluss 183
    An die Freimaurer, jedoch nicht nur an sie 183
    Der Glaube 186

Epilog 191

Anhang 197
    Hochgradsystem des Alten und Angenommenen
    Schottischen Ritus 197
        Johannisgrade............................. 197
            Blaue Freimaurerei 197
        Hochgrade 197
            Perfektionsgrade: grüne Freimaurerei 197
            Kapitelgrade: rote Freimaurerei 197
            Philosophische oder Areopag-Grade: schwarze
            Freimaurerei 198
            Konsistorialgrade: weiße Freimaurerei 198
            Grad des Obersten Rates..................... 198

Bibliografie 199

Anmerkungen 201

Und aus dem Licht hör' ich den stolzen Engel.
O Schreckensruf! »Ich unterwerf' mich nicht.«
In Nacht ich schwöre in dem Tal der Mängel,
gehorsam will ich sein im Glaubenslicht.
Ich fühle in mir jenen Mut der Heil'gen.
Der fürchtet nicht der ganzen Hölle Wut.
Mir ist ein Panzer, heißt Gehorsam, eigen.
Er ist mein Schild und nimmt mein Herz in Hut.

Hl. Theresia vom Kinde Jesus und vom Heiligsten Antlitz
»Meine Waffen«, 25. März 1897

Wir befinden uns vor dem größten Kampf, den die
Menschheit je gesehen hat.
Ich glaube nicht, dass die christliche Gemeinschaft das
schon ganz verstanden hat.

Hl. Johannes Paul II., 1976

Die Nacht ist vorgerückt, der Tag ist nahe.
Darum lasst uns ablegen die Werke der Finsternis
und anlegen die Waffen des Lichts!

Röm 13,12

Vorwort

Mit seinem persönlichen Zeugnis und seiner umfassenden Kenntnis der Freimaurerei beweist Serge Abad-Gallardo, dass die spekulative Freimaurerei[1] seit 300 Jahren daran arbeitet, sämtliche Errungenschaften aus zweitausend Jahren Christentum zunichtezumachen. Dieses Bestreben richtet sich insbesondere gegen den Katholizismus, weil dieser aufgrund der zentralen Bedeutung des Papsttums eine strukturierte und hierarchische Einheit bildet. Hier tobt – was vielen Katholiken und auch etlichen Freimaurern der ersten drei Grade allerdings nicht bewusst ist – ein echter »geistlicher Kampf«.

Papst Franziskus übrigens hat seit Beginn seines Pontifikats immer wieder vor den Fallstricken des Teufels gewarnt und damit sogar bei vielen Gläubigen für Überraschung gesorgt.

Als ein in Lourdes bekehrter ehemaliger Freimaurermeister, Meister vom Stuhl des Großorients von Frankreich und Ritter vom Rosenkreuz (XVIII. Grad), kann ich die Beweise, die Serge für den religiösen Dualismus der Freimaurerei, die Luzifer-Verehrung der Hochgrade und den Abscheu gegenüber den Dogmen des katholischen Glaubens anführt (manche Logen und Großlogen verwenden ganz ungehemmt den Ausruf »Freiheit, Gleichheit, Brüderlichkeit, nieder mit den Pfaffen!«), ausnahmslos und uneingeschränkt bestätigen.

Freimaurer, nehmt euch Serges Warnungen zu Herzen, es ist noch nicht zu spät. Katholiken, greift zu den Waffen des Gebets und eines tugendhaften Lebens und wappnet euch gegen den tückischen und todbringenden Hedonismus der Freimaurerei, der euch mit einer »bis zur Gottesverachtung getriebenen

Selbstliebe« – so hat der heilige Augustinus die Herrschaft des Feindes definiert – verführen will.

Maurice Caillet[2]
Ehemaliger Meister vom Stuhl
des Großorients von Frankreich

Prolog

Charles Baudelaire hat uns gewarnt: »Meine lieben Brüder, vergesst niemals, wenn ihr den Fortschritt der Aufklärung rühmen hört, dass die beste List des Teufels die ist, euch weiszumachen, dass er nicht existiere!«[1]

Die Freimaurerei verkündet eine Botschaft der Brüderlichkeit, der Toleranz und des Humanismus. Wer wollte derartige Bestrebungen nicht teilen? Wer würde sich nicht wünschen, dass die Welt brüderlicher, toleranter und menschlicher wird? Gerade die Kirche und die Christen können ein solches Ideal nur unterstützen. Und doch ist es – wie ich in meinem letzten Buch aufgezeigt habe[2] – unmöglich, sich gleichzeitig zum Glauben der katholischen Kirche und zur Freimaurerei zu bekennen, weil beide Institutionen unter den genannten Begriffen jeweils etwas anderes verstehen. Ist diese grundlegende Unvereinbarkeit womöglich ein Indiz dafür, dass sich hinter den Reden der Freimaurerei ein anderes Ziel verbirgt? Ein Ziel, dessen nur scheinbare Übereinstimmung mit den Zielen der kirchlichen Soziallehre als Täuschung entlarvt werden muss, weil zwischen beiden Lehren in Wirklichkeit fundamentale Gegensätze bestehen?

Und wenn man weiß, dass Luzifer es darauf anlegt, die Neigung zum Guten in einen Hang zum Bösen zu verkehren, dann könnte man auch ganz direkt fragen, ob die Freimaurerei womöglich nicht satanisch ist?

Ich denke, dass ich bezeugen und belegen kann, dass sie in einer zwar heimlichen, aber durchaus engen Beziehung zur luziferischen Lehre steht.

Sind die Freimaurer sich dessen bewusst? Die überwiegende Mehrheit von ihnen höchstwahrscheinlich nicht. Sie handeln, wie es bei mir selbst lange Zeit der Fall war, in gutem Glauben und vermeintlich zum »Wohl der Menschheit«.

Denn, wie Georges Bernanos schreibt, »so listig der Feind auch sein mag, seine scharfsinnigste Bosheit vermag der Seele doch nur auf einem Umweg beizukommen, wie man eine Stadt bezwingt, indem man ihre Quellen vergiftet. Er täuscht das Urteil, beschmutzt die Einbildungskraft, bringt Fleisch und Blut in Aufruhr, benutzt mit vollendeter Kunst unsere eigenen Widersprüche [...] fälscht die Handlungen und Absichten.«[3]

Deshalb schien es mir unbedingt notwendig, dieses Buch zu schreiben, um Zeugnis abzulegen.

Entweder bedient sich die Freimaurerei im Zuge ihrer Auflehnung gegen Gott und seine Kirche absichtlich einer luziferischen Lehre oder sie lässt sich auf eine Art Rollenspiel ein, das ihr selbst nicht bis ins Letzte bewusst ist. Wie dem auch sei, das Ergebnis ist dasselbe: Man knüpft eine Beziehung zu Luzifer. Was absolut nicht ohne schwerwiegende Folgen bleibt.

Und das geht uns alle an.

Einleitung

Unbehagen bei einer freimaurerischen Tempelarbeit

Zweifel am Freimaurerleben

Der Freimaurertempel lag im Halbdunkel. Wir hatten in den *Kolonnen*[1] Platz genommen. Soeben wurde eine Tempelarbeit der Freimaurer im ersten Grad der *blauen Loge* eröffnet: ein Freimaurerabend im *Lehrlingsgrad*[2]. Also standen wir alle auf. Wir trugen unsere Abzeichen.

Die Lehrlinge waren mit ihrem weißen Schurz bekleidet. Er war rechteckig und lief an seinem oberen Ende in einer dreieckigen Klappe aus, deren Spitze nach oben zeigte. Da man dem Lehrling bei der *Arbeit am Stein* das geringste Geschick zutraut, muss sein Schurz eine möglichst große Fläche schützen, die bis auf die Höhe des Herzens reicht.

Die Gesellen trugen einen identischen Schurz, wobei die Klappe heruntergeklappt war, weil sie bereits über gewisse Anfangskenntnisse in der Freimaurerei verfügen, weshalb sie in der Loge das Wort ergreifen und sogar den Meistern helfen dürfen.

Wir, die Meister, hatten die Insignien unseres Grades angelegt: die Schärpe und den Meisterschurz.

Unsere Schärpen waren blau mit roten Borten, die diagonal von der rechten Schulter zur linken Hüfte getragen wurden. Es handelt sich um ein Überbleibsel aus einer Zeit, in der die Männer – Adlige oder Soldaten – ihr Schwert in einem Bandelier[3] bei sich führten. Die Freimaurerei beruft sich vor allem in den Hochgraden gern auf eine ritterliche Tradition.

Unsere Schurze waren prächtig und bunt: ein Rechteck aus weißem Lammleder, das an allen vier Seiten mit einem aufgenähten roten Band eingefasst war. Die Klappe war geschlossen: ein ebenfalls rotes Dreieck, dessen Spitze nach unten wies. Innen waren zwei Buchstaben eingestickt: »M.« und »B.«, die freimaurerische Schreibung des hebräischen Worts *Mak Benach*, des heiligen Meisterworts, das einige mit »Sohn des Vaters« und andere mit »Sohn der Verwesung« übersetzen.

Darüber hinaus war ich seit einigen Jahren zu den Hochgraden zugelassen. Dies ist etwas, worum man auf keinen Fall bitten sollte, denn das ist – wie ich nach meiner Zulassung erfuhr – besonders verpönt. Wer um Aufnahme in die Hochgrade bittet, dessen Gesuch wird ganz sicher abschlägig beschieden und dessen Eingliederungsprozess verlängert sich um mehrere Jahre! Nur die Inhaber der Hochgrade selbst können beurteilen, ob ein Meister »geeignet« ist, in ihre Reihen aufgenommen zu werden.

Der Zugang zu diesem »Allerheiligsten« erfolgt somit ausschließlich durch das Hineingewähltwerden, nachdem man – und zwar über Jahre hinweg – sowohl innerhalb der Loge als auch in der »profanen Welt« von den höchsten Eingeweihten geprüft, beurteilt, gewogen und schließlich für tauglich befunden worden ist. Nachdem man somit, ohne sich dessen überhaupt bewusst zu sein, sein Engagement und seine freimaurerische Treue hinreichend unter Beweis gestellt hat.

Ich war also für »würdig« befunden worden, ein Mitglied dieses streng geschlossenen Zirkels zu werden, stand kurz vor dem Abschluss des zwölften Hochgrads und würde aller Wahrscheinlichkeit nach bald für die Zulassung zum XIII. und dann zum XIV. Grad vorgeschlagen werden. Ich war etwas über fünfzig Jahre alt und hatte es innerhalb der Hochgrade schon recht weit gebracht.

Das bedeutete, dass ich im Rahmen meiner freimaurerischen Initiation[4] in mehr und mehr undurchdringliche, mehr und mehr esoterische und mehr und mehr geschlossene Kreise vorstieß. Gleichzeitig verfolgte ich meine Karriere als höherer Beamter der Territorialverwaltung: Ich war eine Persönlichkeit, die in den gesellschaftlichen Kreisen einer mittelgroßen Stadt kein geringes Ansehen genoss. Und in der elitären Welt der Hochgrade, der ich nun schon seit mehreren Jahren angehörte, war ich inzwischen in den innersten Bereich vorgedrungen: dorthin, wo die Bezeichnungen der Grade mehr als wohlklingend sind.

Nachdem ich zu den Hochgraden eines »Geheimen Meisters«, »Vollkommenen Meisters«, »Geheimen Sekretärs«, »Vorstehers und Richters«, »Intendanten der Gebäude«, »Auserwählten Meisters der Neun«, »Erlauchten Auserwählten der Fünfzehn« und »Erhabenen Auserwählten Ritters« aufgestiegen war, hatte ich schließlich den Hochgrad »Großarchitekt« erreicht. Schon bald würde ich zum XIII. Grad – »Meister vom Königlichen Gewölbe« – und sodann zum XIV. Grad gelangen und mich »Auserwählter Maurer« nennen dürfen. Damit würden mir die Grade eines »Ritters vom Osten oder Ritters vom Schwert« und »Meisters von Jerusalem«, ebenfalls des »Ritters vom Osten und Westen« offenstehen bis zum Erreichen des XVIII. Grades, des »Ritters vom Rosenkreuz«. Anschließend würde mein freimaurerischer Werdegang es mir erlauben, zu den höchsten Initiationsstufen, nämlich bis zum XXX. und letzten Grad der schwarzen Freimaurerei aufzusteigen, dem »Ritter Kadosch«.

Andererseits jedoch verspürte ich seit mittlerweile einem Jahr ein echtes Wiederaufleben meines katholischen Glaubens[5] – und machte auch keinen Hehl daraus. Meine *Schwestern* und meine *Brüder* beobachteten mich: die einen mit der Nachsicht, die man für einen leichtsinnigen Freund empfindet, die anderen mit der Skepsis, die man angesichts eines unbegreiflichen Phänomens an den Tag legt, wieder andere schließlich mit dem Argwohn, den man dem künftigen Verräter entgegenbringt.

An jenem Abend verfolgte ich zwar die Phasen der Zeremonie, doch ich war zerstreut und in Wirklichkeit mit meinen Gedanken woanders. Ich spürte, dass es Zeit wurde, einen anderen Weg einzuschlagen.

Denn was war die Freimaurerei, verglichen mit der Barmherzigkeit des Herrn und der zärtlichen Liebe Mariens, die mir in Lourdes direkt an der Grotte von Massabielle ein so machtvolles Zeichen hatte zukommen lassen? Sie hatte mir die Augen und vor allem das Herz geöffnet. Von diesem Augenblick an erkannte ich all die Fehler, die ich begangen hatte, und all das andere, das der Götzendienst mit sich gebracht hatte: Ich war entschlossen, mein Leben wieder in die Hände der seligen Jungfrau Maria zu legen.

Plötzlich drang wie ein Blitz, der den Nebelschleier meiner Gedanken zerriss, die Stimme des »Meisters vom Stuhl« an meine Ohren:

»Meine *Schwestern* und meine *Brüder*, wir schreiten nun zur Illumination des Tempels. *Schwester Grand Expert*[6], walten Sie Ihres Amtes.«

Die *Schwester Grand Expert* streckte dem »Meister vom Stuhl« eine Flamme entgegen, der von seinem Stuhl aus drei weitere Kerzen daran entzündete und feierlich verkündete:

»Möge das Licht der Weisheit unsere Arbeiten erleuchten!«

Die *Schwester Grand Expert* umrundete den gekachelten Fußboden mit einer beinahe militärisch anmutenden Vierteldrehung an jeder Ecke und begab sich vor den »Ersten Aufseher«, der mit Nachdruck erklärte:

»Möge das Licht der Stärke unsere Arbeiten tragen!«

Anschließend rief der »Zweite Aufseher«, den die *Schwester Grand Expert* nach einer weiteren Runde erreicht hatte, in prophetischem Ton:

»Möge das Licht der Schönheit in unseren Arbeiten erstrahlen!«

Die *Schwester Grand Expert* nahm ihren Platz in unmittelbarer Nähe zu den Lehrlingen wieder ein und löschte ihre Kerze.

Der Meister vom Stuhl schloss mit allergrößter Feierlichkeit: »Das Licht bleibt immer unter uns. Nehmt Platz, meine *Schwestern* und meine *Brüder*!«

Erst dann durften wir uns endlich setzen, damit das Ritual seinen Fortgang nehmen und die Tempelarbeit endgültig und offiziell eröffnet werden konnte.

Die Beamten, das heißt insbesondere der Meister vom Stuhl, der Erste und der Zweite Aufseher, führten das Ritual in der gewohnten Weise durch. Ich kannte es auswendig, denn ich hatte unzählige Male daran teilgenommen und es als Inhaber diverser Ämter – darunter auch das des Meisters vom Stuhl – selbst durchgeführt. Seit meiner Initiation waren mehr als zwanzig Jahre vergangen!

Freimaurer ... sein oder nicht sein?

Ein Wort schoss mir plötzlich durch den Kopf: »Mummenschanz!«

Danach schweifte ich wieder ab, bis mich der letzte Satz des Rituals aus meinen Gedanken riss. Der Meister eröffnete nun offiziell die Arbeit:

»Meine *Schwestern* und meine *Brüder*, wir sind nicht mehr in der profanen Welt, wir haben unsere Metalle an der Pforte des Tempels abgelegt. Erheben wir unsere Herzen in Brüderlichkeit und mögen sich unsere Blicke dem Licht zukehren. Nehmt Platz, meine *Schwestern* und meine *Brüder*!«

Sodann begann die Tempelarbeit mit dem Rechenschaftsbericht über die letzte Sitzung, der Tempelarbeit des ersten Grades, den Abstimmungen und der Durchführung der Tagesordnung.

Meine Abzeichen waren für mich zu dem geworden, was sie de facto auch waren: Dekoration, nichts weiter! Nichts, was auch nur die geringste spirituelle Bedeutung besessen hätte! Und dasselbe galt auch für dieses Ritual, diese Atmosphäre, diese Symbole, die mich bisher ausgefüllt und getragen hatten: Dies alles hatte in meinen Ohren einen zunehmend falschen Klang.

Inzwischen wusste ich, welche Realität sich hinter der Maske der guten Absichten verbarg, die die Freimaurerei zur Schau trug. Ich hatte schon seit einiger Zeit geahnt, was sich unter diesem Deckmantel verbarg. Doch es hatte noch eine Weile gedauert, bis ich mir endlich darüber im Klaren war. Mit sanfter, aber unwiderstehlicher Gewalt hatte unsere heiligste Mutter mich zu ihrem geliebten Sohn geführt: »Um zu richten, bin ich in diese Welt gekommen: damit die nicht Sehenden sehen und die Sehenden blind werden« (Joh 9,39).

Zunächst hatte ich noch gehofft, dass ich meinen *Schwestern* und meinen *Brüdern* helfen könnte, die Liebe des Herrn kennenzulernen: Ich wollte in der Loge bleiben, um von meinem Weg der Befreiung zu erzählen. Doch dann musste ich mir mein Scheitern wohl oder übel eingestehen: Meine *Brüder* und meine *Schwestern* waren wie »gefesselt«, gefangen. Sie, die von »Freiheit« sprachen, waren in Wirklichkeit Sklaven und durch das freimaurerische Ritual und Lehrgebäude schlichtweg »konditioniert«. Sie, die von »Gleichheit« sprachen, wachten eifersüchtig über ihre Geheimnisse und bildeten eine Welt für sich, von der die armen »Profanen« ausgeschlossen waren. Sie, die sich in der Loge so gern auf die »Brüderlichkeit« beriefen, waren nur untereinander in ihrem exklusiven Bereich *Brüder* und *Schwestern*. Ich hingegen hatte soeben entdeckt, dass wir alle ohne Ausnahme Brüder und Schwestern in Christus sind. Ich begriff endlich, dass die wahre Liebe keine Schranken kennt.

Mir war wohl bewusst, dass der Dialog kompliziert war. Dass ich seit fast eineinhalb Jahren kein wirklich gewissenhaftes Mitglied der blauen Loge und der Hochgrade mehr war. Dass ich immer öfter betend vor unserem Herrn oder vor Maria kniete. Schon stieg eine gewisse Ungeduld in mir auf. Ich spürte sie sogar physisch: Ja, ich musste gehen!

An jenem Abend begriff ich plötzlich, dass dies meine letzte Tempelarbeit war, dass ich zum letzten Mal am *Brudermahl*[7] teilnahm: mein letztes Essen mit den Eingeweihten! Ich war ein gläubiger Mensch geworden und ertrug die Heimlichkeiten nicht mehr. Als ich spät in der Nacht nach Hause kam, beschloss ich, meinen Austritt zu erklären. Ich wollte nicht länger warten.

Unwillkürlich stieg die Erinnerung an mein Initiationsritual[8] in mir auf: Nachdem ich mich damals allen Prüfungen, die mich zum Eingeweihten machten, blind unterzogen hatte, hatte man mir die Augenbinde abgenommen. Geblendet hatte ich mich einer Gruppe von Freimaurern gegenüber gesehen. Sie waren mit Schwertern bewaffnet, deren Spitzen auf mein Herz gerichtet waren. Gerade erst hatte ich schwören müssen, dass ich das Geheimnis der Freimaurer bewahren würde. Jetzt klang mir die feierliche Stimme des Meisters vom Stuhl in den Ohren, während ich blinzelte und meine Augen die feindselig auf mich gerichteten Waffen entdeckten:

»Neuling, die Schwerter, die Sie hier sehen, bedrohen nur die Verräter und die Meineidigen. Ihnen verkünden Sie im Gegenteil, dass alle Freimaurer Ihnen in der Not zu Hilfe eilen werden. Mögen diese Schwerter Schutz, Liebe und Züchtigung zugleich versinnbildlichen!«[9]

Mir war klar, dass man mich nun für einen Verräter halten würde.

Und das machte sich, wie ich bitter erfahren sollte, vor allem in meinem alltäglichen Leben bemerkbar.

Personen, die über ein rundes Dutzend Jahre hinweg meine *Schwestern* und meine *Brüder* – und teilweise sogar enge und vermeintlich echte Freunde – gewesen waren, mieden mich plötzlich, wenn wir einander auf der Straße begegneten. Türen verschlossen sich, ich wurde nicht mehr zum Aperitif oder zum Abendessen eingeladen. So verlor ich alle meine »Freunde«, und zwar genau deshalb, weil sie meine *Schwestern* und *Brüder* gewesen waren!

In meinem beruflichen Umfeld arbeiteten etliche *Brüder*, und einige waren sehr hochrangig. Auch dort war es nicht einfach!

Ganz zu schweigen von den öffentlichen Beschimpfungen und den indirekten Drohungen, die ich nach Erscheinen meines ersten Buches erhielt, mit dem ich mich aus Sicht der Freimaurer einer primitiven »Intoleranz« oder schlimmer noch, einer Freimaurerfeindlichkeit schuldig gemacht hatte! Einfach deshalb, weil ich die Wahrheit geschrieben hatte!

Austritt aus der Loge ... und dann?

Ehe ich in meine Initiation einwilligte, hatte ich ein wenig besorgt gefragt, ob es leicht wäre, die Loge wieder zu verlassen. Anstelle einer Antwort verwies man mich mit ausdrücklichem Wohlwollen auf Artikel 12 der Allgemeinen Regeln, der diese Frage behandelt: »Jeder Austritt muss dem Präsidenten der Loge vorgelegt werden. [...] Der Austritt wird am Tag der Verlesung des Austrittsschreibens im Rahmen einer Festarbeit akzeptiert und wirksam. [...] Der Austritt aus den blauen Johannisgraden zieht den Austritt aus den Hochgraden der Loge nach sich.«

Der Freimaurerei den Rücken zu kehren ist scheinbar kein Problem.

Genau deshalb können die Freimaurer übrigens auch behaupten, dass die Freimaurerei nicht sektiererisch ist. Etliche *Brüder* vertreten den Standpunkt, dass die Aufnahme in eine Freimaurerloge – im Unterschied zu einer Sekte – sehr schwierig, der Austritt hingegen laut Statuten eine reine Formalität sei.

Also brachte ich noch am selben Abend, sobald ich wieder zu Hause war, meine Entscheidung zu Papier. Ich begann mein

Schreiben mit der üblichen rituellen Anrede: »Ehrwürdiger Meister[10] und ihr alle, meine *Schwestern* und meine *Brüder* in all euren Graden …«

Dann fuhr ich fort: »Ich möchte heute […] mit dem nötigen Abstand, den ich brauchte, um über mein freimaurerisches Engagement nachzudenken […] ein grundlegendes Problem ansprechen. […] Ich bin mit meinem Vorgehen nicht auf einem falschen Weg. […] Es ist für mich richtig, wenn ich zur Freimaurerei auf Distanz gehe […]. Deshalb erkläre ich hiermit meinen Austritt aus der Loge und dem Internationalen Freimaurerorden für Männer und Frauen ›Le Droit Humain‹.«

Es war spät am Abend des 9. Oktober 2013. In dieser mitternächtlichen Finsternis war der Herbst an der Aude schon ein wenig frostig.

Am 15. November erhielt ich von meinem Meister vom Stuhl eine derart unterkühlte und lakonische Antwort, dass ich mich in meiner Entscheidung bestätigt fühlte: »Lieber Serge, die Loge hat deinen Austritt nach Verlesung deines Schreibens in der Festarbeit am 14. November dieses Jahres zur Kenntnis genommen.«

Es folgten eine Höflichkeitsfloskel und die Unterschrift, die das Ende eines stets loyalen freimaurerischen Engagements, das immerhin 24 Jahre gedauert hatte, bedeuteten. Wenn ein Austrittsgesuch eingereicht wird, sehen die Regeln ein Treffen zwischen dem austrittswilligen Freimaurer und einem oder mehreren Meistern vor. Um sicherzugehen, wie es heißt. Tatsächlich jedoch – das kann ich bezeugen – in der Absicht, ihn von seinem Entschluss abzubringen. Vor allem dann, wenn es sich um jemanden handelt, der schon seit vielen Jahren dabei oder gar Mitglied der Hochgrade ist. Das war auch in meinem Fall nicht anders. Doch die beiden *Schwestern*, die sich mit mir trafen – und die es im Übrigen wirklich gut meinten und meine Entscheidung ernsthaft bedauerten –, begriffen rasch, dass ich für die Organisation »verloren« war: Ich war gläubig geworden!

Nur diesem Glauben habe ich es zu verdanken, dass ich imstande war, meinem Aufstieg in den innersten Zirkel der Freimaurerei ein Ende zu setzen. Wie die meisten Freimaurer, die oft aufrichtige Menschen sind, war ich von der Philosophie der Gruppe, der ich meinen Eid geschworen hatte, derart »absorbiert«, dass ich die Tragweite dieses Initiationsprozesses nicht hatte einschätzen können.

Als ich im Februar 1989 den Freimaurern beigetreten war, hatte ich mich von der List des bösen Feindes täuschen lassen und ihm, ohne mir dessen überhaupt bewusst zu sein, die Schlüssel zu meiner Seele ausgehändigt. »Praktiken, die auf die Entfaltung okkulten Wissens oder okkulter Fähigkeiten abzielen, sind immer stillschweigende Pakte, Verträge mit dem Dämon.«[11] Tatsächlich ist die Freimaurerei ein Werkzeug des Teufels und zieht einen Pakt mit dem Bösen nach sich, der oft unbewusst geschlossen wird. Ich sage dies nicht, um die zahlreichen Freimaurer an den Pranger zu stellen, denn auch sie sind in aller Regel unfreiwillige Opfer: »Heute benutzt er [der Teufel] die Freimaurerei, um unter dem Vorwand, sie der göttlichen Autorität zu entziehen, möglichst viele Seelen in seinen Netzen zu fangen. Dieser erbitterte Krieg gegen die Kirche, den man im 18. Jahrhundert im Namen der Aufklärung geführt hat und der heute im barbarischen Namen des Laizismus geführt wird, lässt sich nur mit dem Einfluss des Geistes der Bosheit erklären.«[12]

Wie wir im Verlauf dieses Buches sehen werden, ist das Vorgehen Luzifers durch die Freimaurerei so gefährlich, weil es nicht explizit zutage tritt. Wer sich um die Teilnahme am freimaurerischen Abenteuer bewirbt – und bereits der allgemeinen Entchristianisierung verfallen ist –, ahnt nichts von seiner tatsächlichen Wirksamkeit. Wie die meisten anderen hatte auch ich das »Licht« gesucht, ohne zu wissen, dass es in der Liebe Christi schon längst an meiner Seite war. 300 Jahre der »Entkatholisierung« Frankreichs – eine direkte Folge freimaurerischer Umtriebe – hatten mich, so wie viele meiner Logenbrüder und -schwestern, von der Kirche entfernt. Und in diesem spirituellen Vakuum, in dem ich mich befunden hatte, war ich aufrichtig davon überzeugt gewesen, dass die Freimaurerei sich für das »Glück der Menschheit« einsetzte. Wer würde sich daran nicht beteiligen wollen? Doch die freimaurerischen Worte waren raffinierte Tricks, hinter denen sich andere, weniger lobenswerte Ziele verbargen: Geschäftemacherei, politische Intrigen, das Knüpfen vorteilhafter Beziehungen – und vor allem Zugang zu den Mächtigen durch die Einführung durch Bekannte. Am Ende begriff ich, dass das »Glück« nach freimaurerischem Verständnis nichts mit dem »Heil« zu tun hat, das Jesus uns gelehrt und zu dem er uns den Weg gewiesen hat. Den Freimaurern ging es um eine andere Art von »Glück«. Ein »Glück«, das sie mit der sofortigen und uneingeschränkten Verwirklichung ihres persönlichen Vergnügens verwechselten: Das, was die Freimaurerei für echte Freiheit hält, ist in Wirklichkeit blanker Individualismus.

I.
Im Schatten der Symbole

Sinn und Tragweite der freimaurerischen Symbole

Die freimaurerischen Symbole sind alles andere als harmlos. Sie öffnen, wie wir noch sehen werden, der Esoterik Tür und Tor. Sie führen den Eingeweihten in ein vollkommen anderes Denk- und Wertesystem hinein.

Vom ersten Tag seiner Initiation stürmt diese neue Welt auf den Adepten ein, der mit jedem Grad neue Symbole entdeckt. Die freimaurerischen Symbole sind materiell – Hammer, Meißel, Maßstab, Winkelmaß, Zirkel, Senkblei, Brecheisen, Schurze, freimaurerische Handschuhe und Schärpen usw. – oder immateriell – Rituale, Platzwechsel in der Loge, Sitzordnung der Freimaurer gemäß ihrem Grad, Sitzordnung der Beamten, Regeln, die es bei Wortmeldungen zu beachten gilt, rituelle Vorrechte der Beamten, Worte, die gesprochen, und Texte, die rezitiert werden, sowie Gesten bei den Zeremonien der Einweihung oder der Erhebung zu den verschiedenen Graden. Auch kosmogonische[1] Darstellungen wie die Tierkreiszeichen, der Mond und die Sonne oder metaphysische Darstellungen können Symbole sein: in den blauen Logen etwa das Allsehende Auge oder der Flammenstern, in den Hochgraden das Synthem: ein schwarzer Kreis auf blauem Grund, darin ein weißes gleichseitiges Dreieck, innerhalb dessen sich ein goldener fünfzackiger Stern befindet (im IV. Grad des Geheimen Meisters), und

Jupiter, symbolisiert durch einen goldenen Stern hinter dem Platz des Erhabenen Großmeisters[2] (im XII. Grad des Großarchitekten).

Man muss wissen, dass das freimaurerische Symbol seiner Natur nach absolut nichts mit der christlichen Symbolik zu tun hat. Letztere dient allein dem Zweck, eine geoffenbarte Wahrheit darzustellen. Das freimaurerische Symbol dagegen soll ein Wissen bewusst machen, das der Eingeweihte unbewusst in sich trägt: »Die freimaurerischen Symbole sind also dazu da, uns die Wahrheiten zu veranschaulichen, die in uns sind. Sie sind ein getreues Abbild dessen, was in unserem Geist vorhanden ist.«[3]

Daher können die freimaurerischen Symbole auf mehreren Ebenen gedeutet werden: auf einer exoterischen, das heißt erkennbaren und allgemein verständlichen Ebene, und auf einer esoterischen Ebene, die nur im Initiationsgeheimnis zugänglich wird. Die erstgenannte Ebene appelliert somit an den gesunden Menschenverstand der »profanen« Vorstellungswelt. Die zweitgenannte dagegen verweist auf das, was verborgen, geheim und nur dem Eingeweihten zugänglich ist.

Der Schurz, den die Freimaurer tragen, gehört zum Beispiel zu den typischsten Symbolen der Initiationsgemeinschaft.[4] Dieses Kleidungsstück – darin besteht seine übliche und profane Funktion – soll seinen Träger schützen. Das ist auch die objektive Bedeutung, die ihm die Freimaurerei beimisst. Darüber hinaus aber hat der Schurz in der Loge einen verborgenen, mehr esoterischen Sinn: Der Lehrling trägt einen Schurz, dessen dreieckige Klappe nach oben zeigt. Profan gesprochen dient dies, wie oben gesehen, dem Schutz des Solarplexus. Doch auf der Ebene der geheimen Symbolik entspricht dieser Teil des Körpers, wie ein besonders eingeweihter und sachkundiger Autor schreibt, »dem *Nabelchakra*, von dem die ›Gefühle‹ und ›Emotionen‹ abhängen, vor denen sich vor allem der Lehrling schützen muss, um zu jener Heiterkeit des Geistes zu gelangen, die ihn zu einem echten Eingeweihten machen wird«.[5] Aus diesem Grund tragen der Geselle und der Meister die Klappe ihres Schurzes nach unten geklappt: Sie verfügen über ein Wissen der Eingeweihten, aufgrund dessen sie nicht länger befürchten müssen, dass ihre Suche von ihren Emotionen und Gefühlen beherrscht wird.

Nach seiner Initiationszeremonie, bei der man ihm sagt: »Hier[6] ist alles Symbol« und: »Suche, und du wirst finden«[7], hat der Freimaurer genau verstanden, dass außer der Symbolik in der Loge nichts existiert. Die »Wahrheit« selbst wird auf geheime[8] Weise *vom Symbol getragen, und gleichzeitig gewährt das Symbol Zugang zu dieser freimaurerischen Wahrheit.*

Das Symbol spielt in dieser Geheimgesellschaft eine so wichtige Rolle, dass die Freimaurerei ohne ihre Symbole völlig substanzlos wäre: »Man muss sich einfach bewusst machen und als grundlegende Gegebenheit anerkennen, dass dieses symbolische Universum mit der Freimaurerei im Wesentlichen identisch ist, mehr noch, dass diese ohne es jedwede Besonderheit oder gar ihre ganze Bedeutung und ihren eigentlichen Daseinsgrund verlieren würde. Mit anderen Worten, ohne die Symbole und die Dynamik, die sie daraus schöpft, gäbe es die Freimaurerei nicht mehr.«[9]

Während meiner Zeit als Freimaurer, in der ich mich vom Grad des Lehrlings zu dem eines Großarchitekten hochgearbeitet und unter anderem die Ämter des Schaffners, des Zeremonienmeisters, des Zweiten Aufsehers und des Meisters vom Stuhl bekleidet habe, konnte ich beobachten, dass die Wirksamkeit der Symbole durchaus real ist: Das Symbol wirkt tatsächlich insgeheim auf den menschlichen Geist. Darüber werden wir im vorliegenden Buch noch Genaueres erfahren, wenn wir uns mit einer Symbolik befassen, die in Ritualen organisiert ist: in Ritualen, die einer regelrechten Magie Tür und Tor öffnen und sich sogar ganz unmissverständlich auf Luzifer beziehen. Besagte Symbolik soll, wie ich bezeugen kann – und darum geht es in diesem ersten Teil –, im Zuge ihrer fortschreitenden Aneignung durch den Eingeweihten eine Werteskala, eine Weltanschauung und ein gedankliches Bezugssystem bilden, das der freimaurerischen *Doxa*[10] entspricht und allen Freimaurern gemeinsam ist. Zu demselben Ergebnis kommen übrigens auch die eben zitierten Autoren: »Die Freimaurerei ist ›ein allegorisch bemänteltes und durch Symbole veranschaulichtes moralisches System‹.«[11]

So steht etwa der schwarz-weiß gekachelte Boden – das sogenannte Musivische Pflaster, eines der wichtigsten Symbole des Freimaurertums – für die Überzeugung, dass die verschiedenen Religionen gleichwertig sind, dass Gott ein Konzentrat sowohl des Guten wie des Bösen ist und dass der Mensch sich seine eigenen Gesetze gibt.

Symbolik des Musivischen Pflasters und des Relativismus

Was bedeutet das Musivische Pflaster?

Das Musivische Pflaster zählt zu den machtvollsten Symbolen der freimaurerischen *Doxa*. Es bildet – und zwar für alle Grade – eine der Grundlagen, wenn nicht sogar *das* wesentliche Bezugssystem der freimaurerischen Initiation. Schon am Abend meiner Initiation war ich beeindruckt von diesem rechteckigen Schachbrett aus schwarzen und weißen Fliesen in der Mitte des Tempels, um das herum die drei »Säulen« der Loge angeordnet waren.

Manche Freimaurer haben während einiger meiner Vorträge darauf hingewiesen, dass es sich doch »nur« *(sic)* um ein Symbol handele. Ich kann an dieser Stelle nur wiederholen, was ich ihnen schon damals geantwortet habe: »Genau! Das Musivische

Pflaster ist ein freimaurerisches Symbol. Nicht mehr und nicht weniger!«

Denn ein freimaurerisches Symbol ist niemals harmlos. Und vor allem bezieht sich dieses Symbol auf die unzugängliche freimaurerische »Wahrheit«.

Später lernte ich, dass die weißen und schwarzen Fliesen gleichwertig sind und eine duale Sicht des Universums und der Kräfte versinnbildlichen, aus denen es sich zusammensetzt: »Alles gleicht sich mit strenger Genauigkeit aus [...]. Wir wissen das Vergnügen nur zu schätzen, wenn wir es dem Schmerz gegenüberstellen [...]. Die Freude misst sich am Leid [...]. Der Irrtum manifestiert die Wahrheit. Das Gute zieht uns in dem Maß an, wie das Böse uns abstößt. Das Schöne gefällt uns im gleichen Verhältnis, wie das Hässliche uns Schrecken einflößt. Das Licht nimmt man nur durch den Gegensatz zur Finsternis wahr.«[12]

Für die Freimaurerei sind diese dualen Kräfte nicht nur eine Verbindung, die unterschiedliche Potenziale minimiert, sondern sie stehen sich auf ewig gegenüber. Meine Erfahrung mit der Freimaurerei verleitete mich zu dem falschen Schluss, dass dieser Kampf den Lebensprozess in Gang setzen würde: »Das Leben geht aus einem permanenten Konflikt hervor. Der Gegensatz ist es, aus dem sich alles ergibt.«[13]

Übrigens nimmt die Freimaurerei grundsätzlich an, dass der Mensch keinen Zugang zu einer absoluten Wahrheit hat: »Man darf nämlich vermuten, dass sich uns die absolute Wahrheit [...] *a priori* entzieht.«[14] Sie leugnet sogar, dass die Wahrheit überhaupt absolut sein kann.[15] Ein Geselle erklärte in einem seiner *Werkstücke*[16]: »Ich für meinen Teil glaube nicht an eine absolute Wahrheit. Die Relativität scheint mir der Wesenskern des Lebens zu sein.«[17]

Die Zeremonie der Aufnahme zum zwölften Hochgrad bestätigt diesen relativistischen Ansatz des Freimaurertums. Wenn der Geheime Meister die »Sprossen« vom vierten zum elften

Grad »erklimmt«, um in den Grad des Großarchitekten erhoben zu werden, mahnt ihn das Ritual: »Sie müssen nun begreifen, dass *Hiram*[18] den menschlichen Geist symbolisiert, der unablässig nach der Wahrheit strebt.«[19]

Genau daran wird man in den »Perfektionsgraden« immer und immer wieder erinnert: Es gibt keine absolute Wahrheit, die dem Menschen zugänglich wäre. Seine Suche vollzieht sich in der Stille und im Geheimen. Der Geheime Meister befindet sich an einem Ort der Meditation, am Grab des Meisters Hiram, er steht vor einer Tür, die er öffnen muss, das heißt, er muss die esoterischen Lehren dieses Grads verstanden und verinnerlicht haben, damit er die der höheren Grade begreifen kann und zu schätzen weiß.

Die Vorstellungen von Gott und der Ewigkeit sind relativ

Daher wird auch die Vorstellung von Gott selbst relativiert. Bei der Zeremonie des Übergangs vom XI. zum XII. Grad hatte ich selbst gehört, wie der Ehrwürdige Meister fragte:

– »Ist der Gott der Christen derselbe wie der, von dem die antiken Mythologien sprechen?«

– »Da Gott nicht erkannt werden kann, ist er zwangsläufig unter den verschiedenen Namen immer derselbe«[20], hatte der Erste Aufseher daraufhin geantwortet.

Als Katholik, der ich inzwischen wieder geworden bin, kann ich nicht die geringsten Gemeinsamkeiten zwischen den ägyptischen, griechischen und römischen Göttern und dem Gott der Bibel feststellen. Und vor allem gibt es für mich nur einen einzigen Gott, der sich in Jesus Christus geoffenbart hat – und der hatte ganz sicher nichts mit antiker Mythologie zu tun!

Obendrein geht die freimaurerische Wahrheit paradoxerweise davon aus, *dass die Seele ewig und zugleich nicht ewig ist.* Artikel 3 der Verfassung von »Le Droit Humain«, den der

Redner im Rahmen meiner Initiationszeremonie vorgelesen hatte, sagt ausdrücklich: »Die Mitglieder sind unabhängig von allen religiösen Einrichtungen, Organisationen und Glaubensrichtungen, *einschließlich des Glaubens an ein Weiterleben oder Nichtweiterleben nach dem Tod*. Darüber hinaus trachten sie vor allem danach, ein größtmögliches Maß an moralischer, intellektueller und geistiger Entwicklung für alle Menschen zu erzielen. Der Orden glaubt, dass dies eine Grundbedingung für das Glück ist.«[21]

Man sieht, wie ich Schritt für Schritt und unter dem ständigen Einfluss einer radikal relativistischen Doktrin – wenngleich in einer Großloge[22], die sich selbst als deistisch bezeichnet – letztlich meinerseits dem Relativismus verfiel.

Für einen Profanen ist es unvorstellbar, wie beengend der Relativismus sein kann, sobald er als Doktrin daherkommt. Angeblich »befreit« er das Denken, doch in Wirklichkeit lässt er es erstarren, denn die Wahrheit zu relativieren heißt letzten Endes, an gar nichts mehr zu glauben: nicht einmal mehr an etwas, das sich unseren Augen und unserem Herzen so offensichtlich darbietet wie die Liebe Gottes, der für uns am Kreuz gestorben ist.

Das unüberwindliche Paradox einer relativen Wahrheit

Dennoch strebt der Weg des Eingeweihten der Einheit entgegen – einer Einheit jedoch, die außer Reichweite ist, wie die Erklärung des Redners bei der Zeremonie der Zulassung zum XXX. Grad beweist: »Die höchste Initiation hat Sie auf die Stufe der Dualität geführt, die überall auf diesem *Areopag*[23] symbolisiert wird. Doch wehe, Ritter, alles auf dieser Welt endet hier. Auf dieser Stufe müssen Sie zwangsläufig handeln. Eine höhere Stufe können Sie sich lediglich vorstellen: die Stufe des Absoluten, wo sich die Dualität in Einheit auflöst […]. Ihr

Handeln kann sich von der Vorstellung der Einheit lediglich inspirieren lassen.«[24]

Die Vorstellung von einer solchen höheren Ebene – der »freimaurerischen Dreiheit« – findet sich beispielsweise auch im Musivischen Pflaster wieder. In meinen Jahren als Mitglied der blauen Loge und vor allem als Lehrling bekam ich von den älteren Meistern des Öfteren zu hören, dass zwischen den weißen und den schwarzen Kacheln eine rote Linie verlaufe, die »dünner als eine Rasierklinge« sei.[25] Genau genommen handelt es sich um eine Art »Synthese« der beiden dualen Pole, die der freimaurerischen Lehre zufolge für den Menschen ebenso unerreichbar ist wie die Wahrheit. Ich begriff die Bedeutung dieses unsichtbaren symbolischen Bildes erst später, als ich Geselle geworden und insbesondere, als ich zum Grad des Meisters aufgestiegen war und den Sinn der »freimaurerischen Dreiheit« verinnerlicht hatte, die im ersten Grad gelehrt wird.[26]

Vom Grad des Meisters an weiß sich der Eingeweihte dieser Dualität zu bedienen und nutzt sowohl das Gute als auch das Böse, sowohl die Finsternis als auch das Licht, um seinen Weg zu finden. Im Gegensatz zum Christen, der sich trotz seiner Unvollkommenheiten und trotz der Hindernisse des Lebens bemüht, dem Weg des Lichts und der Wahrheit Christi – dem Weg zum Guten – zu folgen, schreitet der Eingeweihte auf dem Weg des Guten und gleichzeitig des Bösen voran. Das bestätigt sich bei der Feier der Erhebung zum XXX. Grad, die die Hierarchie der symbolischen Hochgrade abschließt.

Im Grunde jedoch handelt es sich um eine polymorphe Einheit, wie sie unter anderem auch die (in der deistischen Freimaurerei verbreitete) Vorstellung vom »Großen Baumeister aller Welten« zum Ausdruck bringt, der als eine Art einheitliche und duale »Verschmelzung«, das heißt als das Gute und das Böse zugleich, aber auch als die Synthese oder Vereinigung des Guten und des Bösen verstanden wird. Der »Große Baumeister aller Welten« ist Liebe und Hass zugleich und die Synthese von

Liebe und Hass und manifestiert sich als kosmische und energetische Kraft im Zeichen des einen und manchmal des anderen.

Letztlich richtet die ganz und gar vom Relativismus durchdrungene Freimaurerei ihre Eingeweihten auf eine »offene Gesamtheit« von Wahrheiten aus, die niemals in *der* Wahrheit schlechthin zu einem Abschluss gelangen können. Mit ihrem Bekenntnis zu einem »absoluten Relativismus« ist die Initiationslehre im Gegenteil in sich paradox.

In diesem Universum, wo es der Freiheit des Eingeweihten überlassen bleibt, den verborgenen Sinn der Symbole zu entdecken, sind dem Forschen des Wahrheitssuchenden keinerlei Grenzen gesetzt.

Als ich nach meiner Erhebung zum XII. Grad des Großarchitekten zum ersten Mal wieder einer Tempelarbeit beiwohnte, überraschte mich ein ritueller Dialog zwischen zwei Beamten, der meinem christlichen Glauben diametral zuwiderlief. Der Ehrwürdige Meister fragte:

»Wofür steht die Kreislinie?«[27]

Der Erste Aufseher antwortete:

– »Für den Bereich der menschlichen Erkenntnis.«

»Ist also der Bereich der menschlichen Erkenntnis begrenzt?«, fragte der Ehrwürdige Meister.

– »Nein, Ehrwürdiger Meister, dieser Bereich ist unbegrenzt«, erklärte der Erste Aufseher.

Plötzlich offenbarte sich mir ein ebenso eklatanter wie grundlegender Widerspruch. Ich hatte unlängst und in einem Rahmen, der mit der Freimaurerei rein gar nichts zu tun hatte, eine Arbeit über den 119. Psalm der Bibel verfasst. In diesem langen[28] Loblied auf den Herrn wird genau das Gegenteil verkündet, denn in Vers 96 heißt es: »Ich sah, dass alles Vollkommene Grenzen hat, doch dein Gebot ist von unendlicher Weite.« Dieser Gegensatz zur katholischen Lehre bestätigte meinen Vorbehalt, den Weg der Hochgrade weiter zu verfolgen: Nein, der

Geist des Menschen und seine Erkenntnis sind nicht unbegrenzt! Nur Gott ist unendlich. Unser Wissen ist eingeschränkt, begrenzt, unvollständig, und der Herr allein ist der Allmächtige. Dennoch liegt die Wahrheit nicht außerhalb der menschlichen Reichweite, weil Christus sie uns geoffenbart hat. Der Teufel, und nur er, kann sich erhoffen, uns vom Gegenteil zu überzeugen: »Die Bosheit Satans richtet sich mit derselben Erbitterung gegen das *Buch* wie gegen die *Wahrheit*, die darin niedergeschrieben ist.«[29]

Die angebliche Unbegrenztheit des »Bereichs der menschlichen Erkenntnisse« ist letztlich nichts anderes als die Leugnung der einen Wahrheit und damit indirekt auch der Offenbarung. Ein heimtückischer Leugnungsversuch, der obendrein in die Ausweglosigkeit führt!

Der Relativismus ist eine ebenso schwerwiegende wie essenzielle theologische Sackgasse. Allein schon das Bekenntnis zum Relativismus – das heißt zu der Überzeugung, dass es keine absolute Wahrheit gibt – ist theologischer Unsinn und geradezu sophistisch. Indem sie die Wahrheit so klar als relativ bezeichnet, verkündet die Freimaurerei selbst *zumindest eine Wahrheit, die sie als absolut postuliert*! Niemand kann kategorisch erklären, die Wahrheit sei *nur* relativ. Wie also sollte man den Relativismus absolut setzen? Was für ein unauflösliches Paradox!

Ich höre schon, wie gewisse freimaurerische Angehörige der Großlogen einwenden, dass die Freimaurerei das Absolute ja nicht leugne, sondern lediglich erkläre, dass es außerhalb der Reichweite des Menschen liege. Doch wenn die absolute Wahrheit außerhalb der Reichweite des Menschen läge, wie kann dann die Freimaurerei, die durch die Relativität und die Unzugänglichkeit der Wahrheit selbst unbestreitbar menschlich begrenzt ist, den Anspruch erheben, dass ihre Aussage von der Unzugänglichkeit der Wahrheit absolut wahr ist? Hätte sie demnach paradoxerweise Zugang zu einer Wahrheit, die doch unzugänglich, weil ihrer Lehre zufolge außerhalb der Reichweite des Menschen ist? Das wäre ein Widerspruch in sich!

Ich bezeuge schlicht und einfach, dass es keine freimaurerische Wahrheit, sondern lediglich einen dualistischen Okkultismus gibt. Der christliche Glaube dagegen führt mich dazu, das Gute zu wählen – und nur das Gute! Gott wird niemals von uns verlangen, dass wir uns abwechselnd im Licht und in der Finsternis verorten. Oder einem roten Faden folgen, der angeblich zwischen beiden verläuft.

Wenn der geheimnisvolle Ratschluss Gottes uns in der Gegenwart von Gut und Böse, von Licht und Finsternis belässt, dann zeigt und offenbart er uns damit, dass wir die Wahl haben, uns für das Gute und für sein Licht zu entscheiden: »Den Himmel und die Erde rufe ich heute als Zeugen gegen euch an. Leben und Tod lege ich dir vor, Segen und Fluch. Wähle also das Leben, damit du lebst, du und deine Nachkommen. Liebe den HERRN, deinen Gott, hör auf seine Stimme und halte dich an ihm fest« (Dtn 30,19–20). Mein Glaube gebietet mir, nicht in dieser Zweideutigkeit zu verharren: »Gott ist treu, er bürgt dafür, dass unser Wort euch gegenüber nicht Ja und Nein zugleich ist. Denn Gottes Sohn Jesus Christus, der euch durch uns verkündet wurde – durch mich, Silvanus und Timotheus –, ist nicht als Ja und Nein zugleich gekommen; in ihm ist das Ja verwirklicht« (2 Kor 1,18–19). Seit mein Herz meinem Erlöser Jesus Christus gehört, ist für mich zwischen dem Guten und dem Bösen, zwischen den schwarzen und den weißen Fliesen des Musivischen Pflasters kein Kompromiss mehr möglich, und wäre er auch nur so dünn wie eine Rasierklinge. Damit, dass er am Kreuz gestorben ist, um uns von unseren Sünden zu erlösen, hat Jesus Satan endgültig besiegt. Und der Teufel rast vor Wut, weil Maria weder die Liebe Gottes noch den gepriesenen Triumph ihres Sohnes jemals in Zweifel gezogen hat: »Wir wollten sogar seine Mutter in Versuchung führen. Ihr Herz war zerrissen, aber auch von großem Frieden erfüllt, und sie hat alles vergeben. Sie liebte und litt: Ihre Vergebung war vollkommen; ihre Liebe war vollkommen; ihr Opfer war vollkommen. Das hat uns besiegt!«[30]

Hinter der relativistischen Lehre der Freimaurerei mit ihrer vermeintlichen Harmonie und Ausgewogenheit verbirgt sich, im Musivischen Pflaster implizit ausgedrückt, ein Teufelswerk. Denn ihre Botschaft steht im Widerspruch zu der Lehre Jesu. Im Übrigen hat Christus selbst uns vor den Gefahren des Relativismus gewarnt: »Eure Rede sei: Ja ja, nein nein; was darüber hinausgeht, stammt vom Bösen« (Mt 5,37).

Aus Sicht der Freimaurerei befindet sich die Kirche im Irrtum

Diese duale Vorstellung vom Universum, die auf den ersten Blick so verlockend erscheint, brachte mich und viele andere Freimaurer auf den Gedanken, dass die Freimaurerei die Schlüssel der Wahrheit in Händen halte, während die Kirche im Irrtum sei; dass die Freimaurerei die weiße Fliese des strahlenden Lichts, die Kirche dagegen die schwarze Fliese der Dunkelheit oder sogar Verdunklung sei.

In diesem Zusammenhang hatte ich 2006 in meiner Loge in Narbonne eine Diskussion mit einem Freimaurer der höchsten Grade, der sich in der Loge oder beim Brudermahl gern abfällig über die Kirche äußerte. Dieser Eingeweihte bekleidete ein verantwortungsvolles nationales Amt innerhalb der Großloge »Le Droit Humain«. Unsere Diskussion fand während des Brudermahls nach einer Erhebung zum Meistergrad im Rahmen einer Festarbeit statt.[31]

Das Fazit dieser Unterhaltung war, dass die echten Meister diejenigen seien, die der Menschheit das Glück brachten – im Gegensatz zu jenen, die sie mit ihrem »Aberglauben«[32] in die

Irre führten. Denn wie ich im Verlauf meines Initiationsweges lernen musste, ist die Freimaurerei wirklich davon überzeugt, dass sie ihren Eingeweihten okkulte Geheimnisse zugänglich macht. Insbesondere die katholische Kirche ist in ihren Augen eine Perversion der ursprünglichen Überlieferung: »Dann verkehrte sich die esoterische Weisheit in Religion: ›Die Religionen stimmen nicht nur nicht mit der esoterischen Lehre überein, sondern entstellen sie oder lehnen sie ab.‹«[33] Die Freimaurer betrachten sich als die Erben der ursprünglichen Weisheit, in der angeblich alle Religionen der Menschen ihre Wurzeln haben: »Die Freimaurerei lehrt die Grundsätze des uranfänglichen Glaubens und hat diese Gefäße, auf die sich jede Religion stützt, in ihrer Reinheit bewahrt.«[34] Vor diesem Hintergrund betrachten die Freimaurer – besonders die Hochgrade des Areopags, die der schwarzen Freimaurerei angehören – die Bischöfe, die Kardinäle und speziell den Papst (vor allem Benedikt XVI., den die Freimaurer nicht ausstehen können) als Hochstapler und Betrüger.

Es entspricht somit vollkommen der Logik der Freimaurer, die Mitglieder der Kirche mit den Mördern Hirams gleichzusetzen oder zumindest zu Mittätern zu erklären. Hiram ist der Großmeister aller Freimaurer und Wahrer der letzten Geheimnisse. Er wurde von drei ehrgeizigen und neidischen Gesellen ermordet, die diese Geheimnisse in ihren Besitz bringen wollten, ohne die Voraussetzungen für ihre Initiation erfüllt zu haben. Dem altgedienten Hochgradfreimaurer fiel es übrigens nicht weiter schwer, mir zu beweisen, dass die Kirche bildungs- und fortschrittsfeindlich sei. In die Argumentation meines *Bruders* aus den Hochgraden, deren Subjektivität ich damals noch nicht durchschaut hatte, reihte sich ein antiklerikaler Gemeinplatz an den anderen: die Inquisition, die Borgia-Päpste und ihre Intrigen, der Prozess gegen Galileo, die Leugnung der Jungfräulichkeit Mariens und sogar der Gottheit und der Auferstehung Christi.

In den Augen der Freimaurerei will die Kirche nur eines: den Meisterfreimaurer Hiram töten, der in allen Eingeweihten wiedergeboren wird.

Die katholische Kirche, die die Freimaurerei seit deren Entstehung im 18. Jahrhundert bekämpfe, stemme sich der Emanzipation der Menschheit entgegen, erklärte mir mein *Bruder*. Sie lasse sich, genau wie die drei mörderischen Gesellen, von Dogmatismus, Fanatismus und Ehrgeiz leiten. Damals – das muss ich heute mit Bedauern und nicht ohne Scham zugeben – erschien mir diese freimaurerische Theorie hinreichend plausibel. Auch wenn ich weiß, dass der Herr mir diese Verirrung vergeben hat, weil ich sie »unter Einflussnahme« begangen und vor allem weil ich sie nach meiner Bekehrung aufrichtig bereut habe, muss ich bekennen, dass ich in meiner Verzweiflung Tränen vergossen habe, als ich meine Verblendung mehrere Jahre später beichtete. Ich war wie Petrus, der Christus verleugnet hatte: »Und er ging hinaus und weinte bitterlich« (Mt 26,75).

Von Grund auf eine Doppelmoral

In den Augen der Freimauerei, die lehrt, dass der Mikrokosmos identisch mit dem Makrokosmos ist, ist das Universum dual. Folglich ist auch im Menschen alles dual angelegt.

Als Freimaurer hatte ich kein anderes Bezugssystem als das, welches die institutionelle Freimaurerei vertrat: Nichts ist ganz und gar böse, nichts ist vollkommen gut, jeder entscheidet letztlich selbst über seine moralischen Kriterien, die initiatische Utopie gibt den einzigen Rahmen vor. In vielen Werkstücken wird überdies die These vertreten, dass das schwarz-weiße Fliesenmuster nicht nur die Dualität symbolisiere, sondern – ein Anklang an das Yin und Yang der fernöstlichen Kosmologie – die schwarzen Kacheln Weiß und die weißen Kacheln Schwarz enthalten. Was in der Farbenlehre zutreffen mag, ist in der

Theologie wohl eher fragwürdig! Die Freimaurerei vertritt demnach die Auffassung, dass ihre Eingeweihten Gutes tun, auch wenn sie sich ein bisschen böse verhalten, und dass sie Böses tun können, damit etwas Gutes daraus entsteht. Das ist sehr weit von der moralischen Strenge eines heiligen Paulus entfernt, der den Christen an das einzig Gute gemahnt: »Die Liebe sei ohne Heuchelei. Verabscheut das Böse, haltet fest am Guten!« (Röm 12,9).

Konkret führt diese relative Moral zu Ausschweifungen, für die die Wollust ein perfektes Beispiel ist. Im Hinblick auf die Sexualität lehrt der heilige Paulus: »Alles ist mir erlaubt – aber nicht alles nützt mir. Alles ist mir erlaubt – aber nichts soll Macht haben über mich« (1 Kor 6,12). Dagegen ist die Moral im freimaurerischen Sinne, wie ich bezeugen kann, lediglich das Ergebnis eines »Sozialvertrages« und ihre Grenzen sind letztlich von einem menschlichen Konsens abhängig, der keinem Gott Rechenschaft schuldet: »Der ehemalige Senator Caillavet, ein bekannter Freimaurer [...] schreibt: ›Es gibt keine universale Moral mit göttlichem Unterbau; die Moral ist im Wesentlichen zufällig und daher veränderlich; sie ist nicht transzendental. Was heute wahr ist, ist vielleicht morgen schon falsch.‹«[35] Wenn aber alles relativ und vorläufig ist, dann sind Wollust und Ehebruch keine Sünden mehr. Alles ist erlaubt und die Moral gibt es nicht mehr.

Ein Freimaurer, der immerhin für seine intellektuelle Aufrichtigkeit Anerkennung verdient, hat in einem Werkstück zugegeben, dass die Freimaurerei nicht nur relativistisch ist, sondern den Relativismus geradezu zum Dogma erhebt: »Auch wenn man sagt, dass der Relativismus nicht als Dogma aufgefasst wird, handelt es sich de facto doch um einen relativistischen symbolischen Entwurf; mithin ist der relativierende Charakter einer solchen moralischen und rituellen Gemeinschaft nichts, was man vernachlässigen könnte, sondern erweist sich im Gegenteil als entscheidend.«[36]

Nun wird aber gerade im Bereich der Sexualität die Freiheit, wenn sie relativ wird, leicht mit einem ausschweifenden Lebenswandel verwechselt: »Der Ehebruch ist bei ihnen weitverbreitet. Oh, protestieren Sie nicht, meine *Brüder*, ich könnte sehr viele Fälle nennen; ich könnte Namen von sehr erlauchten *Brüdern*[37] nennen. In den Vorräumen werden oft sehr anzügliche Reden geführt; und wenn man am Abend die Große Loge verlässt, geht man nicht auf direktem Weg nach Hause, oder etwa doch, Bruder X und Bruder Y? Und ausgerechnet Sie schreien am lautesten, wenn es darum geht, abscheuliche Verleumdungen über die Priester und die Beichte in Umlauf zu bringen. Heuchler!«[38]

In anderen Gesellschaftskreisen zeigt eine Begebenheit, die durch die nationale Presse gegangen ist, wie sehr die Ideologie der Freimaurerei manche ihrer Mitglieder beeinflusst, bis schließlich in einer zügellos hedonistischen Mischung aus Freimaurerei, Sex, Politik und Geschäftemacherei jedwede moralische Barriere fällt: Ich meine die »Carlton«-Affäre, die im Februar 2015 beim Landgericht in Lille ihr gerichtliches Nachspiel hatte. Auch wenn der ehemalige geschäftsführende Direktor des IWF, Dominique Strauss-Kahn, Sohn von Freimaurern und möglicherweise selbst Mitglied einer Loge, 2015 nicht wegen Zuhälterei verurteilt wurde[39], hat er eingeräumt, im Rahmen von Veranstaltungen, die von manchen als »kollektive sexuelle Aktivitäten«[40] beschrieben wurden, mit mehreren jungen Frauen Geschlechtsverkehr gehabt zu haben. Knapp die Hälfte der im Zusammenhang mit dieser Affäre angeklagten Personen waren Freimaurer. Und »vier der sechs beschuldigten Freimaurer waren Mitglieder des Großorients von Frankreich«.[41] Das Stichwort »Freimaurerei« ist auf jeder Seite dieser »erotisch-intimen« Akten zu finden: »Nach Ansicht der Untersuchungsrichter waren ›Netzwerke aus Freimaurern, Freigeistern und Politikern‹ beteiligt.«[42] Und so kam es, dass das Wochenmagazin »*Le Point*« darin den Schatten der Freimaurerei erkannte, *Le Figaro* von

›schlüpfrigen Brüdern‹ sprach, *La Dépêche* einen freizügigen, teils freimaurerischen Freundeskreis benannte und in etlichen weiteren Medienkommentaren der Begriff der Freimaurerei auftauchte«.[43]

Es geht hier nicht darum, alle Freimaurer als Freigeister oder als sexuell entartet abzustempeln. Ich kann im Gegenteil bezeugen, dass ich Logenmitglieder gekannt habe, die in dieser Hinsicht ohne Fehl und Tadel waren. Doch in der Freimaurerei ist alles relativ und der moralische Relativismus, der aus der freimaurerischen *Doxa* folgt, führt häufig auf Abwege. Diese Abwege sind die logische Konsequenz einer individualistischen, subjektiven und eigenständigen Betrachtungsweise des Eingeweihten. Wenn jeder Gut und Böse nach seinen eigenen Kriterien definiert, wird der Mensch in moralischer Hinsicht autonom.

Ein Freimaurer des Großorients von Frankreich erläutert in einem seiner Werkstücke – mit dem Titel »Ethik und Moral« –, dass die Freimaurerei amoralisch und dass diese relativistische Auffassung zwangsläufig durch den freimaurerischen Individualismus bedingt ist: »Die Autonomie jedes Einzelnen ist eine zentrale Forderung.«[44]

Darauf hat Papst Leo XIII. schon vor beinahe eineinhalb Jahrhunderten hingewiesen: »Die sittliche Erziehung, welche die Sekte der Freimaurer allein noch gutheißt und billigt, in der die Jugend herangebildet werden soll, ist die sogenannte rein weltliche, unabhängige und freie, d. h. alles Einflusses der Religion bare. Wie dürftig aber eine solche ist, wie kraftlos, wie schwankend bei jedem Hauch der Leidenschaften, das haben ihre bereits offenbarten und beklagenswerten Früchte hinlänglich dargetan. Denn wo immer jene ungehindert sich geltend machte, und die christliche Erziehung weichen musste, da schwanden alsbald die guten und reinen Sitten.«[45]

Und die Wollust ist eine Sünde gegen Gott, denn sie ist eine Sünde gegen unseren eigenen, von Gott geschaffenen Leib: »Meidet die Unzucht! [...] Wer aber Unzucht treibt, versündigt sich gegen den eigenen Leib. Oder wisst ihr nicht, dass euer Leib ein Tempel des Heiligen Geistes ist, der in euch wohnt und den ihr von Gott habt? Ihr gehört nicht euch selbst; denn um einen teuren Preis seid ihr erkauft worden. Verherrlicht also Gott in eurem Leib!« (1 Kor 6,18–20). Liebe und Sexualität sind nicht voneinander zu trennen und die Heilige Schrift verpflichtet die Eheleute zur Vereinigung im Fleisch: »Entzieht euch einander nicht, außer im gegenseitigen Einverständnis und nur eine Zeit lang, um für das Gebet frei zu sein! Dann kommt wieder zusammen, damit euch der Satan nicht in Versuchung führt, weil ihr euch nicht enthalten könnt«(1 Kor 7,5).

Die Freimaurerei dagegen vertritt die Auffassung, dass jeder seinen eigenen Wünschen gemäß leben soll. Die Unzucht ist somit nichts Verwerfliches, sondern lediglich eine frei gewählte »Besonderheit« des Verhaltens. Gut und Böse werden zu relativen Begriffen und nichts hindert den Freimaurer daran, etwas Böses als gut zu betrachten.

In den Augen der Freimaurerei ist das Böse für die Menschheit nötig und nützlich

Für die Initiationsgemeinschaft sind Gut und Böse zwei Kräfte, die zwar gegensätzlich, zugleich aber durch ihre Natur und ihren kosmischen Ursprung miteinander verbunden sind. Das macht sie zur Grundlage der letzten Wirklichkeit. Folgerichtig wird das Böse, wie ich zu meinem Entsetzen erfahren musste, in der Freimaurerei sogar ganz unzweideutig verherrlicht: »Das Böse ist der Schatten des Guten, es ist untrennbar mit ihm verbunden. [...] Somit braucht die Menschheit das Böse *(sic)* [...] wie das Meerwasser das Salz. Auch dort kann die Harmonie nur aus dem Gleichgewicht der Gegensätze entstehen.«[46] In den Augen der Freimaurerei bildet das Böse also ein notwendiges Gegengewicht zum Guten.

Christus dagegen nennt uns das »Salz der Erde«, wenn wir nicht den Weg der Dualität von Gut und Böse, sondern den Weg der Seligpreisungen einschlagen, die Ausdruck des alleinigen Guten und der einzige Weg des göttlichen Wortes sind: »Ihr seid das Salz der Erde. Wenn das Salz seinen Geschmack verliert, womit kann man es wieder salzig machen?«(Mt 5,13).

Derjenige Zweig der Freimaurerei, der sich selbst als deistisch bezeichnet und sich auf den »Großen Baumeister aller Welten« bezieht, hat sich die häretische Vorstellung zu eigen gemacht, wonach Gott Gut und Böse in sich vereint. Das erinnert an das Gedankengut der Manichäer und der Gnostiker, die der heilige Irenäus im 2. Jahrhundert bekämpft hat. Und diejenigen Freimaurer, die sich als Materialisten oder Agnostiker bezeichnen, stützen sich auf den Dualismus der menschlichen Triebe, der kosmischen Kräfte oder Polaritäten, insofern sie die höheren Mächte sind, denen die Menschen ohne ihr Wissen unterworfen sind.

Die Wahrheit ist, dass die Freimaurerei keinerlei theologische Antwort auf die Frage nach dem Bösen liefert, sondern es mit dem Guten verschmilzt!

Für die Kirche hat Christus das Böse durch seinen Tod am Kreuz besiegt. »Das Übernatürliche, dieser schöne Ausblick, in den Christus uns hineinnimmt, ist die erste christliche Antwort auf das Problem des Bösen in all seinen Dimensionen. Aus Gnade hat jeder Mensch, was immer ihm auch widerfahren ist, eine zweite Chance und ein zweites Leben.«[47]

Die Gnade Gottes hilft uns also, das Böse, wenn schon nicht zu besiegen, so doch zumindest zu ertragen, ohne es jedoch jemals als eine von Gott gewollte Notwendigkeit zu betrachten.

Auch mir hat Gott eine zweite Chance gewährt: Obwohl ich mich auf den verschlungenen Pfaden der Freimaurerei verirrt hatte, hat er, als die Not am größten war, meine Schritte gelenkt und mich zuerst zu Maria in Lourdes und dann einige Wochen später in ein Marienkloster geführt! An diesem in

Ruhe, Gebet und wahrhafte Schönheit getauchten Ort fand ich die Antwort auf die Frage, die jeden Menschen bedrängt, die Frage nach dem Bösen ...

Gott ist nicht der Ursprung des Bösen: »Gott [...] verabscheut das Böse, das er nicht geschaffen hat. Der Verwirrer [...] ist jener Engel, der heute bis ins Mark verdorben ist, Satan genannt, schön wie ein Abgott und stolz, wie ein Engel nur sein kann, wenn ihm nichts Einhalt gebietet. [...] Er lehnte sich auf [...] ging sogar so weit, sich Gott, unserem Vater, gewaltsam zu widersetzen, und das ist der Punkt, an dem man die historische Entstehung des Bösen festmachen muss. Der Engel wurde zum Monster und hat seither nur noch den Wunsch, das Liebeswerk des ewigen Vaters zu zerstören.«[48] Ganz wie ein Vater, der seine Kinder liebt, hat Gott uns das Geschenk der Freiheit gemacht, die er zuvor auch seinen Engeln gewährt hatte.

Und dieser gefallene Engel, Luzifer – denn man muss ihn beim Namen nennen –, hat bei seinem Fall den Mann und die Frau mitgerissen: »Gott ist nicht der Urheber des Leidens. Er ist der Urheber unserer Freiheit. Der Mensch ist, wenn er falschen Gebrauch von seiner Freiheit macht, selbst für das Böse verantwortlich [...]. Der christliche Gott ist ein Gott der Liebe.«[49] Nun, da mir diese absolute Wahrheit vor Augen stand, begriff ich, dass ich in all den Jahren meiner intellektuellen Spekulationen und durch alles, was ich über das Musivische Pflaster geschrieben, gehört und meditiert hatte, nicht nur im Hinblick auf die Frage nach Gut und Böse in eine spirituelle Sackgasse geraten war, sondern dass dies mich zu einer monströsen, verkehrten, teuflischen Vorstellung vom Wesen Gottes geführt hatte.

Indem ich mich von den freimaurerischen Lehren entfernte und zum Glauben zurückfand, begriff ich endlich, dass Gott und Satan keineswegs Verbündete sind: Ersterer duldet das Tun des Letzteren nur, weil er den Menschen, sein Geschöpf, unendlich liebt und geduldig und gütig darauf wartet, dass dieser sich aus freiem Willen für den Glauben und das Gute entscheidet.

Und es wurde mir bewusst, dass Gott und Satan nicht gleich stark und nicht gleich mächtig sind, auch wenn Letzterer einen gnadenlosen Kampf gegen das Geschöpf und die Schöpfung des Ersteren führt.

Endlich begriff ich in meinem tiefsten Herzen, dass Gott die Liebe ist und in alle Ewigkeit nie etwas anderes sein wird.

Ich fand die einzige Antwort, die vor dem Geheimnis des Bösen Bestand hat: Sie ist nicht im Okkulten zu finden. Das Okkulte ist nur ein weiterer Ausdruck des Bösen, nur eine weitere Verführung. Gott liebt mich unendlich. Gerade weil ich gefallen bin, gerade weil ich mich als schwach und armselig bekannt habe. Und durch das Blut, das Christus vergossen hat, um uns zu retten, hat diese Liebe auch mich von der Sünde befreit: »Das Leiden Christi offenbart uns einen Gott, der uns über alle Maßen liebt. Gottes ewiger Ratschluss wollte unsere grundlegende Frage nach dem Bösen mit einem weiteren, noch unerhörteren Geheimnis beantworten: dem Mysterium des gekreuzigten Jesus, ›für Juden ein Ärgernis, für Heiden eine Torheit‹ (1 Kor 1,23).«[50]

Mehr als zwanzig Jahre lang hatte ich mit dem Versuch vergeudet, das Problem von Gut und Böse durch die Analyse der freimaurerischen Symbolik des Musivischen Pflasters und unter dem irrigen Blickwinkel der Gleichpotenzialität zu verstehen. Wie ein Boxer im Ring, der nach zwei Treffern seines Gegners von einer Ecke in die andere taumelt, war ich zwischen den beiden Polen der Dualität umhergeirrt.

In Wirklichkeit zielt die Autonomie, die die freimaurerische Lehre anstrebt, darauf ab, jede geoffenbarte Wahrheit infrage zu stellen, denn in den Augen der Freimaurerei lässt sich die Wahrheit nur durch den Ausdruck einer initiatischen Vielfalt konstruieren.

Der gedankliche Rahmen, auf den sich die Freimaurer beziehen, macht deutlich, worauf sich der Ehrgeiz der Logen richtet: Sie wollen »freie« Menschen »erschaffen«.

Ein Werkzeug, um die Welt aus den Angeln zu heben

Die Macht des Hebels

Ich hatte einen hohen Grad in der Rangordnung der Freimaurer erreicht und es bis zum Großarchitekten gebracht, das heißt zu einem vollkommen autonomen Eingeweihten.

Die Freimaurerei will in einer »freien« Loge »freie« Menschen »erschaffen«. Doch diese Freiheit, nämlich die Redefreiheit, ist sehr relativ und der Rahmen des »freimaurerisch Korrekten« sehr eng.[51] Die Freimaurerei erzieht ihre Eingeweihten zur Autonomie im Sinne der griechischen Etymologie des Wortes[52], das heißt zur Haltung dessen, der »sich seine eigenen Gesetze gibt«. Eines Tages begriff ich, dass die freimaurerische Freiheit mehr oder weniger explizit in einem metaphysischen Ziel besteht: »Nicht von ungefähr wird der Eingeweihte aufgerufen, sein eigener König und sein eigener Priester zu werden.«[53] Auf diese Weise »emanzipiert« sich der Eingeweihte, bis er sich schließlich selbst zum Gott erklärt: »Was die Freimaurer auszeichnet, ist, dass sie in voller Kenntnis der Sachlage am Großen Werk mitarbeiten [...] und zu dieser Meisterschaft gelangen, die einer Vergöttlichung oder einer Apotheose entspricht.«[54] Ich bezeuge, dass die Freimaurerei ähnlich wie der Pelagianismus[55] auf eine Art menschliche Selbstproklamation abzielt.

Deshalb sind die Meister der Freimaurerei grundsätzlich und immer der Meinung, sich »befreien« zu müssen: »Man muss täglich seine Ketten abschütteln, um frei zu werden und zu bleiben. Die Hörigkeit belauert uns unausgesetzt und in unzähligen heimtückischen Verkleidungen. Sie zwingt sich unserem Geist auf, wenn die intellektuelle Trägheit uns daran hindert, selbst nach der Wahrheit zu suchen.«[56] Eine solche psychologische und spirituelle Agitation ist nicht weiter verwunderlich. In meinen Jahren als Freimaurer musste ich jedoch erfahren, dass das Individuum, wenn es durch die Illusion der Meisterschaft endlich sich selbst überlassen ist, sich im Kreis dreht, weil es stets von sich ausgeht und stets zu sich zurückkehrt. In der Freimaurerei gab es kein göttliches Wort, das mir festen Halt gegeben hätte. Ich dachte, das Absolute zu suchen, und fand doch immer nur mich selbst. »Der Mensch ist der einzigartige Begriff, von dem man ausgehen und auf den man alles zurückführen muss.«[57]

Ich meinerseits gab, seit ich sie entdeckt hatte, der Auffassung des hl. Franz von Assisi den Vorzug: »Alles kommt von Gott und muss zu Gott zurückkehren, sein Wort eingeschlossen.«[58] Eine Aussage, der die Freimaurerei insofern nicht zustimmen kann, als sie das Wort für verloren hält. Für den Christen dagegen ist es geoffenbart – wenn auch zuweilen so geheimnisvoll wie in der Offenbarung des Johannes.

Seit dem Gesellengrad hatte sich eine ungesunde Autonomie in mir eingenistet, die sich schon bei meiner Einweihung angedeutet hatte. Bei der Erhebung in diesen Grad wurde mir eines der neuen, für den Gesellen typischen Werkzeuge überreicht: das Brecheisen. Seine symbolische Bedeutung wird im Erhebungsritual erklärt, wenn der Zweite Aufseher die folgenden Worte spricht:

»Die Macht des Brecheisens kann erheblich sein.«

Diese Maxime wird durch die Worte des Ersten Aufsehers ergänzt, der etwas verkündet, was man mit Fug und Recht als freimaurerisches Dogma bezeichnen kann:

»Sinnvoll eingesetzt, ermöglicht das Brecheisen, behauene Steine im Innern des Gebäudes zu platzieren.«

Als ich zu diesem Grad zugelassen wurde, fühlte ich mich in meiner Ahnung bestätigt, dass die Steine die Freimaurer symbolisierten, während das Brecheisen für den freimaurerischen Willen stand, der so rationalistisch und zugleich esoterisch geprägt war, dass ihm nichts widerstehen konnte. Welch menschliche Anmaßung angesichts der Allmacht Gottes! Wenn sie über gute Lehrlinge, gute Gesellen und gute Meister verfügte, würde sich die Freimaurerei in der Menschheit unweigerlich durchsetzen: »Der Wille gibt uns das unwiderstehliche Brecheisen an die Hand, mit dem wir die Welt aus den Angeln heben können.«[59] Es würde nichts nützen, wenn die verschlafenen Profanen gegen die erweckten, durch ein geheimes Licht erleuchteten Eingeweihten kämpfen würden, da die geschickt eingesetzten Brecheisen – wie ich eines war – nutzbringend und heimlich in den Behörden, Unternehmen, Gewerkschaften und Verbänden, in der Finanzwelt und in den Kreisen der Politik platziert wurden. Dass diese Darstellung der Wahrheit entspricht, bestätigen die Worte eines Großmeisters: »Der Einfluss der Freimaurerei ist heute vielleicht noch beträchtlicher [...] als zu Zeiten der Dritten oder Vierten Republik[60]. Sie sind auf einer anderen Ebene platziert. [...] Es gibt heute keinen Verband, keine Vereinigung, keine Gewerkschaft, in denen die Freimaurer nicht vertreten wären – und das in den verantwortungsvollsten Positionen.«[61]

Bei der Zeremonie hatte der Meister vom Stuhl seine Belehrung über das Brecheisen des Gesellen wie folgt beendet:

»Das Brecheisen entfaltet nur dann die Wirkung, die man von ihm erwarten darf, wenn es in Freiheit eingesetzt wird. Ebenso wird das Denken unfruchtbar und machtlos, wenn es in Unwissenheit, in Vorurteilen und in Dogmen *(sic)* befangen bleibt. Das Brecheisen symbolisiert die Macht des freien Denkens. Ohne Freiheit ist und vermag die Vernunft nichts. Möge das Brecheisen Ihnen diese Pflicht des Freimaurers immer ins Gedächtnis rufen: frei zu denken.«

An dieser Stelle drängt sich eine »Interpretation« auf, eine »Interpretation«, der über zwanzig Jahre des freimaurerischen Tuns und Denkens zugrunde liegen, somit eine »Interpretation«, die sich auf eine Vielzahl gelesener Texte, gehörter Werkstücke und mit Meistern und Hochgraden der Freimaurerei geführter Diskussionen stützen kann.

Das Brecheisen in Freiheit zu handhaben heißt, dass der Freimaurer selbst über seine Verwendung bestimmt, dass diese Selbstbestimmung jedoch ausschließlich im Rahmen der freimaurerischen *Doxa* erfolgt, die seine Vorstellung von »humanistischer Freiheit« unbewusst geprägt hat. »Wenig lesen und viel selbst denken, das muss die Regel des Meisters sein. Als Architekt seines intellektuellen Gebäudes trägt er die Materialien zusammen, die er nach seinem eigenen Plan verwendet und nach Gutdünken bearbeitet.«[62]

Nachdem ich die freimaurerischen Dogmen und besonders jene, die das Brecheisen betrafen, beobachtet hatte, erkannte ich – im Rahmen einer Zeremonie der Aufnahme in den Gesellengrad[63] – ihre spirituellen Grenzen. Bei meiner Bekehrung hatte eine »immens kleine« Heilige ihre Hand im Spiel, die mir mit diskreter, zarter und geisterfüllter Liebe zu Hilfe kam.

Als ich einen ihrer Texte las, wurde mir bewusst, welchen »Halt« die Handhabung des freimaurerischen Brecheisens aufs Schmerzlichste vermissen ließ: »Ein Gelehrter hat gesagt: ›Gebt mir einen Halt, und ich hebe die Welt aus den Angeln.‹ Was Archimedes nicht zu erreichen vermochte, da sich seine Bitte nicht an Gott richtete, sondern nur das Materielle betraf, das haben die Heiligen erreicht. Der Allmächtige hat ihnen Halt gegeben, indem er sich selbst gab! Sich allein! Als Hebel hat er ihnen das Gebet gegeben, das ein Liebesfeuer entzündet. Und so haben sie die Welt aus den Angeln gehoben. So tun die gegenwärtig auf dieser Welt noch streitenden Heiligen dasselbe und sie werden es bis an das Ende der Zeiten tun.«[64] Mit einem Mal wurde mir klar, worin der Unterschied zwischen den Heiligen und den Eingeweihten bestand: Die Heiligen hüten kein esoterisches Geheimnis. Sie bauen schlicht und einfach auf Gott …

Die Freimaurerei ist weit von dieser Demut entfernt, wie sie jene beseelt, die ihr Dasein der größeren Ehre Gottes geweiht haben. Stattdessen stiftet sie ihre Eingeweihten in den Hochgraden dazu an, stolz auf ihr Vorankommen auf dem Initiationsweg zu sein.

Sich selbst rühmen!

Vom Moment ihrer Initiation an erzieht also die Freimaurerei ihre Eingeweihten vor allem mittels bestimmter Rituale zu einer stolzen Autonomie. Das gilt für die Logen des Großorients von Frankreich, die mehrheitlich den – von ihnen selbst als »laikal *(sic)*« bezeichneten – französischen Ritus praktizieren. Im Verlauf der Zeremonie berührt der Meister vom Stuhl den neu ernannten Freimaurerlehrling, der soeben das Licht empfangen hat, mit der Klinge seines Flammenschwerts und sagt:

»Steh auf, mein *Bruder*, du wirst vor niemandem mehr knien. Ein Freimaurer lebt aufrecht und stirbt aufrecht.«

Das Wort Gottes lehrt uns das genaue Gegenteil: »Darum hat ihn Gott über alle erhöht und ihm den Namen verliehen, der größer ist als alle Namen, damit alle im Himmel, auf der Erde und unter der Erde ihr Knie beugen vor dem Namen Jesu und jeder Mund bekennt: Jesus Christus ist der Herr zur Ehre Gottes, des Vaters« (Phil 2,9–11).

Im Alten und Angenommenen Schottischen Ritus, der weltweit am häufigsten zu finden ist, beginnt der Ichkult im Gesellengrad mit der oben beschriebenen Belehrung über die Handhabung des Brecheisens. Seine Bestätigung findet er im IV. Hochgrad des Geheimen Meisters. Bei der rituellen Unterweisung dieses Grades wird der Freimaurer gefragt:

»Sind Sie Geheimer Meister?«, und er muss antworten: »Dessen rühme ich mich.«

Es war mir schwergefallen, diese Selbstverherrlichung zu akzeptieren. Der Dreimalmächtige Meister[65] hatte dies offenbar gespürt und mir daraufhin aufgetragen, ein Werkstück im IV. Grad vorzubereiten. Das Thema lautete: »Warum darf sich der Geheime Meister rühmen?«

Ich vertrat in meinem Werkstück die These, dass man sicherlich Gott, aber eben *nur* Gott rühmen und verherrlichen dürfe. Ich erklärte, dass »die Herrlichkeit [...] der Strahlenkranz [ist], der das Bild Christi umgibt«. Dann führte ich aus, dass der Geheime Meister nicht mit der biblischen Person gleichgestellt werden könne. In diesem Zusammenhang zitierte ich in meinem Werkstück den sechsten und siebten Vers des 82. Psalms[66]: Die Menschen dürfen sich nicht für Götter halten, denn sonst stürzen sie wie einer der Fürsten!

Außerdem bezog ich mich auf das Johannesevangelium: »Vater, die Stunde ist gekommen. Verherrliche deinen Sohn, damit der Sohn dich verherrlicht!« (Joh 17,1). Der Geheime Meister dagegen, das sah ich ganz deutlich, rühmte sich seines eigenen Initiationserfolges und seines Sieges über sich selbst. Das bringt das Ritual dieses Grades nicht zuletzt durch die Erwähnung des Lorbeers zum Ausdruck:
- »Sind Sie Geheimer Meister?«
- »Dessen rühme ich mich!«
- »Wo wurden Sie als Geheimer Meister·aufgenommen?«
- »Unter dem Ölbaum und dem Lorbeerbaum.«
- »Wofür stehen diese Symbole?«
- »Der Lorbeer ist das Symbol des Sieges[67], den ich infolge meiner Bemühungen, meine Pflicht zu erfüllen, über mich selbst davonzutragen hoffe.«[68]

Für mich dagegen gebührte aller Ruhm immer nur Gott. Mein Glaube an Gott ließ nicht zu, dass ich *mich selbst rühmte*: Das wäre Blasphemie gewesen: »Wo bleibt da noch das Recht, sich zu rühmen? Es ist ausgeschlossen. Durch welches Gesetz? Durch die Werke? Nein, durch das Gesetz des Glaubens« (Röm 3,27). Das stand fest: Kein gläubiger Mensch konnte sich selbst rühmen ...

Im weiteren Verlauf meines Vortrages erklärte ich, dass ich mich vor Gott nur einer einzigen Sache rühmen konnte, nämlich der Armseligkeit meines Menschseins. »Ich muss mich ja rühmen [...]; meiner selbst will ich mich nicht rühmen, höchstens meiner Schwachheit. [...] [Der Herr] aber antwortete mir: Meine Gnade genügt dir; denn die Kraft wird in der Schwachheit vollendet. Viel lieber also will ich mich meiner Schwachheit rühmen, damit die Kraft Christi auf mich herabkommt« (2 Kor 12,1.5.8–9).

Wer sich selbst rühmt – so lehrt es der hl. Paulus, und das erkannte ich nun –, der sündigt und lässt sich mit Luzifer ein. Der IV. Hochgrad war für mich die Bestätigung, dass ich zum geheimen Herzen des Dämons vorgedrungen war!

Obwohl ich aus diplomatischen Gründen in meinem Werkstück im IV. Grad Christus implizit mit Hiram gleichsetzte, damit es der »freimaurerischen Korrektheit« entsprach[69] – was der Herr mir später vergeben hat –, wirkten die Mitglieder der Perfektionsgrade verstört. Einige zogen eine Grimasse, andere knirschten mit den Zähnen, und die, die mich mochten, schienen betrübt darüber, dass es offenbar mit mir »schiefging«: Ich begann, dem Ungehorsam ungehorsam zu werden!

Von da an trennten sich unsere Wege ... Hätten sie damals verstehen können, dass mein Gott nicht der »Große Baumeister aller Welten« war? Ich wollte nur noch eines: meinem Gott gehorchen, ihn allein von ganzem Herzen lieben und mich vor seiner Allmacht verneigen. Und nicht mich selbst vor dem »Großen Baumeister aller Welten« rühmen!

In den Ritualen der Freimaurerei – und das gilt auch für die deistischen Großlogen – ist keinerlei Lob Gottes vorgesehen. Allenfalls wird bei der Eröffnung und zum Abschluss der Arbeit verkündet, dass diese »zu Ehren des ›Großen Baumeisters aller Welten‹« abgehalten wird. Doch es gibt keine Bitten, keinen Lobpreis, kein gemeinsames Gebet, keine Anbetung. Was nur logisch ist, denn kein Freimaurer wäre imstande, sich vor Gott als schwach zu bekennen. Für die deistischen Großlogen ist Gott ein naturalistischer Begriff[70], aber kein persönlicher Gott. Und für die »laizistischen« (genauer gesagt antiklerikalen oder bestenfalls materialistischen) Großlogen ist »Gott« einfach die Humanität oder ihr kollektives Unbewusstes.

Die individualistische Einstellung oder Autonomie, die daraus erwächst, wird zum Dogma erhoben und äußert sich letzten Endes in einem grundsätzlichen Ungehorsam: »Was mich die Fakten der Wissenschaft, des Glaubens und der Philosophie bislang hat ablehnen lassen, ist die Gehorsamsverweigerung gegenüber einem System und einer Sprache, die dieses System abbildet, und mein Bestreben [...], bei ›der Suche nach der Wahrheit keinerlei Grenze‹ zu akzeptieren.«[71] Dieser institutionalisierte Ungehorsam führt zwangsläufig zur Übertretung. In einem Konventbericht wird die Übertretung – als Leitidee einer auf die »freimaurerischen Werte« gegründeten Gesellschaft – sogar ausdrücklich gelobt: »1789 markiert somit den Beginn einer euphorischen Periode der Übertretungen [...]. Ab Anfang des 19. Jahrhunderts wird eine große Zahl von Werken das Kommen einer wunderbaren Welt heraufbeschwören. Dies sind politische Utopien, die man als sozialistisch bezeichnen wird.«[72] Aus Sicht der Freimaurerei kann also der »Fortschritt der Menschheit«, insofern er einzig und allein auf freimaurerischen Utopien beruht, nur durch Übertretungen herbeigeführt werden. »Manchmal sind aus den Utopien von gestern die Realitäten von heute (Abschaffung der Sklaverei, Bürgerrechte, Abtreibung, Abschaffung der Todesstrafe ...) geworden.«[73] »Die Utopie erklärt sich durch die Entscheidung, sich für eine baldige Veränderung der Gesellschaften einzusetzen.«[74]

Die Freimaurerei wird ihre Adepten, die sich der weitreichenden Konsequenzen ihres Tuns zuweilen gar nicht bewusst sind, also anspornen, diese Utopien wahr werden zu lassen und – um noch einmal auf das Symbol des Brecheisens zurückzukommen –

die Einführung von Gesetzen zu ermöglichen, die (wie Brecheisen) die bestehende Gesellschaftsordnung der Menschen aus den Angeln heben sollen. Das heißt, dass auf dem gedanklich-spekulativen Boden der meisten Großlogen die Entschlossenheit wächst, eine neue Gesellschaftsordnung zu schaffen. Meine eigenen Erfahrungen aus 24 Jahren aktiver Freimaurerei sowie etlichen Werkstücken und freimaurerischen Erklärungen werden mir im Folgenden als Grundlage dienen, um zu erläutern, mit welcher Methode die Freimaurerei immer wieder versucht, ihre Utopien in Gesetzen auf legaler Ebene durchzudrücken und ihre Handlungs- und Einflussbereiche geltend zu machen.

II.
Der Einfluss der Freimaurerei auf die Politik

Dieses »Glück der Menschheit«

Für die freimaurerischen *Brüder* und *Schwestern* sind die Gesetze, die freimaurerischen Ursprungs sind, zwangsläufig gut und grundsätzlich unanfechtbar, weil sie »freimaurerisch korrekt« sind. Das liegt in der Natur der Sache, denn sie tragen durch ihren Ursprung zum »Glück der Menschheit« bei!

Ein sprechendes Beispiel hierfür sind die Äußerungen der *Schwester*, die, nachdem ich drei Jahre lang das Amt des Redners[1] bekleidet hatte, als meine Nachfolgerin vorgeschlagen wurde. Sie verlas, wie es die allgemeinen Regeln vorsehen, einen Bericht über die Gesamtheit der im abgelaufenen Jahr durchgeführten Arbeiten und beendete ihren Vortrag mit den folgenden Worten:

»Abschließend, meine *Schwestern* und meine *Brüder*, möchte ich dem Wunsch Ausdruck verleihen, dass die Freimaurerei auch weiterhin auf die Ausarbeitung der Gesetze in unserem Land Einfluss nimmt: Gesetze der Freiheit, der Gleichheit und der Brüderlichkeit wie jene, die dank unseres *Bruders* Schœlcher die Abschaffung der Sklaverei ermöglicht haben. Ferner – dank anderer *Brüder* oder *Schwestern*, die Abgeordnete oder Regierungsmitglieder waren – die Scheidung, das Frauenwahlrecht, die Pille, die Abtreibung, die Abschaffung der Todesstrafe und zuletzt die »Ehe für alle« sowie in naher Zukunft die

Legalisierung der Sterbehilfe, die es jedem ermöglichen wird, in Würde zu sterben. Ich habe gesprochen, Ehrwürdiger Meister!«[2]

Und so traten sie einer nach dem anderen vor und ergriffen das Wort, um die Freimaurerei, die so viel für die *Befreiung* der Menschheit getan hatte und weiterhin tun würde, zu beweihräuchern und in den höchsten Tönen zu preisen. Dieses *Glück* – ob man es nun Scheidung, Abtreibung, Sterbehilfe oder »Ehe für alle« nennt – wird in der Loge vorbereitet! Die Methode, die es den Freimaurern ermöglicht, ihre Ideologie auf politischer Ebene durchzusetzen, ist immer dieselbe. Die Debatte, die von einer oder von mehreren freimaurerischen Strömungen geführt oder befeuert wird, beginnt mit der Analyse einer kritischen Situation und der Feststellung, dass die Freimaurerei Lösungen für diese kritische Situation bereithält. Diese Lösungen laufen stets auf eine *Befreiung* hinaus – das heißt auf eine übersteigerte Autonomie des Einzelnen, bei der eine libertäre Einstellung mit Freiheit vermischt wird. Mit den Jahren, Jahrzehnten oder sogar Jahrhunderten – denn die Freimaurerei denkt und arbeitet in anderen Maßstäben als der Lebenszeitspanne ihrer Mitglieder – werden die Texte immer »offener« werden, bis es schließlich nur noch um die Regelung vergleichsweise nebensächlicher Einzelheiten geht: Dann wird es der Freimaurerei gelungen sein, eine Besonderheit zum allgemeingültigen Prinzip zu erheben. Es ist wichtig, sich diese Abläufe vor Augen zu führen, denn auf diese Weise sind zahlreiche Gesetze zur Abstimmung gelangt: Gesetze, die weit davon entfernt sind, gute Früchte für die Menschheit hervorzubringen.

Die Scheidung

Die Scheidung und die verschiedenen Gesetze, durch die die Scheidung seit der Französischen Revolution in Frankreich eingeführt wurde, sind von der Freimaurerei inspiriert. Adolphe Crémieux, der mit seinem ersten und fruchtlosen Entwurf einer Scheidungsgesetzgebung keinen Erfolg gehabt hatte, war Freimaurer. Alfred Naquet[3], der den Entwurf später durchgebracht hat, stand der Freimaurerei und der politischen Linken nahe.[4]

Der Entwurf wurde also erneut vorgelegt – und diesmal auch akzeptiert –, sobald die öffentliche Meinung und die Politik »reif« dafür waren. Dieses Szenario ist üblich bei allen »gesellschaftlichen Entwicklungen« freimaurerischen Ursprungs: Zuweilen wird ein erster Vorstoß abgeschmettert. Darauf folgt eine Phase, in der die Logen aktiv werden, um die öffentliche Meinung gezielt zu beeinflussen und für die Entscheidung »reif« werden zu lassen. Und schließlich wird das Gesetz verabschiedet.

Es spricht allerdings einiges dafür – auch wenn die Reden, die man in den diversen Sitzungsprotokollen der damaligen Zeit nachlesen kann, Situationen der Not oder schwierige Vermögensverhältnisse heraufbeschwören –, dass der Abgeordnete der Linken, der hinter der Scheidungsgesetzgebung stand, in Wirklichkeit die Abschaffung der Familie im Sinn hatte. Denn Alfred Naquet war der Verfasser eines stark anarchistisch gefärbten Werks, das 1868 unter dem Titel *Religion, propriété, famille*[5] erschien.

In diesem Buch brach der Abgeordnete eine Lanze für die wilde Ehe und vertrat – ganz im Einklang mit der freimaurerischen *Doxa,* die die individuelle Freiheit als den höchsten aller Werte anpreist – die Auffassung, dass »die unauflösliche Ehe einen Anschlag auf die Freiheit darstellt«.[6] Und so kam am 27. Juli 1884 die sogenannte *Loi Naquet* zur Abstimmung: ein Gesetz, das die Scheidung wegen Fehlverhaltens auf Verlangen des Mannes oder der Frau legitimierte.[7] In den gut 130 Jahren, die seither vergangen sind, wurde die Scheidung derart banalisiert und die Ehe derart entsakralisiert, dass die im

Naquet-Gesetz vorgesehene Scheidung jetzt, da ich dies schreibe, nur noch eine reine Formalität darstellt: »Am Mittwoch, 4. Mai 2016, haben die Abgeordneten über einen Entwurf abgestimmt, den der Justizminister im Rahmen der großen Justizreform vorgelegt hat und der die außergerichtliche Scheidung im beidseitigen Einvernehmen gestattet.[8] Zur Begründung dieser Gesetzesänderung hat der Justizminister insbesondere auf die ›Vereinfachung‹ und die ›friedlichere Gestaltung der Beziehungen zwischen den Eheleuten‹ hingewiesen.«[9] Die Scheidung muss ab sofort nicht mehr von einem Richter beurteilt, sondern lediglich notariell beurkundet werden! Wie alle freimaurerischen Gesetze, die zunächst extreme Umstände hervorheben, um sie dann auf alltägliche Situationen zu übertragen, führt die heutige Scheidungsgesetzgebung dazu, dass »das Schicksal des Kindes wie eine materielle Besitznachfolge von den Notaren geregelt wird«.[10] Um auf die genannten Extremfälle zu reagieren, hat der Gesetzgeber es also in Kauf genommen, dass nicht nur die Beziehung zwischen den Eheleuten, sondern auch der Rahmen, der den Kindern eigentlich stabile Bedingungen für ihr Aufwachsen hatte garantieren sollen, brüchig geworden ist. Heute ist es, wie ich leider Gottes bezeugen muss, in der Loge und insbesondere in Frauen- oder gemischten Logen – zumal angesichts der Beschränkung der Redefreiheit auf »freimaurerisch korrekte« Themen – nicht mehr möglich, die Scheidung an sich zu kritisieren – so tief hat sich das Prinzip inzwischen in den Marmor unserer freimaurerischen Gesetze eingegraben.

Die Abtreibung

Im April 2015 konnte ich während eines Spanienaufenthalts beobachten, wie die Abtreibungsdebatte wieder an Fahrt aufnahm. Der damalige spanische Justizminister Alberto Ruiz-Gallardón hatte der spanischen Regierung unter Mariano Rajoy im Dezember 2013 einen Gesetzentwurf vorgelegt, der dem ungeborenen Kind außer in Fällen angeborener Fehlbildungen grundsätzlich ein persönliches Recht auf Leben zuerkannte. Doch der internationale und insbesondere freimaurerische Druck brachte den Entwurf zum Scheitern.

Nachdem der Gesetzentwurf aufgegeben worden war, soll Spanien, wie mir gewisse journalistische Quellen dort bestätigten, als Gegenleistung den Vorsitz im UN-Sicherheitsrat bekommen haben.

Zuvor hatten die Frauen-Großloge von Frankreich *(Grande Loge Féminine de France, GLFF)* und der französische Landesverband von »Le Droit Humain« ein gemeinsames Kommuniqué veröffentlicht, das sich an ihre spanischen *Brüder* und *Schwestern* richtete[11]: »Die Frauen-Großloge von Frankreich und der Französische Landesverband des Internationalen Freimaurerordens für Männer und Frauen ›Le Droit Humain‹ wollen den *Schwestern* der Frauen-Großloge von Spanien und des spanischen Landesverbandes von ›Le Droit Humain‹, die uns von einer alarmierenden Schwächung der Frauenrechte in ihren Ländern berichten, ihre Solidarität bekunden. Der Entwurf einer Reform des Rechts auf Abtreibung, der im Dezember vom spanischen Kabinett verabschiedet worden ist, ersetzt dieses Recht durch ein sogenanntes Gesetz ›Zum Schutz des Lebens des Fötus und der Rechte der schwangeren Frauen‹, das den Frauen die freie Entscheidungsgewalt über ihren Körper nimmt [...]. Der französische Landesverband von ›Le Droit Humain‹ und die Frauen-Großloge von Frankreich rufen dazu auf [...], angesichts des Drucks konservativer und religiöser Lobbyisten an der Verteidigung der Freiheiten und des Laizismus festzuhalten. [...] Sie rufen zu [...] starken allgemeinen Aktionen auf, um der parlamentarischen Versammlung des Europarats die folgenden Forderungen vorzulegen:

– dass sie die Mitgliedsstaaten ermahnt, die Frauen gegen jegliche Verletzung ihrer religiös *(sic)* fundierten Rechte zu schützen;
– dass sie das Recht auf Abtreibung in die ›Charta der Grundrechte der Europäischen Union‹ aufnimmt.«[12]

Man muss wissen, dass das freimaurerische Eintreten für die Abtreibung eine lange Geschichte hat: Die Freimaurerei gibt selbst zu und erklärt, dass sie bei den ersten Abtreibungsgesetzen die Hand im Spiel hatte. Der Großorient von Frankreich weist beispielsweise darauf hin, dass die Großloge »allen Aktionen, die sie in der Vergangenheit durchgeführt hat, um [...] für das Recht der Frauen auf Abtreibung und für deren vollständige finanzielle Rückerstattung einzutreten, treu geblieben ist«.[13]

Bei der Lektüre des erwähnten Kommuniqués der beiden freimaurerischen Großlogen wird deutlich, dass die Freimaurerei sich klar zwischen dem Recht des Kindes, geboren zu werden, und dem Recht der Mutter, ihm ebendies zu verweigern, entschieden hat. Dementsprechend vertritt die Freimaurerei die Auffassung, dass »der Schutz des Lebens des Fötus den Frauen das Recht nimmt, über ihren Körper zu verfügen«. Noch nie habe ich einen Freimaurer, zumal während der Debatten in der Loge, sagen hören, dass die Abtreibung immer zwei Opfer zur Folge hat: den Fötus und seine Mutter! Drei, wenn man den Vater hinzunimmt! Es gibt kein Recht auf Abtreibung, es gibt nur Fälle von schlechtem Gewissen. Doch das habe ich in der Loge nie äußern können, weil ich die verbalen Zornausbrüche eines Großteils meiner *Schwestern* und *Brüder* fürchten musste. Und ich habe mich auch nie zu sagen getraut, dass dieses Recht heute in vielen, allzu vielen Fällen zu einer Art der Verhütung, zu einer Empfängnisverhütung *a posteriori*[14] geführt hat.

Für die Freimaurerei resultiert das Gesetz schlichtweg aus dem Gesellschaftsvertrag und steht in keinerlei Bezug zu einem wie auch immer gearteten göttlichen Recht. Eine solche Vorstellung kann jedoch, wie die Geschichte beweist, schlimme

Folgen haben und dazu führen, dass Personen, die als »nicht konform« oder »geistig zurückgeblieben« gelten, die unter psychischen Störungen leiden – so geschehen zwischen 1900 und 1970 in den Vereinigten Staaten oder wie im NS-Staat in Deutschland – als eine Gefahr für die »Reinheit der Rasse« betrachtet werden. Dies gilt auch für viele andere Menschen in so unterschiedlichen Ländern wie Japan, Peru und Schweden, die zwangssterilisiert wurden. Selbst in Frankreich wurden Menschen mit leichten geistigen Behinderungen widerrechtlich ohne ihr Wissen sterilisiert.[15] In manchen Fällen könnte eine solche Rechtsauffassung sogar dazu führen, dass solche Menschen auf dem Wege der Sterbehilfe beseitigt werden![16]

Was auch immer die Freimaurer dazu sagen, Abtreiben heißt nicht einfach, sich eines *Zellhaufens* zu entledigen. Der Embryo ist unbestreitbar eine Form von Leben: »Sobald das erste Spermium mit der Eizelle verschmilzt, ändert diese die Polarität ihrer Membran und verhindert so das Verschmelzen weiterer Spermien. In den folgenden zwölf Stunden verbinden sich die 23 Chromosomen des Spermiums mit den 23 Chromosomen der Eizelle und bilden gemeinsam einen neuen genetischen Code. Diese Mischung der Gene des Vaters und der Mutter programmiert die Entstehung eines neuen *Menschenwesens.*«[17] Schon in den ersten Stunden der Befruchtung ist wirklich eine neue Person entstanden und *hat begonnen zu existieren, zu leben*![18]

Und doch gibt es einen Hoffnungsschimmer. Bis vor einigen Jahren[19] lautete der Standpunkt des Europäischen Gerichtshofs für Menschenrechte wie folgt: »Nach Ansicht des Gerichtshofs ist es daher weder wünschenswert noch möglich, die Frage, ob das ungeborene Kind ein durch Art. 2 der Europäischen Menschenrechtskonvention geschützter Mensch ist, *in abstracto* zu beantworten.« Damit umging der Europäische Gerichtshof für Menschenrechte die Beantwortung der eigentlichen Frage, erklärte jedoch gleichzeitig in einem anderen in derselben

Gesetzessammlung veröffentlichten Urteil – was dieser Entscheidung eine unanfechtbare Rechtsverbindlichkeit verleiht –, dass die internationale Menschenrechtskonvention damit nicht automatisch ein »Recht auf Abtreibung« garantiere, denn »die nationalen Werte haben Vorrang«.[20] Dazu muss man jedoch wissen, dass derselbe Gerichtshof in einem Urteil vom 27. August 2015[21] präzisiert hat, dass, *auch wenn der menschliche Embryo noch keine Person sei, dies nicht bedeute, dass er auf »Besitz« im Sinne dieser Bestimmung reduziert werden kann. Somit sei sein Schutz legitim.*

Das aber hält den Großteil der freimaurerischen Großlogen nicht davon ab, die Abtreibung zu befürworten oder – in einigen eher »spiritualistischen« Logen – bestenfalls ein schuldhaftes Stillschweigen zu wahren. Die Frauen-Großloge von Frankreich beglückwünschte sich und begrüßte es als »Fortschritt«, dass die Nationalversammlung im Oktober 2012 für den Fall eines Schwangerschaftsabbruchs eine 100 %ige Kostenerstattung für alle Frauen beschlossen hatte.[22]

Übrigens verbuchte der Konvent der Großloge »Le Droit Humain« die Abtreibung 2014 in seinen sozialen Fragen als begrüßenswerte Verwirklichung einer endlich wahr gewordenen Utopie.[23] Jahr für Jahr legen die jeweiligen Landesverbände den Freimaurern von »Le Droit Humain« eine soziale Frage vor, über die in den Logen debattiert werden soll. Anschließend erarbeitet jede Loge eine Zusammenfassung der von ihren Mitgliedern geäußerten Meinungen. Auf dieser Grundlage entstehen sodann Regionalberichte, die ihrerseits wiederum zu einem Abschlussdokument zusammengefasst werden, das endlich auf dem Konvent des betreffenden Jahres auf nationaler Ebene vorgestellt und danach dem Staatsoberhaupt übermittelt wird. Nun gründet sich aber der Gesellschaftsbegriff der Freimaurerei auf die von ihr praktizierte esoterische Lehre. Und das bedeutet, dass die meisten unserer Gesetze – die sehr oft freimaurerisch inspiriert sind – auf einer politisch-philosophischen Grundlage beruhen, die nichts anderes als eine okkultistische Metaphysik ist!

Die Ehe für gleichgeschlechtliche Pare

Eine notwendige Klarstellung vorweg: Wir werden die Ablehnung der *Ehe* zwischen Personen des gleichen Geschlechts, wie sie in Frankreich durch das Gesetz vom 17. Mai 2013 rechtskräftig geworden ist, im Folgenden grundsätzlich von der Ablehnung der Homosexualität und erst recht von der Homophobie unterscheiden.[24] Homophobie ist eine Straftat, und wer sie begeht, muss verurteilt werden. Zwar müssen zwei Personen desselben Geschlechts, die im Rahmen des besagten Gesetzes heiraten wollen, natürlich homosexuell sein, doch die Ablehnung einer derartigen Ehe geht, auch wenn ihre Befürworter uns das unter Verwendung der altbekannten Technik der Pauschalisierung – einer Art von intellektuellem Terrorismus – glauben machen wollen, nicht zwangsläufig mit einer wie auch immer gearteten Homophobie einher. Die Frage der Ehe ist auf menschlicher Ebene und im Hinblick auf den Respekt, den man jedem Menschen, unabhängig von seiner sexuellen Orientierung, schuldet, besonders diffizil. Sie ist vor allem deshalb komplex, weil dieser Begriff »Ehe« im Wesentlichen religiös konnotiert ist. Diese komplexe Frage, die eine sehr viel umfassendere Herangehensweise erfordert hätte, wurde jedoch leider durch den Entwurf des sogenannten *Taubira*-Gesetzes aus einer ganz und gar ideologischen Perspektive in den Blick genommen, denn hinter der Ehe für gleichgeschlechtliche Paare von 2013 steht eine neue Konzeption des sozialen Paradigmas. Niemand kann bestreiten, dass die »Ehe« zwischen einer Frau und einem Mann seit mehreren Jahrtausenden eine konstante anthropologische Bezugsgröße darstellt und dass die Ausweitung einer solchen Möglichkeit auf homosexuelle Paare ein völlig anderes

Gesellschaftsmodell voraussetzt. Denn ebenso wie die Heterosexualität sich grundlegend und naturgemäß von der Homosexualität unterscheidet, so unterscheidet sich auch die *Ehe* grundlegend von der *Lebensgemeinschaft*. Der Begriff der »Ehe« hat nicht zuletzt auf religiöser Ebene einen prinzipiell heterosexuellen Bezug. Wohingegen die Lebensgemeinschaft sich aus einer Entscheidung von Einzelpersonen ergibt.

Interessant ist vor diesem Hintergrund, dass die Loge des Großorients von Frankreich die Homosexualität nicht immer so positiv gesehen hat.

Es geschah zu Beginn meines freimaurerischen Werdegangs in einer Loge des Großorients, die ich als Geselle besuchte. Ein junger Mann – damals war er Richter – war als Initiationskandidat angesprochen worden. Ich hatte beruflich mit ihm zu tun und wir hatten hin und wieder ein paar Höflichkeiten ausgetauscht. Deshalb war ich bei seiner geplanten Initiation dabei, denn der Mann war mir äußerst sympathisch und ich hatte sein Foto in der Eingangshalle gesehen. Vor der Aufnahme eines neuen Mitglieds hängt ein Plakat mit seinem Porträt, seiner Identität, seiner beruflichen Position und der Adresse mehrere Monate lang gut sichtbar im Eingangsbereich des Tempels. Auf diese Weise können sich die Freimaurer über die etwaigen nächsten Eingeweihten sämtlicher Logen informieren. Sodann können sie die Logen aufsuchen und dort das Wort ergreifen oder dem Meister vom Stuhl auf diskretere Weise günstige oder weniger günstige Informationen über den Kandidaten zukommen lassen. Ich hatte festgestellt, dass dieser ledige Mann Anfang dreißig nicht nur liebenswürdig, zurückhaltend und kultiviert, sondern überdies brillant war. Er hatte bei seinem *Passage sous le bandeau*[25] so trefflich auf die Fragen geantwortet, dass er die Zustimmung der Brüder vom Großorient gewann. Außerdem würde er ganz ohne Zweifel eine Bereicherung für die Loge sein. Ein freimaurerischer Richter, was für ein Glücksfall! Tatsächlich sind eine ganze Reihe von Richtern und Anwälten Freimaurer.

Dann aber klärte ein *Bruder* die Loge über eine Besonderheit auf, die den meisten anderen unbekannt war. Als der Meister vom Stuhl unmittelbar vor den Initiationsprüfungen die im Ritual vorgesehene Frage stellte, ob noch jemand etwas hinzuzufügen habe, enthüllte der »Denunziant« die homosexuelle Veranlagung des Richters. Bei der anschließenden Abstimmung hagelte es schwarze Kugeln![26] Die Initiation wurde abgelehnt, und der Zeremonienmeister musste den Kandidaten, der in einem anderen Raum wartete – man stelle sich seine Ungeduld und seine Emotionen vor! –, unverzüglich über seine Ablehnung in Kenntnis setzen. Selbstverständlich wurden ihm auch die Gründe dafür erläutert.

Es folgte ein bedrückendes Tohuwabohu: Einige Freunde – unter ihnen sein Pate – führten den in Tränen aufgelösten Kandidaten hinaus, während die *Brüder* in der Loge sich gegenseitig beleidigten. Der Streit zwischen den Befürwortern und den Gegnern war erbittert: Es ging ganz grundsätzlich um die Frage, ob ein Homosexueller aufgenommen werden dürfe oder nicht! Die höchst »symbolische« Meinungsverschiedenheit betraf einen Satz aus dem Ritual, der ausdrücklich festlegt, dass der Zugang zur Freimaurerei nur für Menschen mit »guten Sitten« vorgesehen ist. Aus diesem Grund hatte man dem Mann die Initiation verweigert. Für den damaligen Großorient hatten Homosexuelle also keine guten Sitten.

Auch rund 22 Jahre später waren Freimaurer, besonders des Internationalen Freimaurerordens für Männer und Frauen »Le Droit Humain«, nicht mit dem Gesetzentwurf zur Ehe für Personen gleichen Geschlechts einverstanden und sie äußerten sich öffentlich wie folgt: »Was mich zutiefst verstört, ist die Tatsache, dass man das Wort ›Ehe‹ symbolisch verwendet, das aus einer jahrhundertealten Tradition stammt, deren Ursprung heilig und die wesentlich heterosexuell war.«[27] Mein lieber *Ex-Bruder* (oder meine liebe *Ex-Schwester*), der (die) Sie sich in diesem Blog zu Wort gemeldet haben: Wenn es nach den derzeitigen

Erklärungen des Großorients geht, von denen weiter unten noch die Rede sein wird, sind Sie rückständig und fortschrittsfeindlich!

In einem anderen Kommentar heißt es: »All diese Argumente […] sind sehr ideologisch, berücksichtigen aber leider nur selten die Rechte der Kinder, die durch das Recht auf ein Kind ersetzt werden sollen […]. Die diesbezüglichen Äußerungen von ›Le Droit Humain‹ finde ich als Freimaurer skandalös!«[28]

Trotz dieser internen Unstimmigkeiten hat die Freimaurerei bei der Ausarbeitung, der Förderung und der Verabschiedung des neuen Gesetzes eine nicht unerhebliche Rolle gespielt.

Das liegt daran, dass die abweichenden Meinungen zu diesem Gesetz[29] nur die Überzeugung des »Fußvolks« und nicht die der hohen freimaurerischen Würdenträger widerspiegeln, von denen einige in der Regierung sitzen!

Dass das Gesetz verabschiedet werden konnte, ist also der Tatsache geschuldet, dass die Freimaurerei und insbesondere ihre hochrangigen Vertreter sich direkt und, wie wir glauben, übergriffig in eine im engeren Sinne politische und gesellschaftliche Debatte eingeschaltet und bei der politischen Führung interveniert haben.

Wahrscheinlich eine freimaurerische ehemalige Ministerin?

Am 7. November 2012 hatte Christiane Taubira dem Kabinett ihren Gesetzentwurf über die Ehe für Personen gleichen Geschlechts vorgelegt und sich am 29. Januar 2013 in der Nationalversammlung persönlich dafür eingesetzt. Das ist deshalb erstaunlich, weil Taubira inzwischen Justizministerin geworden war und in dieser Funktion doch eigentlich für Überwachung und Leitung der Gerichtsbarkeit und für die ordnungsgemäße Funktion des öffentlichen Dienstes verantwortlich war. Die mögliche Logenzugehörigkeit von Madame Christiane Taubira ist insofern ein gut gehütetes Geheimnis, als sie selbst offiziell erklärt hat, keine Freimaurerin zu sein. Einige *Brüder* und *Schwestern* aus Guyana haben mir gegenüber jedoch angedeutet, dass sie sehr wohl der Frauen-Großloge von Frankreich angehöre. Was sehr wahrscheinlich ist, denn die meisten der Territorialabgeordneten aus Französisch-Guyana, denen ich begegnet bin und die wie sie politisch links standen, waren Freimaurer.

Außerdem kam sie rund zwölf Jahre später nach Narbonne, um in einer Loge des Großorients einen Vortrag zu halten. Ich bin nicht zu dieser Veranstaltung gegangen, weil mir das Thema sowie die Anwesenheit dieser gewählten sozialistischen Abgeordneten so kurz vor den damaligen Wahlen zu sehr danach roch, dass sie ihr »eigenes Süppchen kochen« wollte, und dies missfiel mir eindeutig aufgrund ihres unverhohlen politischen und vor allem sozialdemagogischen Charakters. Die ganze wohlmeinende und freimaurerische Linke aus Narbonne und Umgebung und aus dem Département Aude – darunter viele Abgeordnete und hohe Beamte – war an diesem Abend zur Tempelarbeit des Großorients von Narbonne erschienen! Was man durchaus als einen Hinweis darauf deuten könnte, dass unsere ehemalige Justizministerin eine *Schwester* der Frauen-Großloge war. In dieser Welt der Initiation gibt es auch hinter dem Geheimnis noch etliche Geheimnisse! Unstrittig ist jedenfalls, dass Madame Taubira der freimaurerischen Doktrin ideologisch besonders nahesteht.

Das Gesetz für eine Minderheit

2014 machten die Eheschließungen mit gleichgeschlechtlichen Partnern 4 % aller Eheschließungen in Frankreich aus.[30] Das Gesetz auf das Recht der Eheschließung für Personen gleichen Geschlechts wurde am 18. Mai 2013 im offiziellen staatlichen

Amtsblatt bekannt gegeben und ist folglich seit dem 19. Mai 2013 in Kraft. Es ist allerdings darauf hinzuweisen, dass die Zahl der Eheschließungen von Personen gleichen Geschlechts schon 2014 stark rückläufig war und 2015 um 24 % abgenommen hat.[31]

Das beweist, dass dieses Gesetz nicht aus einem echten gesellschaftlichen Bedürfnis heraus entstanden, sondern der Mehrheit von einer bestimmten ideologischen Minderheit aufgezwungen worden ist. Und es beweist, dass die Freimaurerei durch die Verwirklichung der ihr eigenen esoterischen Utopien darauf hinarbeitet, die Menschheit – notfalls auch gegen ihren Willen! – »glücklich« zu machen.

Die Kommuniqués der Freimaurerei

Am 9. November 2012 publizierte die Frauen-Großloge von Frankreich einen Text mit dem seltsamen Titel *Vers un mariage homosexué*[32] *(sic)*[33], in dem sie sich für jegliche Initiative aussprach, »die auf Gleichberechtigung abzielt«, und die Hoffnung zum Ausdruck brachte, »dass dieses künftige Gesetz die beiden Ehepartner schützen und die Ungerechtigkeit *(sic)* beseitigen wird«. Im weiteren Verlauf der von der weiblichen Großloge veröffentlichten Erklärung heißt es: »Insbesondere untersuchen die Freimaurerinnen der Frauen-Großloge unvoreingenommen[34] die Folgen der Adoption und der künstlichen Befruchtung. Sie haben die Absicht, sich an die Parlamentarier zu wenden und ihnen das Ergebnis ihrer Arbeiten zu übermitteln.« Auch der Freimaurerorden »Le Droit Humain« ließ es sich angelegen sein, »in der Debatte [...] über die Ehe für Personen gleichen Geschlechts gehört zu werden«, und gab sich schockiert angesichts der »unerträglich hasserfüllten, dummen und heimtückischen Beiträge, die gewisse Abgeordnete und gewisse religiöse Verantwortliche geäußert haben, die gegen diesen Gesetzentwurf sind [...], [die] eine Homophobie offenbaren, die mit aller Strenge zu ahnden ist«.[35] Ohne näher auf diese überzogene Erklärung eingehen zu wollen, sei hier nur der Hinweis erlaubt, dass die Freimaurer von »Le Droit Humain« allem Anschein nach nicht mit dem Wortlaut des Gesetzes zur Trennung von Kirche und Staat vertraut sind, das am 9. Dezember 1905 verabschiedet wurde. Dieses Gesetz verbietet es an keiner Stelle und auf keinen Fall einer »der Kirchen« – und somit auch nicht der katholischen Kirche –, sich öffentlich in einer Angelegenheit zu äußern, die die Gesellschaft oder das menschliche Wesen betrifft. Wir könnten zweifelsohne sogar feststellen, dass es eine moralische Verpflichtung in dieser Hinsicht für sie gibt.

Der Großorient verurteilt die Äußerungen der katholischen Kirche

Die Freimaurerei hat den Gesetzentwurf zur Einführung der Ehe für gleichgeschlechtliche Personen nicht nur auf breiter Basis unterstützt oder sogar mit vorbereitet, sondern es sich bei dieser Gelegenheit sogar herausgenommen, öffentlich und mit seltener Aggressivität gegen die katholische Kirche und ihre Vertreter Stellung zu nehmen.

Mich selbst – und viele andere auch – hat dies, gelinde gesagt, schockiert. Am 5. November 2012 veröffentlichte eine sehr »laizistische« Großloge eine Erklärung, in der es heißt: »Der Großorient von Frankreich verurteilt mit Nachdruck die Stellungnahmen der katholischen Kirche zu dem Gesetzentwurf über die Öffnung der Zivilehe für alle Paare [...]. Wenn André Kardinal Vingt-Trois von ›weitreichenden Eingriffen in unsere Gesetzgebung‹ spricht, ›die die Modalitäten der Bindungen, auf denen unsere Gesellschaft ruht, von Grund auf verändern könnten‹, zeugt dies von einer rückständigen oder sogar obskurantistischen Haltung.«[36] Diese polemische Erklärung der höchsten

Instanzen des Großorients von Frankreich stellt einen völlig überzogenen Versuch der Desinformation dar – wie man leicht nachvollziehen kann, wenn man den Text des Kardinals im Wortlaut liest.

Diese aggressive Reaktion auf eine öffentliche Stellungnahme der Kirche zeigt, dass andere Meinungen nicht toleriert werden, wenn sie nicht »freimaurerisch korrekt« sind. Sie zeigt außerdem, dass Begriffe wie »Toleranz« für die Freimaurerei nicht dasselbe bedeuten wie für die Kirche. Und dass die Freimaurerei in Wirklichkeit »selbstzentriert« ist und keine andere als ihre eigene Weltanschauung toleriert.

Einerseits verkündet sie im Rahmen einer durch und durch relativistischen Wirklichkeitsauffassung, dass »alle Ideen und alle Wahrheiten gleichwertig sind«, und will die Toleranz zur moralischen Verpflichtung erklären. Jedoch hält sie sich andererseits allem Anschein nach für die einzige Glaubensgemeinschaft, die sich öffentlich äußern darf, und weigert sich, die Prinzipien der Toleranz auf diejenigen kirchlichen Lehren anzuwenden, die von ihren eigenen Überzeugungen abweichen!

Wieder einmal hat die Freimaurerei über ihre hochrangigen Mitglieder und durch eine schlichtweg ideologische »Utopie« insgeheim gewirkt. Sie hat dafür gesorgt, dass alle Väter und alle Mütter durch die »Ehe für alle« zu bloßen »Elternteilen« mit einer von Amts wegen nicht näher bestimmten sexuellen Identität geworden sind. Das Zivilrecht ist zugunsten einer Minderheit geändert worden und hat eine breite Mehrheit von Vätern und Müttern ignoriert, die sich von da an ihrer charakteristischen Merkmale beraubt sahen. Dabei hat man uns im Studium beigebracht, dass das Gesetz der Ausdruck einer politischen Mehrheit sei!

Man darf sich nicht täuschen: Hinter dieser Gesetzesänderung verbirgt sich ein gezielter und geheimer Angriff der Freimaurerei auf die Familie im traditionellen Sinne. »Wir wollen auch daran erinnern und betonen, dass sich hinter der

›humanistischen Toleranz‹, wie die Freimaurerei sie empfiehlt, der Wille verbirgt, die Christenheit zu zerstören.«[37]

Eine Ausnahme bildet jedoch, das sei an dieser Stelle erwähnt, die Nationale Großloge von Frankreich, die sich zwar als eine stark von der Gnostik und dem Okkultismus geprägte Initiationsgemeinschaft präsentiert, sich aber nie antiklerikal oder antikatholisch geäußert hat. Diese gänzlich unpolitische Großloge konzentriert sich ganz auf den esoterischen Bereich und grenzt sich im Übrigen entschieden gegen die anderen Großlogen – namentlich den Großorient von Frankreich, die Großloge von Frankreich, die Frauen-Großloge von Frankreich und »Le Droit Humain« – ab, die sie als vollkommen irregulär und illegitim betrachtet.

Die Euthanasie

Als Präsident Hollande zu diesem Thema Stellung nahm[38], wurde in der Loge, der ich damals angehörte, viel über die Sterbehilfe diskutiert.

Bei einer dieser Diskussionen erhob sich eine *Schwester,* nachdem sie in die Hände geklatscht und man ihr das Wort erteilt hatte, nahm »Haltung« an[39] und erklärte unter Verwendung der üblichen rituellen Anfangs- und Schlussworte halb theatralisch, halb weinerlich:

»Ehrwürdiger Meister und ihr alle, meine *Schwestern* und meine *Brüder* in all euren Graden, ich begrüße euch.[40] Was mich angeht, so möchte ich selbst darüber entscheiden, wann und wie ich sterbe. Nichts wäre mir unerträglicher, als an Maschinen ›angeschlossen‹ und völlig abhängig zu sein und auf diese Weise all meine Würde zu verlieren. Ein Freimaurer ist ein freies Wesen, das selbst über sein Dasein und über seinen Tod bestimmt. Ich habe gesprochen, Ehrwürdiger Meister.«[41]

Eine zweite *Schwester* nahm an der Debatte teil:

»Ehrwürdiger Meister und ihr alle, meine *Schwestern* und meine *Brüder* in all euren Graden, ich begrüße euch. Man kann nicht tolerieren, dass Menschen am Ende ihres Lebens auf diese Weise die schlimmsten Qualen erdulden müssen. Aus Liebe zur Menschheit müssen wir es ermöglichen, dass sie ihrem Leben auf medizinischer Basis ein schmerzloses Ende bereiten können. Mit ihrem Einverständnis wohlgemerkt. Ich habe gesprochen, Ehrwürdiger Meister.«

Ein Freimaurer brachte einen Einwand vor:

»Ehrwürdiger Meister und ihr alle, meine *Schwestern* und meine *Brüder* in euren Graden, ich begrüße euch. Natürlich setzt die Sterbehilfe den Willen des Patienten voraus. Aber es gibt zweifelsohne Fälle, in denen diese Einwilligung nicht eingeholt werden kann, zum Beispiel im Falle eines Komas. Was wäre hier die Lösung? Ich habe gesprochen, Ehrwürdiger Meister.«

Eine andere Freimaurerin und militante Linke teilte ihre Meinung mit:

»Ehrwürdiger Meister und ihr alle, meine *Schwestern* und meine *Brüder* in euren Graden, ich begrüße euch. Eine Gruppe von Ärzten und Verwandten des Patienten könnte zu Rate gezogen werden, die dann Stellung nehmen und ihr Einverständnis geben, wie es heute bereits geschieht, um eine unvernünftige Fortsetzung der Behandlung mit rein lebensverlängernden Maßnahmen zu verhindern. Ich habe gesprochen, Ehrwürdiger Meister.«

Nach einer ganzen Reihe ähnlicher Äußerungen ließ der Meister vom Stuhl eine letzte Wortmeldung zu, ehe ein Hammerschlag das Ende der Debatte anzeigte:

»Ehrwürdiger Meister und ihr alle, meine *Schwestern* und meine *Brüder* in euren Graden, ich begrüße euch. Es steht fest, dass unsere Gesellschaft immer weiter in Richtung auf ein Mehr an Fortschritt und Menschlichkeit voranschreiten muss. Und die Euthanasie ist eine unstrittige Lösung für leidvolle Situationen.

Sie ist ein Akt der Menschlichkeit, ein Akt der Nächstenliebe. Ich habe gesprochen, Ehrwürdiger Meister.«

Diese Diskussion beweist, wie weit die Debatte am eigentlichen Kern der Sache vorbeiging: Den Teilnehmern kam gar nicht in den Sinn, dass sich das Mitleid mit dem Sterbenden und die Sterbebegleitung auch anders gestalten könnten, als seinen Tagen durch den medizinischen Einsatz ein vorzeitiges und gewolltes Ende zu bereiten. Die hinter den Kulissen geleisteten Vorarbeiten hatten ihnen schon den Verstand vernebelt.

Die Freimaurerei arbeitet seit Langem auf die Legalisierung der Euthanasie hin

Ich kann an dieser Stelle bezeugen, dass ich, lange bevor der Bericht über die Änderung des *Leonetti*-Gesetzes abgefasst wurde, selbst miterlebt habe, wie die Logen im Verborgenen an einem ideologischen Plan zur Legalisierung der Euthanasie gearbeitet haben.

In seinen Grundzügen war das Gesetz über »das Lebensende«, das am 27. Januar 2016 verabschiedet wurde, bereits 2004 – zwölf Jahre zuvor! – in einer Loge des Großorients systematisch ausgearbeitet worden.

In einem mir vorliegenden Werkstück aus einer Loge des Großorients von Frankreich in Cannes heißt es: »Dennoch verdient die Berechtigung einer Form der sogenannten aktiven Sterbehilfe in den Blick genommen zu werden, die darin besteht, den Tod, wenn gewünscht, aus Mitleid oder Nächstenliebe zu beschleunigen oder sogar bewusst herbeizuführen [...]. Was nun den Sterbenden betrifft, so sprechen wir ohne jede Heuchelei *(sic)* statt von Sterbehilfe eher von einer Sedierung im Endstadium [...]. Der Betreffende verlangt, in Würde sterben zu dürfen, weil es schließlich darum geht, eines Tages gut zu sterben!«[42]

Der Verfasser des Werkstücks verschwieg wohlweislich die medizinischen Medikamente oder Maßnahmen, mit denen die Schmerzen des sterbenden Patienten gelindert werden können. Was blieb, war eine rein ideologische Frage: diejenige nach der Möglichkeit, den Tod selbst zu wählen und damit göttliche Macht zu erlangen oder sie zu überwinden. Eine teuflische Wahl sowohl was ihren Zweck als auch was die Methoden betrifft, mit denen man sie anpreist: »Gestatten wir uns einen kurzen Traum: Stellen Sie sich vor, Sie hätten eine unheilbare Krankheit im Endstadium, *müssen aber nicht mehr leiden*, weil Sie die Schmerzmittel ›nach Ihrem Bedürfnis‹ erhalten und geistig gesund sind. *Trotzdem haben Sie genug von dieser Welt*. [...] Die Krankenschwester kommt herein [...] mit einem kleinen Tablett in der Hand und auf dem Tablett liegt eine Spritze, *die Spritze!* Sie [...] setzt die Nadel an [...] und dann sieht sie Sie an [...] und stellt mit ihren Augen oder Lippen die Frage: *Wollen wir? Soll ich die Spritze geben?* Stellen Sie sich diesen Augenblick nur einmal vor!«[43] Aus diesen Worten spricht ganz eindeutig das Streben nach einer Allmacht und Herrschaft über das eigene Leben, die bis in den Tod hineinreicht.

Freimaurerische Formulierungen im Gesetz

Neben dem eigentlichen Kern der Debatte gibt es noch einen formalen Aspekt, der unsere Aufmerksamkeit auf sich ziehen sollte. Das zitierte »Werkstück« belegt – was im Übrigen auch mehrere Großmeister von Großlogen diverser Orden ausdrücklich bestätigt haben –, dass die Gesetze unserer Republik vorab in den Logen ausgearbeitet werden. Im Werkstück wird auch die Formulierung *Sedierung im Endstadium* erwähnt.

Auch die Erklärung der *GLFF*[44] verweist auf das »Risiko, dass am Ende einer *tiefen Sedierung* der Tod eintreten kann«.

Exakt dieselben Formulierungen begegnen uns auch in der Diskussion über den Gesetzentwurf: In Paragraf 2.3.1 des Vorlageberichts und des vorgeschlagenen Gesetzestexts steht zu lesen: »Es wird das Recht auf eine *tiefe* und dauerhafte *Sedierung* im *Endstadium* bis zum *Todeseintritt* geschaffen.« Und in Paragraf 2.3.1.2 heißt es: »Die *Sedierung* ist *tief* und dauerhaft bis zum *Todeseintritt*.«[45]

Nahezu identische Formulierungen finden sich schließlich auch in dem Text, der der Nationalversammlung zur Prüfung vorgelegt wurde. Artikel 3 des Gesetzes besagt, dass »ein Artikel L.1110-5-2 ergänzt wird[46], der folgendermaßen lautet: [...] auf Verlangen des Patienten wird [...] eine *tiefe* und dauerhafte *Sedierung*[...] bis zum *Todeseintritt*[...] vorgenommen [...]. Die *tiefe* und dauerhafte *Sedierung* [...] wird im Zuge eines kollegialen Vorgehens durchgeführt.«[47]

Von den Profanen unbemerkt ist die Terminologie der diversen freimaurerischen Texte eins zu eins vom Gesetzgeber übernommen worden!

Die Arbeit der Lobbys

Präsidentschaftskandidat Hollande hatte die Frage der Sedierung bis zum Todeseintritt unter dem Einfluss gewisser »Lobbys« in sein Programm »Meine 60 Verpflichtungen für Frankreich« aufgenommen.[48] 2012 veröffentlichte die Tageszeitung *Le Monde* einen Artikel mit dem Titel: »Sterbehilfe: Wie die sozialistische Partei ihren Kandidaten bekehrt hat«.[49]

Die Lehre der Partei war eindeutig: »Die Sozialistische Partei hält das *Leonetti*-Gesetz mit dem Grundsatz des ›Sterbenlassens‹, der das Ende der Behandlungen und die Sedierung des Patienten auch auf die Gefahr hin herbeiführt, dass der Tod eintritt, für ›heuchlerisch‹.«[50] François Hollandes damaliger Premierminister Manuel Valls wurde noch deutlicher: »Die öffentliche Meinung ist reif.[51] Deshalb ist es wichtig, dass die Linke die Dinge voranbringt.«[52]

Valls, ein ehemaliger Freimaurer des Großorients von Frankreich *(GODF)*, der dank seines langjährigen Freundes Alain Bauer keinerlei Mühe hatte, sich die breite Unterstützung seiner früheren Loge zu sichern, war einer der beiden Männer gewesen, die den Kandidaten Hollande überzeugt hatten: »Vor allem zwei warfen ihren Einfluss in die Waagschale: Manuel Valls und Laurent Fabius.«[53]

Dieser sozialistische Aktivist, spätere Innenminister und schließlich Premierminister, war 16 Jahre lang (von 1989 bis 2005) Mitglied einer in der Île-de-France ansässigen Loge namens *Ni maîtres ni dieux* (»Weder Meister noch Götter«). Ich habe damals im Umland von Paris gewohnt. Zu der Zeit war ich Leiter des Technischen Dienstes in einer Ortschaft unweit von Évry, der Stadt also, in der Manuel Valls das Amt des Bürgermeisters bekleidete. Die Loge von »Le Droit Humain«, der ich angehörte, hatte ihren Tempel in Évry. Dort lernte ich einen Freimaurer des Großorients kennen, der unserer Loge einen Besuch abstattete und der mir später – als er mir vorschlug, mich dem Technischen Dienst des Bürgermeisteramts von Évry anzuschließen, um »sein Team zu verstärken« – anvertraute, dass die Loge, in der Manuel Valls Mitglied war, selbst unter Freimaurern als Rebellenloge galt.[54]

Der Charta dieser Loge des *GODF* zufolge erkennt »ein Mensch ohne Götter nur diejenigen Werte an, die der Mensch für den Menschen geschaffen hat«[55], und er muss überdies »ein Mensch ohne Meister und ohne Götter, stets bereit sein, alles zu hinterfragen, seine Kräfte in den Dienst der *Konstruktion von Utopien*[56] stellen, die den sozialen Fortschritt der Menschheit gewährleisten werden [...]. Die progressive Freimaurerei muss getreu ihren Grundsätzen einer der bevorzugten Orte sein, an denen die neuen konstruktiven Utopien erarbeitet werden, die die künftigen Gesellschaften befruchten sollen.«[57]

Die wertvolle Unterstützung der ADMD[58]

Der Plan, die Euthanasie zu legalisieren, wird auch von der ADMD unterstützt, die eine Reihe von Freimaurern zu ihren Mitgliedern, Freunden und Förderern zählt. Patrick Kessel zum Beispiel, Journalist, ehemaliger Minister in verschiedenen Kabinetten, ehemaliger Großmeister des Großorients und unter anderem dadurch bekannt geworden, dass er sich 1996 vehement gegen den Besuch des Papstes in Reims einsetzte.[59] Oder Pierre Biarnès, Mitglied des Großorients und Senator, der 1997 und 1999 jeweils eine Gesetzesvorlage zugunsten der Sterbehilfe in den Senat eingebracht hat und seine diesbezügliche Philosophie folgendermaßen zusammenfasst: »Was wäre wichtiger im Leben, als darüber zu bestimmen, wie man stirbt? Der Mensch ist nicht Herr über seine Geburt. Dann soll er wenigstens Herr über seinen Tod sein.«[60]

Das Verstörende ist gar nicht so sehr die Tatsache, dass gewählte Volksvertreter, Beamte und Intellektuelle Freimaurer sind. Jeder verfügt über eine vollkommene Gewissensfreiheit. Das eigentliche Problem besteht darin, dass die meisten von ihnen in erster Linie Freimaurer sind, aber in dieser Eigenschaft weder gewählt noch ernannt wurden. Dass sie einer Loge angehören, ist in der Mehrzahl der Fälle gar nicht bekannt. Und doch wirkt sich diese Tatsache wesentlich auf ihr Denken und Handeln aus: »Ich berufe mich zuallererst auf meine humanistischen und laizistischen Werte. Im Parlament war ich Freimaurer«, wie es Henri Caillavet vom Großorient von Frankreich selbst auf den Punkt gebracht hat.[61]

Sterbehilfe in Ausnahmefällen

Auch hier verfügt die Freimaurerei über das nötige Know-how, um ihre Gesetze ein- und durchzubringen. Ich nenne es die

Technik der »kleinen Schritte«, die sich auf Ausnahmen gründet: »Wir schlagen dem französischen Landesverband des internationalen Freimaurerordens ›Le Droit Humain‹ vor [...] an einer gesellschaftlichen Rückgewinnung des Todes durch die Zivilgesellschaft mitzuwirken [...]. Insgesamt [geht es darum], das Verbot aufrechtzuerhalten, aber die Sterbehilfe in Ausnahmefällen anzuerkennen.«[62] Die Vorgehensweise ist dieselbe wie im Fall der Abtreibung: Wenn die Sterbehilfe unter bestimmten Umständen legitimiert würde, dann würde das, was heute noch eine Ausnahme ist, in den nächsten zwanzig Jahren und unter dem Druck der Freimaurerei zur Regel werden, die für alle gilt. Und diese Regel würde dann zweifelsohne schon bald nicht nur bei todkranken, sondern auch bei lebensmüden Menschen zur Anwendung kommen.

Glücklicherweise sind die Machenschaften der Freimaurerei für den Moment gescheitert, um die aktive Sterbehilfe in Frankreich zu legalisieren. Zwar ist das *Leonetti*-Gesetz kürzlich modifiziert worden, doch der Gesetzestext hat die Grenze zwischen »Sterbenlassen« und »Töten« nicht überschritten. Die Bürger dieses Landes – in den Augen der Freimaurer arme »Profane in der Finsternis« – werden in Zukunft noch wachsamer sein müssen, um dem Einfluss der freimaurerischen Lobbys zuvorzukommen.

Sterbehilfe im Namen der Zivilisation

Die freimaurerische *Doxa* folgt, wenngleich sie sich, wie wir noch sehen werden, auf eine philosophische Basis stützt, auch einem finanziellen Kalkül: Ein einziger Tag auf der Palliativstation – das hat mir ein Krankenhausarzt anvertraut – ist für die Verwaltung fünfmal so teuer wie ein Akt der Sterbehilfe. Man muss sich darüber im Klaren sein, dass die Debatte über die Sterbehilfe nicht darauf abzielt, eine neue medizinische Lösung auszuarbeiten, sondern eine im wahrsten Sinne des Wortes todbringende Ideologie zu praktizieren: »Sobald wir die Sterbehilfe beschließen, sind wir schon mitten in einem anderen Gesellschaftsmodell«, so die warnenden Worte des Abgeordneten Jean Leonetti.[63]

Pierre Simon, ehemaliger Großmeister der Großloge von Frankreich, hatte mit den folgenden Worten bei den Themen der Empfängnisverhütung und der Abtreibung schon eine Vorstellung gegeben von dieser Lebensanschauung. Diese Worte lassen sich heute ebenso gut auf die Sterbehilfe anwenden. Damals erklärte er: »Dieser Kampf ist nicht bloß technisch, sondern philosophisch. Im Prinzip bezieht sich der Kampf auf das Leben als Werkstoff *(sic)*.«[64]

Der Politiker Henri Caillavet, zunächst einfacher Abgeordneter, später Senator, Freimaurer des Großorients von Frankreich[65] und 1951 einer der ersten Parlamentarier, die einen Gesetzentwurf zur Abtreibung vorlegten[66], hatte am 25. Mai 1999 (also 16 Jahre vor der Verabschiedung des Gesetzes) auf einer Konferenz der Republikaner Folgendes erklärt: »Wir müssen die Möglichkeit haben, ein Leben im Zustand der Bettlägerigkeit nicht zu akzeptieren, wie man ja auch ein Leben im Embryonalzustand aufgeben kann.«[67] Als ob der Fötus ein Mitspracherecht hätte! Welch ein Zynismus!

Die Haltung des Großorients von Frankreich kommt in einem Kommuniqué vom 28. Januar 2013 zum Ausdruck: »Das *Loi Leonetti* genannte Gesetz [...] ist in den Augen der Freimaurer des Großorients von Frankreich nicht mehr ausreichend[68], die Sterbehilfe muss vor dem Hintergrund des Fortschritts *(sic)* und der Emanzipation des Menschen gegenüber seinem Schicksal auf die Tagesordnung gesetzt werden [...]. Eine Gesetzesänderung ist den Fällen von illegaler und administrativer Sterbehilfe vorzuziehen, die die ungleiche Behandlung der Patienten im herrschenden Pflegesystem widerspiegeln.«[69] Man fühlt sich in die Zeiten der Debatte über das Abtreibungsgesetz zurückversetzt!

Die Frauen-Großloge von Frankreich sprach sich dafür aus, nicht nur die »Sterbehilfe«, sondern zugleich auch die »Sedierung im Endstadium« und den »medizinisch assistierten Suizid« zu legalisieren: »Die Sterbehilfe ist ein vom Pflegepersonal vorgenommener Akt der bewussten Verabreichung tödlicher Substanzen [...]. Die Gesellschaft hat die Pflicht, per Gesetz die Bedingungen für das Lebensende so menschlich wie nur möglich zu gestalten. Diese Bedingungen sind ein starker Indikator für die Zivilisation *(sic)*.«[70]

Und weiter: »Wir stimmen mit der Einschätzung der Konferenz der Bürger überein, die erklärt, dass das Ziel der Schmerzlinderung schwerer wiegt [...] als die Gefahr des Todeseintritts infolge einer tiefen Sedierung.«[71] »Der medizinisch assistierte Suizid: Es scheint uns heute unabdingbar, diesen Akt, wenn auch unter strikter Eingrenzung der betreffenden Praktiken, in die Gesetzgebung aufzunehmen.«[72]

Hier zeigt sich das ganze Ausmaß der terminologischen Vermischung und Verwirrung, auf die diese tendenziöse freimaurerische Erklärung abzielt. Und vor allem zeigt sich, wie mithilfe einer semantischen Struktur, die die Worte paarweise aufeinander bezieht, eine unterschwellige Botschaft entsteht:

- erstens: »Schmerzlinderung«, dann: »Todeseintritt«
- zweitens: »medizinisch assistierter Suizid«, dann: »strikte Eingrenzung«
- drittens schließlich: »Sterbehilfe«, dann: »Pflicht, menschliche Bedingungen, Indikator der Zivilisation«

Die Stichworte sind so aufeinander bezogen, dass ein besorgniserregender und ein beruhigender Begriff miteinander korrespondieren! Das Wort »Todeseintritt« entspricht dem Wort »Schmerzlinderung«. Das Wort »Sterbehilfe« verweist auf »Indikator der Zivilisation«. Das technische Geschick, mit dem die Formulierungen in freimaurerischen Texten zur gezielten

Gewissensmanipulation genutzt werden, ist mehr als beunruhigend! Ich kenne diese freimaurerischen Techniken gut, denn ich bin ihnen selbst zum Opfer gefallen!

Nun erklärt aber die Freimaurerei – zumindest wenn man den Worten aus dem Ritual der Zulassung zum Gesellengrad Glauben schenkt –, »das Leben in all seinen Formen« zu achten. Bei der genannten Zeremonie erhielt ich vom Zweiten Aufseher meine esoterische Unterweisung über die vierte »Reise« und ihre »Kartusche«:

»Die Wohltäter der Menschheit sind diejenigen, die, bewundert oder anonym, demütig oder ruhmreich, ihre Qualitäten zu nutzen wussten, um zum Fortschritt der Menschheit beizutragen. Durch ihre Worte, ihre Werke, ihr Beispiel haben sie *die großen Ideen der Achtung vor dem Leben in all seinen Formen*, der Solidarität unter den Menschen, der Gerechtigkeit, der Freiheit, der Brüderlichkeit und der Liebe verbreitet.«[73]

Und doch macht die Freimaurerei sich für die Sterbehilfe stark! Und fordert ausgerechnet im Namen eines »kulturellen Wertes«, dass ein Mediziner denjenigen beistehen soll, die Selbstmord begehen wollen. Oder dass der behandelnde Arzt dem Leben eines unheilbar Kranken bewusst ein Ende setzt! Gehört denn ein Leben, das sich auf der Palliativstation oder im Hospiz langsam seinem Ende zuneigt, nicht auch zum *Leben in all seinen Formen*?

Was die »Kinder der Witwe« auf ihrer Suche nach einer utopischen Autonomie eigentlich umtreibt und was sie nicht öffentlich zugeben wollen, ist ihr Widerstreben gegen die unausweichliche Einsicht, dass »der Mensch seine Zeit nicht kennt« (vgl. Koh 9,12) und dass er somit auch der göttlichen Allmacht unterworfen ist. Doch die Freimaurerei will, dass ihre Eingeweihten »frei« und vor allem dass sie »befreit« sind: nämlich von Gott.

Sterbehilfe aus Nächstenliebe

Man muss wissen, dass die neuesten Schmerztherapien auch bei schweren Erkrankungen überaus wirkungsvoll sind, wie der Palliativmediziner Dr. Robert Twycross bestätigt: »Schlussendlich wird das Unerträgliche erträglich und in etwa 95 % der Fälle mit der nötigen Erfahrung, Kreativität und Entschlossenheit sogar gut erträglich. In den verbleibenden ungefähr 5 % ist es schwieriger, dasselbe Ziel zu erreichen, aber das heißt nicht, dass dem Kranken ›nicht zu helfen ist‹ [...]. In extremen Fällen erhalten die Patienten eine Dosis Sedativa, die sie, wenn nötig, Tag und Nacht schlafen lässt, um ihnen ein unerträgliches Maß an physischem Schmerz oder mentaler Verzweiflung zu ersparen. Niemand muss unter Qualen sterben. Um dies zu gewährleisten, ist es nicht notwendig, die Sterbehilfe aus Gründen der ›Nächstenliebe‹ zu legalisieren.«[74] Deutlicher könnte man es nicht ausdrücken!

Ich selbst bin seit vier Jahren in der katholischen Sterbebegleitung tätig und begleite Woche für Woche Palliativpatienten in geistlicher Hinsicht. Ihre Erkrankungen sind sehr schwer und führen allesamt binnen kurzer Frist zum Tod. Nur ein einziges Mal habe ich es erlebt, dass die Schmerztherapie – entsprechend der vom *Leonetti*-Gesetz vorgesehenen medizinischen Theorie vom »Zweifacheffekt« – mit einer Beschleunigung des Todeseintritts einherging. Dagegen bin ich nie auch nur einem einzigen Palliativpatienten begegnet (und ich habe mittlerweile mehrere Hundert Menschen begleitet!), der den Wunsch gehabt hätte, dass man bei ihm eine Euthanasie vornehmen sollte. Niemals!

Sterbehilfe bei Kindern, Demenzkranken und psychisch Kranken?

Die Freimaurerei ist sich bewusst, dass sie mit der gesetzlichen Zulassung einer *tiefen Sedierung im Endstadium* dem am Lebensende freiwillig herbeigeführten Tod einen (wenn auch nur sehr kleinen) Schritt näher gekommen ist. Insgeheim arbeitet sie in der Verschwiegenheit ihrer Logen bereits an einer noch bedeutenderen und verstörenderen Entwicklung – was beweist, dass die künftige Legalisierung der aktiven Sterbehilfe unter den Eingeweihten bereits beschlossene Sache ist. Für den Großorient von Frankreich ist die Einführung der aktiven Sterbehilfe bei Erwachsenen offenbar nur eine Frage der Zeit, denn seit Kurzem denkt er bereits über die *Sterbehilfe bei Kindern und bei Demenzkranken* nach!

Am 3. Oktober 2015 hielt die genannte Großloge in ihrem Pariser Haupttempel in der Rue Cadet eine offene weiße Werkarbeit ab[75], zu der Philippe Mahoux, Chirurg, Freimaurer und Senator in Namur in Belgien, als Redner eingeladen war.[76]

Dieser Mann, der in erster Linie Freimaurer und erst in zweiter Linie Politiker ist, seit mehr als fünfzehn Jahren den Vorsitz der sozialistischen Fraktion im belgischen Senat führt, 2002 das Sterbehilfegesetz angeregt hatte und 2014 maßgeblich an dessen Ausweitung beteiligt war, die die aktive Sterbehilfe auch bei Kindern erlaubt, erklärte in seinem Vortrag, dass die Sterbehilfe bei Kindern, die an einer als unheilbar geltenden Krankheit litten, Teil einer »humanistischen Entwicklung« sei: »Eine letzte Geste der Humanität, die eine Geste des Lebens ist *(sic)*.«[77]

Nach Einschätzung des belgischen Freimaurers und Senators reicht die Änderung des *Leonetti*-Gesetztes bei Weitem nicht aus, auch wenn er ausdrücklich zugab, dass sie einen direkten Weg zur aktiven Sterbehilfe eröffnet und diese lediglich nicht als solche bezeichnet: »Die tiefe Sedierung ist in bestimmten

Fällen nur ein anderes Wort für aktive Sterbehilfe, aber das geht nicht weit genug.«[78]

Seiner Meinung nach muss auch Demenzkranken die Möglichkeit der Sterbehilfe angeboten werden. Gleichzeitig räumte er ein, dass die *öffentliche Meinung dafür noch nicht reif* sei.[79] Nach ihm ergriff Daniel Keller, Großmeister für die Öffentlichkeitsarbeit des Großorients von Frankreich, das Wort und sprach der Loge seinen »Glückwunsch« *(sic)* aus, »dass [...] in ihren Mauern über [die Sterbehilfe] an Kindern diskutiert worden ist«, denn »wir sind dazu berufen, für die Welt von morgen Vorsorge zu treffen«[80], die, wie er hinzufügte, hoffentlich »eine Welt ohne Dogmen« *(sic)*[81] sein werde, »in der das Individuum selbst über sich bestimmt«.[82] Als ob seine Großloge damit, dass sie die Legalisierung der aktiven Sterbehilfe an Kindern und Demenzkranken für »morgen« vorbereitet, nicht im Begriff wäre, die gesetzliche Zementierung eines freimaurerischen Dogmas auf den Weg zu bringen, das von einer metaphysischen und esoterischen Auffassung vom Lebensende oder von der Nützlichkeit oder gar Legitimität des Lebens inspiriert ist!

Wie weit wird der Mensch in seinem Wahn, seinem anmaßenden und widerwärtigen Stolz noch gehen?

Gesetze, die aus der esoterischen Lehre der Freimaurerei hervorgegangen sind

Dass sich die Freimaurerei mit ihrer Lehre in die Debatten der Gesellschaft einmischt, ist anti-laizistisch, denn diese Organisation ist, auch wenn sie sich dagegen verwahrt, eine Religion im wahrsten Sinne des Wortes![83] Und sie ist sogar anti-demokratisch, denn die Freimaurerei ist keine gewählte Vertretung der französischen Bevölkerung. Jahr für Jahr untersuchen die Freimaurer – namentlich die Mitglieder von »Le Droit Humain« – eine »soziale Frage«. Die Ergebnisse der Logen, die zu den verschiedenen Großlogen gehören, werden zusammengefasst und den höchsten Politikern unseres Landes übermittelt. Man muss auch die informellen Beziehungen berücksichtigen, die die hochrangigen Würdenträger der Freimaurerei und insbesondere des Großorients mit den politischen Machthabern, diversen Parlamentariern oder hochgestellten Beamten unterhalten. Die Frauen-Großloge von Frankreich verfügt sogar über eine offizielle Vertretung bei den politischen Gremien der Europäischen Union: das Europäische Freimaurerinstitut der *GLFF*.

So wie sich die Soziallehre der Kirche auf die Evangelien stützt, stützt sich das von der Freimaurerei vertretene Gesellschaftsmodell auf die esoterische und okkulte Lehre der initiatischen Tradition. In Werkstücken, Debatten oder verschiedenen Diskussionen in der Loge habe ich oft genug gehört, dass die soziale Dimension der Freimaurerei auf der Quelle ihres okkulten Symbolismus basiert. Die Ideologien beruhen – wenn auch zuweilen unbewusst und nicht ausdrücklich genannt – immer auf einem metaphysischen Gesellschaftsentwurf. Das bedeutet jedoch zweifelsohne, dass unseren freimaurerisch inspirierten Gesetzen eine Metaphysik zugrunde liegt, die man nur als okkult bezeichnen kann!

So vertritt die Freimaurerei die Auffassung – und dies ist maßgeblich für ihre Haltung in der Frage der Abtreibung oder der Sterbehilfe –, dass das Leben nur ein ewiger Neubeginn ist: Dieser Sinn verbirgt sich hinter dem Buchstaben G im Zentrum des flammenden Sterns, der »Generatio«, Zeugung, bedeutet – oder auch hinter dem Tod des Gesellen und Meisteranwärters und seiner Verwandlung zum Meister im Verlauf der zeremoniellen Erhebung in den betreffenden Grad – oder auch hinter der Zeremonie, mit der die Logen zweimal im Jahr die Sonnenwende feierlich begehen und die nichts anderes ist als die Sublimation dieser ewigen Erneuerung – oder schließlich hinter dem Akronym[84] *INRI* im XVIII. Grad, das nach der alchemistischen Lehre der Freimaurerei angeblich für die Selbsterneuerung der

Natur steht. Demnach wäre ein Leben, das zu Ende geht, lediglich die Anbahnung eines neuen Lebens und die Identität des Einzelnen wäre aufgehoben in einem allumfassenden Sein, das an das Höchste Wesen der *Montagnards*[85] der Revolution von 1789 erinnert.

Was die Scheidung oder die Ehe betrifft, so betrachtet die Freimaurerei die Verbindung zwischen Mann und Frau in keiner Weise als heilig. Der eheliche Bund ist aus ihrer Sicht lediglich das Ergebnis eines zwischen zwei Personen geschlossenen Vertrags. Im Kontext eines Relativismus, der die Wahrheit für zufällig erklärt, wird auch die Liebe zum Provisorium. Und damit zwangsläufig »umkehrbar«. Die Liste der Beispiele, die die Verbindung zwischen der esoterischen Symbolik und dem Gesellschaftsmodell der Freimaurerei belegen, ließe sich nach Belieben fortsetzen.

Die Enzyklika Leos XIII.

All diese Beispiele zeigen uns, dass die Verurteilung der Freimaurerei durch die katholische Kirche – die zwischen der ersten päpstlichen Bulle Clemens' XII. *In eminenti apostolatus specula* (1738) und dem von Joseph Kardinal Ratzinger in seiner Funktion als Präfekt der Kongregation für die Glaubenslehre am 26. November 1983 erlassenen und von dem heiligen Papst Johannes Paul II. approbierten Dekret, das die Zugehörigkeit zu dieser Einrichtung für mit dem Katholizismus unvereinbar erklärt, noch mehrfach bekräftigt wurde – absolut begründet ist. Einer der in dieser Hinsicht präzisesten Texte ist und bleibt die Enzyklika Papst Leos XIII.

Die Ausführungen des päpstlichen Rundschreibens *Humanum genus* sprechen zuallererst das grundsätzliche Problem der Doppelzüngigkeit des Freimaurertums an: »Mögen auch List und Verlogenheit in der Welt noch so groß sein, so muss doch notwendig in den Wirkungen die Natur der Ursache sich offenbaren, aus der jene hervorgegangen sind. *Ein guter Baum kann keine bösen Früchte bringen noch ein böser Baum gute Früchte.*«[86] »Es bringt aber die Freimaurersekte verderbliche und sehr bittere Früchte. Denn aus den unbestreitbaren Kennzeichen, von denen oben die Rede war, ergibt sich sichtlich, was das letzte Ziel ist bei allen ihren Plänen: die gesamte religiöse und staatliche Ordnung, nämlich wie sie das Christentum begründet hat, von Grund auf zu stürzen und nach ihrem Gutdünken eine neue zu schaffen aufgrund der Anschauungen und Gesetze des Naturalismus. [...] Was Wir hier sagen [...], ist von der Freimaurersekte im Allgemeinen zu verstehen [...], nicht aber von den einzelnen Mitgliedern. Deren mögen nicht wenige sein, die [...] sich mit diesen Gesellschaften eingelassen haben, aber doch weder persönlich an solchen Freveltaten sich beteiligt, noch auch die letzten Ziele derselben kennen. [...] Sie leugnen nämlich jede göttliche Offenbarung und verwerfen jedwedes religiöse Dogma; nach ihnen gibt es keine Wahrheit, die des Menschen Vernunft überschreitet, keinen Lehrer, der [...] das Recht hätte, Glauben von uns zu fordern.«[87]

Ein Abschnitt der Enzyklika trägt die Überschrift: »Die Kirche wird von ihr geknebelt«.[88] Wie wahr diese Aussage ist, habe ich am Beispiel der oben bereits zitierten Stellungnahmen erfahren, in denen sich der Großorient von Frankreich und »Le Droit Humain« insbesondere in den Jahren 2012 und 2013 über den Gesetzentwurf zur Ehe von gleichgeschlechtlichen Personen äußerten. Und ich vermag gar nicht mehr zu zählen, wie viele Sitzungen, die ich als Besucher in den Logen des Großorients oder, wenn gewisse Mitglieder des Großorients als Besucher anwesend waren, auch in meiner eigenen Loge bei »Le Droit Humain« miterlebt habe, mit dem äußerst höflichen Ausruf »Es lebe die Republik, nieder mit den Pfaffen!« endeten.

Was den Hedonismus als freimaurerische Doktrin betrifft, so schreibt der Papst unter der Zwischenüberschrift »Sie leugnet die Erbsünde und die Pflicht zur Selbstzucht«, dass alles aufgeboten wird, »was dazu dient, die Leidenschaften zu erregen und die Tugend einzuschläfern«.[89] Und hinsichtlich der Ehe stellt die Enzyklika beinahe vor eineinhalb Jahrhunderten unter dem Titel »Angriff auf die Ehe« im Abschnitt »Sie treten für die Zivilehe und Ehescheidung ein« Folgendes fest: »Die Ehe ist nach ihnen ein Vertrag und kann nach dem Willen jener, die ihn eingegangen sind, wieder rechtlich gelöst werden [...]. Bezüglich der Erziehung gilt [...], dass in keinem bestimmten Religionsbekenntnis Unterricht erteilt werden soll; einem jeden soll es unbenommen bleiben, in reiferen Jahren nach Gutdünken zu wählen.«[90]

In dem Unterkapitel »Sie unterwühlt den Staat« warnt der Papst schließlich schon damals – der betreffende Abschnitt trägt die Überschrift »Sie umschmeichelt und betört Fürsten und Völker« – vor dem politischen Sicheinmischen und den Ränken der Freimaurerei: »Unter dem Scheine von Freundschaft schmeicheln sich die Freimaurer ein bei den Fürsten, um in ihnen mächtige Genossen und Gehilfen in ihrem Kampfe gegen die katholische Kirche zu gewinnen.«[91]

Müssen wir uns also – um zum Abschluss zu kommen – am Ende der hier vorgelegten und anhand zahlreicher Dokumente bestätigten Ausführungen, Analysen und Zeugnisse nicht den Tatsachen stellen und mit Papst Leo XIII. und vielen anderen zu der Einsicht gelangen, dass sich gewissermaßen »in solchen wahnwitzigen und finsteren Bestrebungen [...] des Satans unaustilgbarer Hass und Rachedurst gegen Jesus Christus«[92] zu offenbaren scheint?

III.
Eine Initiationsgemeinschaft

Die freimaurerische Bruderkette

Die Symbole der Freimaurerei sind, wie bereits beschrieben, offene Türen zu einer unsichtbaren und nur den Eingeweihten bekannten Welt. Denn diese Symbole sind keine bloßen Tempeldekorationen und dienen auch nicht nur der Veranschaulichung. Sie haben eine ganz reale Wirkung. Sie wirken sowohl aus eigener Kraft als auch durch den Dialog mit dem Freimaurer, der sie studiert und benutzt. Sie »formen« den Geist der Freimaurer. Die Freimaurerei ist eine Initiationsgemeinschaft, weil sie im Wesentlichen »symbolisch« ist. Denn für sie ist das Symbol eine Sprache, um die Tradition weiterzugeben. Das Zeichen ist das Mittel, durch das der Eingeweihte geformt und vor allem umgewandelt wird. Deshalb kann das freimaurerische Ritual nur dank der verwendeten Symbolik, die benutzt wird, überhaupt funktionieren. Wir wollen in der vorliegenden Darstellung lediglich auf einige wenige Symbole eingehen, die wir aufgrund ihrer initiatischen – das heißt okkulten – Potenz ausgewählt haben. Doch hinter allen freimaurerischen Symbolen verbirgt sich eine ähnliche Energie, und sie alle könnten auf dieselbe Weise analysiert werden. Das Musivische Pflaster, von dessen Wirkung bereits die Rede war, ist das Symbol, das die Vorstellung des »Relativismus« begründet und weiterleitet. Deshalb haben wir es in seiner zentralen Bedeutung für die freimaurerische Lehre ausgewählt. Daneben gibt es jedoch weitere, nicht weniger zentrale Symbole – zum Beispiel die »Bruderkette«.

Das Ritual der Bruderkette

Als Freimaurer habe ich regelmäßig an der freimaurerischen Bruderkette teilgenommen, die ein unvermeidliches Element der Tempelarbeit darstellt. Dieses Ritual findet am Ende der Sitzung statt und soll die Gemeinschaft der katholischen Kirche nachahmen oder gar parodieren, nur dass dabei keine Eucharistie gefeiert wird und die Eingeweihten sich in keiner Weise mit Christus vereinen. Es handelt sich um eine magische, hermetische Praxis, die die Freimaurer mit dem Geist des verstorbenen Meisters Hiram verbindet.

Jeder neue Lehrling wird, sobald seine Initiationszeremonie beendet ist, aufgefordert, Teil dieser esoterischen Kette zu werden, die eine brüderliche Verbindung zwischen den Freimaurern herstellt. Diese Aufforderung erfolgt in einer streng festgelegten Form. Der Meister vom Stuhl trägt vor:

»Meine *Schwestern* und meine *Brüder*, ich lade Sie ein, die Bruderkette zu bilden.«

Die Freimaurer erheben sich und verlassen ihren Platz. Sie legen ihre weißen Handschuhe ab, weil diese verhindern würden, dass die fluidische Energie frei von Hand zu Hand strömen kann. Dann stellen sie sich in dem Raum zwischen den *Kolonnen* auf und bilden einen Kreis um das Musivische Pflaster und die drei Säulen herum, die Stärke, Schönheit und Weisheit symbolisieren.

In Wirklichkeit ist der Kreis kein Kreis, sondern ein Oval. Diese Form verweist auf das Ei als Sinnbild des Lebenspotenzials und gleichzeitig auf die ellipsenförmige Umlaufbahn der Erde um die Sonne. Die Freimaurer kreuzen die Arme vor der Brust und strecken die Hände auf besondere Weise ihren Nachbarn entgegen: den rechten Arm nach links und den linken nach rechts, wobei die rechte Handfläche zum Boden und die linke Handfläche nach oben zeigt. Auf diese Weise sind alle Freimaurer durch die Hände wie die Glieder einer Kette miteinander verbunden.

Der Meister vom Stuhl steht vor seinem Stuhl. Er hat dem Altar, auf dem Zirkel und Winkelmaß sowie das Buch (die Satzung der Großlogen oder bei bestimmten Großlogen auch die Bibel) liegen, den Rücken zugekehrt. Dann ergreift der Meister vom Stuhl das Wort:

– »*Bruder* (oder *Schwester*) *Grand Expert,* ist unsere Bruderkette gebildet?«

Der *Grand Expert* antwortet:

– »Ehrwürdiger Meister, der (oder die) neu eingeweihte *Bruder* (oder *Schwester*) ist nicht in unserer Bruderkette.«

– »Mein *Bruder* (oder meine *Schwester*) *Grand Expert,* laden Sie unsere(n) Neueingeweihte(n) ein, sich uns anzuschließen«, fordert der Meister vom Stuhl.

Tatsächlich handelt es sich weniger um eine Einladung als vielmehr um einen Befehl, denn die Teilnahme an der Bruderkette ist obligatorisch – sogar für die *Brüder* oder *Schwestern* aus anderen Logen, die nur zu Besuch gekommen sind. Bei einer Initiationsfeier fordert der Zeremonienmeister den neuen Lehrling auf, seinen Platz in der Kette einzunehmen, und zeigt ihm, wie er seine Hände und Arme halten und wie er seine Füße stellen soll, die sich an den Hacken berühren und die Form des Winkelmaßes nachbilden. Danach sagt der Beamte:

– »Ehrwürdiger Meister, unser neu eingeweihter *Bruder* (unsere neu eingeweihte *Schwester*) ist nun fest verschweißt.«

Erst dann kann der Meister vom Stuhl die Bindung, die die Zugehörigkeit des neuen Lehrlings zur Bruderkette besiegelt, feierlich bestätigen:

– »Meine *Schwestern* und meine *Brüder,* soeben hat unsere Bruderkette ein neues Glied hinzugewonnen, das von unserer Loge fest verschweißt worden ist. Aus diesem glücklichen Anlass wollen wir unsere Hände und gleichzeitig auch unsere Herzen noch näher miteinander verbinden.«

Daraufhin geht der Meister vom Stuhl zu der feierlichen Erklärung über, die das Ritual nicht nur für die Initiation eines neuen Lehrlings, sondern für jede Zeremonie vorsieht, da die Bruderkette den Abschluss jeder freimaurerischen Werkarbeit bildet:

– »Diese Kette verbindet uns über Zeit und Raum hinweg. Die Welt des Scheins hält unsere Körper in diesem Tempel gefangen, wo wir unsere Arme verschränken. Doch unser Geist ist über seine Mauern, über die Grenzen und über die Meere hinweg frei. Es hat Mitternacht geschlagen. Sichtbare und unsichtbare, körperlich oder gedanklich anwesende *Schwestern* und *Brüder*, wir werden gemeinsam über den Schlaf der Menschen wachen. *Schwestern* und *Brüder*, die ihr mich hört, wir sind die Hüter eines sehr alten Geheimnisses, das sich im brüderlichen Herzen der Menschheit an ihrer Wiege entzündet: das Geheimnis der Lebenden und der Toten, der Arbeit und der Schönheit, der Männer und der Frauen, der Natur und ihrer Gesetze. In einer Welt, in der die Materie, die Kraft und die Lüge herrschen, geloben wir, die Flamme der einzigen Liebe und des menschlichen Geistes immer am Brennen und in Ehren zu halten. Brechen wir diese Kette, meine *Schwestern* und meine *Brüder*, unsere Herzen werden vereint bleiben.«

– »Im Namen aller *Schwestern* und aller *Brüder*, ich verspreche es«, antwortet der Zeremonienmeister und beendet damit diesen Teil des Rituals.

Sodann schütteln die Freimaurer dreimal ihre Arme, wobei sie sich nach wie vor an den Händen gefasst halten. Danach löst sich die Bruderkette auf und jeder geht wieder an seinen Platz, um das Abschlussritual der freimaurerischen Werkarbeit von dort aus weiterzuverfolgen.

Als ich besagte Zeremonie Anfang 1989 zum ersten Mal miterlebte, empfand ich diesen Moment der Tempelarbeit als bewegend, erhebend, großartig! Auch wenn ich zugeben muss, dass ich mich beinahe wie ein Gefangener gefühlt habe. Denn die Fußstellung in der Form des Winkelmaßes, die verschränkten Arme und die ineinandergreifenden Hände wirkten wie eine

Art Zwangsanzug: Bis unsere Hände einander losließen, konnte ich mich praktisch nicht rühren. Ich war ein Gefangener dieser Hände, die mich hielten, und dieser Schultern, die die meinen berührten. Ich war gleichsam »festgeschweißt« wie ein Glied in einer Kette.

Das liegt daran, dass die Bruderkette über ihre materielle Beschaffenheit hinaus eine echte energetische Kraft ausübt. Einen Zwang geradezu.

Die energetische Kraft der Bruderkette

Etliche Jahre nach meiner Einweihung musste ich – beim Abschluss meiner ersten Arbeit als Meister vom Stuhl! – die energetische Kraft dieses Rituals erfahren. Als Meister vom Stuhl oblag mir die Leitung der Bruderkettenzeremonie. Ich habe nicht die geringste Ahnung, wie ich mir das esoterische Phänomen, das ich physisch verspürte, anders erklären soll als mit einer tatsächlichen Zirkulation des Fluidums, wie Oswald Wirth es beschreibt. Über die Wirkung der Bruderkette liest man bei diesem Autor Folgendes: »In Wirklichkeit vibriert das Denken außerhalb der Individuen [...]. Wenn dem so ist, dann wird jede freimaurerische Loge zu einer Werkstatt, in der sich die Freidenker in der gemeinsamen Arbeit üben [...]. Es ist ein abgestimmtes Denken, dessen Wellen in jedem empfangenden, das heißt richtig gestimmten und mitschwingenden Geist[1] widerhallen.«[2]

Dies erfuhr ich an jenem Tag buchstäblich am eigenen Leib. Kaum hatte der Meister vom Stuhl – nämlich ich – das Zeichen gegeben, auf das hin alle dreimal ihre Arme schüttelten, durchfuhr mich ein Schauder, der mich vom Kopf bis zu den Füßen erzittern ließ. Die Empfindung war ziemlich stark und ähnelte beinahe einem elektrischen Schlag.

Ich sprach mit niemandem darüber, auch nicht mit den älteren Eingeweihten, weil ich so erschüttert war. Und nicht nur erschüttert: beunruhigt. Das Phänomen wiederholte sich mehrere Jahre lang und auch dann noch, als ich in anderen Logen andere Ämter wahrnahm. Bis zu dem Punkt, an dem ich damit rechnete, weil ich wusste, wann es geschehen würde: unmittelbar nach dem dreimaligen Armeschütteln, das den rituellen Abschluss der Bruderkettenzeremonie bildet. Und doch gab es keine absolute Regelmäßigkeit. Einige wenige Male geschah gar nichts. Dennoch war ich jedes Mal überrascht, wenn sich die Macht dieser unkontrollierbaren Energie manifestierte.

Das Anrufen von Mächten, die uns übersteigen

»Offenbar verkörpert die Bruderkette eine sehr altruistische und ebendeshalb sehr verlockende Vorstellung: dass alle Menschen Brüder sind.«[3] Doch so einfach ist es nicht. Denn bei der Freimaurerei verbirgt sich hinter einem beunruhigenden Schein immer eine beunruhigende Realität. Das ist übrigens ein ganz wesentlicher Schlüssel zur freimaurerischen Symbolik: Das Symbol ist die sinnlich wahrnehmbare Form einer verborgenen und unsichtbaren Realität. Immer bedeckt und kaschiert es etwas. Ähnlich wie ein *Mille-feuille*[4], das man Schicht um Schicht abträgt, ohne an ein Ende zu kommen.

Ein ehemaliger Freimaurer, Mitglied der Hochgrade des Großen Orients, der die Freimaurerei im XVIII. Grad verlassen hat, bringt den magischen Aspekt dieses Rituals ebenfalls sehr klar auf den Punkt: »Gewisse Rituale dienen einer magischen Absicht und die wichtigste magische Absicht ist die, die man ausführt, wenn man am Ende einer Logenversammlung die Bruderkette bildet.«[5]

Die Haltung der Arme und Hände ermöglicht folglich die Weitergabe der Energie. Dabei ist die rechte Hand, deren Innenfläche nach unten weist, eine gebende, die linke aber, deren Innenfläche nach oben zeigt, die empfangende Hand.[6]

Oswald Wirth hat dieser magischen Wirkung und Beschaffenheit ein eigenes Kapitel gewidmet. Unter dem Titel »Magische Kraft« schreibt er: »Die Bruderkette wirkt bei jedem echten Eingeweihten, der das Gleichgewicht hält: Die Acht[7] empfängt in dem Maß, in dem sie gibt, und profitiert dabei von dem Strom, den sie ausfertigt, indem sie ihn weitergibt.«[8] Doch was genau empfängt und gibt der Eingeweihte? Ein magnetisches Fluidum, das bei zahlreichen magischen oder okkulten Praktiken eine Rolle spielt und von einer höheren kosmischen Macht oder Energie stammt. Das ist die Erklärung für die plötzlichen und starken fluidischen Manifestationen, die ich erlebt habe. In der Magie aber ist der Einsatz fluidischer Kräfte das übliche Mittel, um mit dem Jenseits in Verbindung zu treten.

Zahlreichen Freimaurern, Meister und Beamte inbegriffen, ist in keiner Weise bewusst, woran sie da teilnehmen und welche Auswirkung diese okkulte Verbindung hat. Wenn sich die Freimaurer zur Bruderkette zusammenschließen, beschwören sie Kräfte, die sie übersteigen. Aber sie können sogar daran teilhaben, ohne die Wirkung zu spüren. Als passive Werkzeuge. Vielleicht spüren sie aber auch nie etwas oder erst nach einer gewissen Zeit …

Doch in allen Fällen gilt – ob sie dafür sensibel sind oder nicht –, dass die Freimaurer sich psychisch miteinander verbinden und eine kollektive Person bilden. Oder besser gesagt, dass diese »Person« – nämlich kein anderer als der Meister Hiram – die fluidische Energie der Gruppe nutzt, um wiedergeboren zu werden.

Hiram wieder zum Leben erwecken

An den Worten des Rituals – »Schließen wir uns nun also mit Leib und Seele der transmutierenden Willenskette an […], leben wir für das Werk«[9] – erkannte ich, dass die Freimaurer, solange der Vorgang der Bruderkette Bestand hat, als Individuen verschwinden, um zu einer übermenschlichen Person zu werden, die sie übersteigt. Durch diesen alchemistischen Vorgang ging ich also mittels diverser Techniken aus einem Körper von niederer Natur in einen anderen Körper über, der eine höhere Natur besaß: den des idealen und idealisierten Freimaurers Hiram. Die Kette bildete eine kollektive Basis, auf der Hiram, wie später noch erläutert wird, zu neuem Leben erwachte. Hiram, der Meister der Freimaurerei, wurde durch die Energie wiedergeboren, die wir durch unsere fluidische Vereinigung geschaffen hatten!

Die »Bruderkette, bei der die *Brüder* ihre Energien verbinden«, ermöglicht es ihnen, »mit ihren *Brüdern* in Verbindung zu treten, die in den ewigen Orient eingegangen [das heißt verstorben] sind«.[10] Es handelt sich somit um eine spirituelle Praxis, die auf eine Kommunikation mit den Verstorbenen abzielt, um deren Kraft zu erlangen: »Sie zu vollziehen heißt, die leuchtende Energie hervorbrechen zu lassen, die die *Brüder* speist und ihnen ermöglicht, zum Werk[11] beitzutragen.«

Eines Tages stellte ich also fest, dass diese alchemistische Praxis es mittels okkulter Vorgänge ermöglichte, eine Energie, ein Fluidum, heraufzubeschwören, das dazu bestimmt war, dem »Meister« – nämlich Hiram – durch die Gemeinschaft der in der Bruderkette verbundenen Freimaurer neues Leben einzuhauchen, wie es auch ein Kommentar zur Zeremonie der Erhebung in den Meistergrad belegt: »Lasst uns eine lebendige Kette um diesen Leichnam bilden und zu seiner Wiederbelebung die höchsten Mittel der Kunst ins Werk setzen!«[12] Das heißt, dass die Freimaurer aller Grade – also auch die Lehrlinge, wenn die Arbeit im ersten Grad stattfindet –, die die Kette bilden und sich durch ihre Gegenwart und ihr Fluidum mit dem Meister vom Stuhl verbinden, nicht einfach nur geloben, »die Flamme der einzigen Liebe und des menschlichen Geistes immer am Brennen und in Ehren zu halten«. Mit dieser allem Anschein nach spiritualistischen und wohlwollenden Formel arbeiten sie im alchemistischen Sinne des Wortes und meist ohne das Wissen der weniger Eingeweihten an der Wiedergeburt des Meisters Hiram.

Denn die Person, zu der die individuellen Persönlichkeiten der einzelnen Freimaurer verschmelzen, ist kein anderer als der wiedergeborene Hiram: »Durch die Zeremonie der Bruderkette bringt eine Loge eine gemeinschaftliche Person hervor, deren Wahrnehmungsfähigkeiten die Summe der Wahrnehmungsfähigkeiten der Individuen, aus denen sie sich zusammensetzt, weit überschreitet.«[13]

Wohlgemerkt wird die esoterische Verbindung zwischen Hiram und den Freimaurern, die an der Bruderkette teilnehmen, schon bei der allerersten Teilnahme an diesem Ritual – nämlich sobald die Initiationszeremonie beendet ist – hergestellt. Auf diese Weise wird der Lehrling gewissermaßen durchdrungen oder besetzt. Nun ist aber der Umgang mit den Geistern der jenseitigen Welt, also auch mit dem Geist Hirams, ein Kennzeichen des Spiritismus. Und die Kirche verurteilt die Praxis, die darin besteht, mit den Geistern der Verstorbenen in Verbindung zu treten, als unheilvoll. Überdies sind »die Magie, die Hellseherei und andere Praktiken, die auf die Entwicklung okkulter Kenntnisse oder Kräfte abzielen, immer implizite Pakte: Verträge mit dem Teufel«.[14] Und wie das Ritual es vorsieht, wird die Bruderkette am Ende jeder Tempelarbeit abgehalten und stellt somit eine Art ununterbrochene Fortsetzung der Ersteinweihung dar: »Die Alchemie der Bruderkette ist dergestalt, dass sie den Moment der Ersteinweihung, bei der der Eingeweihte in die Bruderkette aufgenommen wird, wiederaufleben lässt.«[15]

Ein Autor verweist auf das Risiko, das die Praxis der Bruderkette mit sich bringt: »Und doch wissen und sprechen beinahe alle Experten der Geschichte der Freimaurerei – seien sie nun von der Großloge von Frankreich wie Jean-Pierre Bayard oder vom Großorient wie Bruno Étienne – bereitwillig von der ganz realen Gefahr, *die Wirkungen* zu unterschätzen, die eine Beschwörung [...] durch eine intensive und kollektive Bitte [...] im Rahmen einer Bruderkette *hervorrufen kann.*«[16]

In gewisser Weise stellt die Bruderkette auch eine unsichtbare, aber reale, feste und allumfassende Verbindung zwischen den lebenden und den verstorbenen Freimaurern her. So wie dieses Ritual die Körper aneinanderschweißt, verbindet es auch die Seelen gleichsam in gegenseitiger Durchdringung mit allen Freimaurern und mit Hiram. Die Teilnahme an diesem magischen Akt bleibt jedoch nicht ohne Folgen. Das Fluidum, das dabei durch Körper und Geist zirkuliert, wirkt wie ein Magnet, dessen Kraft anzieht und festhält: »Marius Lepage hat die wesentlichen Prinzipien, die aus der Bruderkette nur eine Geste ohne größere Tragweite machen, hervorragend dargestellt. Er schreibt: ›Die Riten [...] verbinden das Sichtbare mit dem Unsichtbaren. Sie bilden die fluidische Verbindung, die den aus den Logen gebildeten freimaurerischen Körper mit dem von den materiellen Logen losgelösten freimaurerischen Geist vereint.‹«[17]

Die Bruderkette ist demnach ein magischer Vorgang. Wir werden im Folgenden sehen, dass die Kenntnis der Tarotkarten, die zu den esoterischen Kennzeichen der Freimaurerei, insbesondere der Hochgrade, gehören, ebenfalls dabei hilft, die Verbindung zwischen diesem Ritual und dem teuflischen Einfluss zu verstehen.

Das Tarot und die Bruderkette

Das Tarot ist von diversen freimaurerischen Okkultisten als Weg der Initiation beschrieben worden. Der bekannte Okkultist Éliphas Lévi, Alchemist, Rosenkreuzer und Freimaurer, »hat sich eingehend mit dem Tarot befasst«.[18] Andere Freimaurer wie Papus oder Arthur Edward Waite haben die Verbindung zwischen der Kabbala und dem Tarot bekannt gemacht. Und »die

Freimaurer früherer Zeiten ließen ihr Werk auf drei großen Säulen ruhen, der Weisheit, der Stärke und der Schönheit: zu Ehren der antiken Göttinnen, denen die Bildkünstler des Mittelalters drei der 22 allegorischen Abbildungen des Tarot gewidmet haben«.[19]

Das Tarot ist tatsächlich ein »ABC der Eingeweihten«.[20] Während meines initiatischen Werdegangs konnte ich immer wieder beobachten, dass zahlreiche freimaurerische Begriffe durch die Tarotkarten veranschaulicht werden. So wird der Geselle zum Beispiel »mit einem Herrscher verglichen, der auf einem goldenen Thron sitzt«[21] und der der 4. Karte der Großen Arkana[22] entspricht: »Im Visconti-Tarot ist die 7. Karte der Großen Arkana ›Der Wagen‹, der dem Sonnenwagen entspricht, der den Neueingeweihten, der [...] an seinen typischen Zeichen – der goldenen Krone, dem priesterlichen Gewand – erkennbar ist [...] emporträgt.«[23]

Die numerologischen Symbole der Freimaurerei verweisen ebenfalls auf das Tarot: »Doch so wie die 12 den Kreis schließt, ist die 13 daraus ausgeschlossen, was den unheilvollen Charakter dieser Zahl erklärt, mit der das Tarot das Bild des Todes assoziiert.«[24] Die Zahl 14 ihrerseits steht in der Freimaurerei für den »allgemeinen Kreislauf [...], da die 14. Tarotkarte der Großen Arkana ›Die Mäßigkeit‹ darstellt«.[25]

Was die 12. Tarotkarte der Großen Arkana betrifft, so drückt »›Der Gehängte‹ die initiatische Wirklichkeit des zurückgekehrten Menschen aus«.[26] Und ich war, wie in vielen Riten üblich, mit einem Strick um den Hals initiiert worden! Der zurückgekehrte Mensch aber ist der, der nicht mehr gen Himmel, sondern nach unten, zur Hölle, blickt. In der Sprache der Esoterik bedeutet dies, dass dieser Mensch vom Dämon besessen ist oder unter seinem unmittelbaren Einfluss steht. Hier enthüllt die Freimaurerei selbst, welche Konsequenzen es hat, wenn man an der Bruderkette teilnimmt und die Tür für den Dämon öffnet.

Im Zusammenhang mit der 15. Tarotkarte der Großen Arkana, die »Der Teufel« heißt und diesen darstellt, weist Valéry Sanfo, Experte auf diesem Gebiet, darauf hin, dass »auf dem rechten Arm des Teufels die Inschrift *Solve* und auf dem linken Arm die Inschrift *Coagula*[27] tätowiert ist. Diese beiden lateinischen Begriffe erinnern an die Bewegung der Energie, die [...] vom rechten Arm freigesetzt [die rechte Hand ist genau wie in der Bruderkette die gebende Hand] und vom linken Arm aufgenommen wird, um gebunden zu werden.«[28]

Éliphas Lévi gibt uns eine präzise Definition dieser beiden »grundlegenden Etappen des alchemistischen Prozesses, der Auflösung *(solve)* und Wiederzusammensetzung *(coagula)* vereint [...]. Dank der Verbindung der beiden antagonistischen Prinzipien Schwefel und Quecksilber vollzieht sich der Vorgang im Dunkeln.«[29]

Die Formulierung *solve et coagula* findet sich auch im Ritual des Übergangs zum XXX. Freimaurergrad wieder. Dieser Grad ist der höchste in der Hierarchie der symbolischen Freimaurerei, denn die Grade XXXI, XXXII und XXXIII sind administrative Positionen und der Ordensleitung vorbehalten. Auf diese Weise will die Freimaurerei die fähigsten Freimaurer dazu bringen, ihre Ideologie innerhalb wie außerhalb der Logen zu verbreiten: zu zerstören *(solve)*, um sodann wiederaufzubauen *(coagula)*.

Es handelt sich de facto um die Verwirklichung der freimaurerischen Utopie, die jeden Freimaurer vom Meistergrad an dazu auffordert, die in den Logen entdeckten geheimen Lehren nach außen zu tragen: »*Solve et coagula* [...]. Die natürliche und übernatürliche Ordnung zerstören, um sich an der Verwirklichung einer widernatürlichen Ordnung zu versuchen – das scheint das Ziel zu sein, das die Freimaurerei ganz offensichtlich anstrebt.«[30]

Mit anderen Worten: die Moral und die sozialen Richtwerte der katholischen Kirche zu zerstören, um sie durch ein freimaurerisches Modell zu ersetzen, das sich auf relative, zufällige, veränderliche, selbst konstruierte, nicht auf geoffenbarte Wertmaßstäbe und eine entsprechende Moral gründet.

Auf Seite 158 des Buchs von Éliphas Lévi finden sich die Inschriften *solve* und *coagula* auf den Armen Baphomets, eines mysteriösen, von den Templern verehrten Idols[31], das wie in Verkehrung des Merkmals der Engel zwei Flügel aus schwarzen Federn auf dem Rücken trägt. Außerdem hat Baphomet den Kopf und die Hörner eines Ziegenbocks. Im Neuen Testament wird der Bock eindeutig im Zusammenhang mit dem Bösen und dem Teufel erwähnt (vgl. Mt 25,32–34.41). Man muss wissen, dass Baphomet zu den unverzichtbaren Symbolen jedes satanischen Rituals gehört.[32] Auch im Satanischen Tempel in Detroit in den Vereinigten Staaten steht eine Baphomet-Statue.[33]

Das alles ist den Lehrlingen und den Gesellen vollkommen unbekannt. Manche Meister vermuten es allenfalls. Die meisten Freimaurer der Hochgrade verstehen es. Und diejenigen der höchsten Grade beherrschen es. Ich für meinen Teil hatte die okkulte und spiritistische Seite der Freimaurerei und insbesondere der Bruderkette zunächst geahnt und anschließend gründlich verinnerlicht. Damals erging es mir wie vielen anderen Freimaurern: Der okkulte Aspekt der Freimaurerei bereitete mir keinerlei Probleme. Ich musste erst den Glauben wiederfinden, von der Zärtlichkeit Mariens berührt werden, um die teuflische Prägung der freimaurerischen Rituale zu erkennen.

Die Freimaurerei ist durch ihre Interpretationen und Überzeugungen – wie etliche andere okkulte oder magische Praktiken auch – ein Weg, der zu Luzifer führt, und die zu sonstigen esoterischen Aktivitäten Tür und Tor öffnet: »Wir betrachten hier somit die Magie als Sünde des Menschen und als Tür, die für den Teufel offen steht.«[34]

IV.
Wie ich herausfand, dass die Freimaurerei eine satanische Religion ist

Johannisfest

In der Freimaurerei, die den Alten und Angenommenen Schottischen Ritus praktiziert – das heißt im Großteil der Großlogen in aller Welt und insbesondere im internationalen Orden »Le Droit Humain« –, ist es Brauch, bestimmte Festzeiten zu begehen. Man feiert den Anfang des Freimaurerjahrs im Herbst, sein Ende im Juni sowie die Winter- und Sommersonnenwende. Letztere findet um das Johannisfest am 24. Juni statt, was kein Zufall ist: Alle Logen berufen sich auf die »Johannesloge«.

Schon im Lehrlingsritual wird bei der *Deckung*[1] auf den heiligen Johannes Bezug genommen. Eine der Fragen, die der Meister vom Stuhl stellt, lautet:

– »Mein *Bruder*, woher kommen Sie?«

Darauf muss der Lehrling möglichst wortwörtlich Folgendes antworten:

– »Von der Loge des heiligen Johannes, Ehrwürdiger Meister.«

Vom Lehrlingsgrad an ging ich – was ebenso sehr meiner Unwissenheit wie dem Einfluss der freimaurerischen Lehre geschuldet war – davon aus, dass der heilige Johannes ein *Eingeweihter* war! Und ich muss zugeben, dass ich den Bezug auf den heiligen Johannes angesichts all der okkulten Symbole und Riten, die ich kennenlernte, zu Beginn meines esoterischen Weges als beruhigend empfand: Der heilige Johannes war der Jünger, den Jesus liebte! Die Freimaurerei schämt sich nicht, im *Handbuch* des Lehrlingsgrads Dinge zu behaupten, deren Unwahrheit mir erst später aufgehen sollte. So hatte man mir in meiner Zeit als Lehrling erklärt, dass »unsere Organisation [...] von den Johannisbruderschaften ab[stammt], wie die Bauzünfte im Mittelalter hießen«.² Dass die Freimaurerei aus den Dombauhütten entstanden ist, ist jedoch eine Fiktion. Die Beziehung zwischen beiden resultiert allenfalls daraus, dass man im 18. Jahrhundert eine Reihe von Symbolen übernommen hat, wie einer der besten Historiker der Freimaurerei, selbst Freimaurer, bestätigt: »Diese Verwirrung bei der Art der Herkunft [ist] natürlich grotesk [...]: So viel zur Abstammung von den werktätigen Maurern des Mittelalters.«³

Unter Freimaurern ist jedoch noch eine weitaus irrigere Deutung verbreitet: »Man hat den heiligen Johannes außerdem mit dem Janus der Römer gleichsetzen wollen: diesem doppelgesichtigen Gott, der das Prinzip der Dauer symbolisiert und für den Vergangenheit und Zukunft eins sind.«⁴ Auch ich war so naiv, dieser erdichteten Geschichte Glauben zu schenken. Wie jeder Freimaurer hatte ich die Inhalte des »freimaurerischen Katechismus«, wie die *Handbücher* der verschiedenen Grade genannt werden, kritiklos verinnerlicht.

Tatsächlich hat der Vorname Johannes jedoch nicht das Geringste mit dem lateinischen *Janus* zu tun. *Johannes* ist die latinisierte Form des griechischen *Iōannēs*, das sich seinerseits aus den hebräischen Wörtern *Jeho* oder *Yeo* und *chanan* zusammensetzt. *Jeho* ist eine Kontraktion aus JHWH, Jahwe oder Jehova, also Gott, und *chanan* bedeutet »barmherzig«. *Jehova chanan* bedeutet also wörtlich übersetzt: »Gott ist gnädig«.

Was Janus betrifft, den römischen Gott des Anfangs und des Endes, der Entscheidungen, der Ein- und Ausgänge, der Türen und Tore, so kommt sein Name, der sich auch in der Monatsbezeichnung Januar wiederfindet, von dem lateinischen Wort für Tür, Eingang, *ianua*. In der Freimaurerei äußert sich dies darin, dass man ein sommerliches Johannisfest (im Juni) zu Ehren des abnehmenden Lichts und ein winterliches Johannisfest (im Dezember) zu Ehren des zurückkehrenden, wieder zunehmenden Lichts feiert, das in der Mythologie der Freimaurer an die Stelle von Weihnachten tritt.

Dieser freimaurerische Betrug besteht seit Langem und die meisten der heutigen Freimaurer trifft hieran keine Schuld. Sie sind lediglich Opfer der semantischen Dekonstruktion! Die Klangähnlichkeit zwischen *Johannes* und *Janus* ist in der Tat *a priori* verlockend – aber rein formell.

Zum anderen ist der heilige Johannes für die Freimaurer der Eingeweihte schlechthin: In meinem letzten Jahr in den Hochgraden musste ich von einem Freund und ehemaligen Freimaurer, der mich mit den Ritualen vertraut machte, erfahren, wie der XVIII. Hochgrad des sogenannten »Ritters vom Rosenkreuz« das von der Kirche überlieferte Wort Gottes verfälscht: »Für uns ist dieser heilige Johannes, der am 24. Juni mit sehr heidnischen Feuern gefeiert wird, im ›gnostischen‹ Kontext interessant als Bestätigung des eben Gesagten: Manchen Autoren zufolge steht der heilige Petrus für die ›äußere‹ Kirche und der heilige Johannes für die ›innere‹ Kirche.[5] Deshalb hat man den von der Freimaurerei verwendeten Begriff des heiligen Johannes als offenkundigen Beweis für ihre Nähe zur Gnosis gewertet.«[6]

Hinsichtlich des heiligen Johannes ist die Freimaurerei im XVIII. Hochgrad übrigens – bei dem Versuch, ihre Theorie zu beweisen, wonach es vor allem die ägyptischen Esoteriker gewesen seien, die den Apostel in die Geheimnisse der ursprünglichen Tradition eingeweiht hätten – nach einer ebenso bissigen wie irrigen Analyse zu dem Schluss gekommen, dass die Kirche das Johannesevangelium insofern verfälscht habe, als der Begriff *Logos* sich nicht auf den Gott der Christen, sondern auf den ägyptischen Gott Thot beziehe.

Eine Parodie der Eucharistie

Der Anfang und das Ende des freimaurerischen Jahres werden mit Festen zu Ehren des scheidenden und des wiederkehrenden »Lichts« begangen. Eine dieser Zeremonien endet mit einem Ritual, das auf einen Christen beruhigend wirken könnte, sich aber bei näherem Hinsehen als ein Zerrbild der Eucharistie erweist: Der jüngste Lehrling und der älteste Meister der Loge stellen sich zu beiden Seiten des Altars der Gelöbnisse auf und brechen das Brot. Jeder zerteilt auf seiner Seite einen Brotlaib, der von den anwesenden Freimaurern weitergereicht wird, damit alle Logenmitglieder sich ein Stück davon nehmen und »kommunizieren«.

Ich war mehr als irritiert, als der Meister vom Stuhl bei dieser Gelegenheit, wie im Ritual wortwörtlich vorgesehen, »Luzifer, dem Morgenstern« dafür dankte, dass er der Freimaurerei »das Licht« bringe, damit diese es ihrerseits an die Menschheit weitergebe. Ich wunderte mich, dass mir dieser satanische Bezug bislang nie aufgefallen war. Es beunruhigte mich, dass dem Fürsten dieser Welt solche Ehre zuteilwurde. Also wandte ich mich beim Brudermahl an den Meister vom Stuhl:

– »Diese Anrufung Luzifers hat mich sehr überrascht! Sich auf einen Dämon zu berufen, ist doch recht ungewöhnlich, oder nicht? Ich finde das sehr verwirrend!«

– »Ich verstehe, dass du dich aufregst«, antwortete er, »aber in Wirklichkeit ist Luzifer nicht der Dämon, für den du ihn hältst. Ganz im Gegenteil! Die Kirche hat die Wahrheit verfälscht *(sic)*. Luzifer heißt ›Lichtbringer‹. Und wenn man weiß, wie obskurantistisch die katholische Kirche sein kann, dann muss man sich nicht wundern, dass sie diesen gütigen Engel zum Dämon erklärt hat! Luzifer ist ein wohltätiger Engel, den wir Freimaurer uns zum Vorbild nehmen müssen. Wie die Freimaurer bringt er der Welt das Wissen. Später, wenn du den Hochgraden angehörst, wirst du das besser verstehen.«

Ich war beruhigt. Wenn der Papst, wie ein Freimaurer aus den Hochgraden mir versichert hatte, einer der »bösen Gesellen« war, die Hiram getötet hatten, und wenn die Kirche den Menschen das ersehnte Licht verweigerte, dann war es schließlich auch nicht weiter erstaunlich, dass sie Luzifer verteufelte und ihn zu Unrecht als Dämon abstempelte.

Überdies war meine theologische Bildung damals praktisch nicht vorhanden. Ich dachte, Satan sei der Teufel und Luzifer jemand anders, vermutlich ein Engel, auf keinen Fall aber der Fürst der Dämonen. Später jedoch, als mir erste Zweifel kamen, ob mein freimaurerischer Weg mit meinem wiederaufkeimenden Glauben vereinbar sei, beschloss ich, mir Klarheit zu verschaffen. Und stellte Recherchen an. Ich wollte den Glauben verstehen und kennenlernen. Zudem wurde in den Hochgraden alles immer doppeldeutiger. Und paradoxerweise gleichzeitig immer klarer. Ich verlor jegliches Vertrauen in das, was ich in der Loge zu hören bekam, und so machte ich mich auf die Suche und stieß auf einen – allerdings antifreimaurerischen – Text, der die Freimaurerei als satanische Religion bezeichnete: »In der Zeitschrift *Adelphi Quarterly* (einer New-Age-Zeitschrift) Nr. 3, Jg. 1992, Seite 7, steht geschrieben, dass die Freimaurerei als eine Schule der Luzifer-Bruderschaft gegründet worden ist.«[7] Außerdem beschloss ich, die Schriften gelehrter Freimaurer einer näheren Überprüfung zu unterziehen. Oswald Wirth listet in einem seiner Bücher die Namen der Personen auf, auf die er sich bezieht. Er schreibt: »Ragon, Éliphas Lévi, Albert Pike und vor allem Goethe sind durch ihre Schriften meine Lehrer gewesen.«[8] Okkultisten! Albert Pike, Freimaurer des XXXIII. Grades, hatte meines Wissens mehrere Jahrzehnte lang im Süden der Vereinigten Staaten als Souveräner General-Inspekteur des AASR gedient und enge Beziehungen zum Ku-Klux-Klan unterhalten. Und auch dieser freimaurerische Würdenträger – einer der bedeutendsten Vertreter der Freimaurerei – war Satanist gewesen!

Ich erfuhr, dass dieser Erlauchte Bruder der Freimaurerei den Einfluss Luzifers auf die Freimaurerei näher beschrieben und bestätigt hatte: »Die freimaurerische Religion muss für uns alle, die Eingeweihten der Hochgrade, in der Reinheit der luziferischen Lehre bewahrt werden. Denn der Gott Luzifer *(sic)* der modernen Theurgie[9] ist nicht der Dämon Satan der alten Goëtie[10]. Wir sind Optimaten[11] und Re-Theurgisten, keine Praktizierenden der schwarzen Magie. Die Magie ist von Adonai, dem Verleumder Luzifers, hervorgebracht worden. Wenn Luzifer kein Gott gewesen wäre, würden Adonai und seine Priester ihn dann verleumden? Ja, Luzifer ist Gott und Adonai ist es leider auch [...]. Die wissenschaftliche Realität des göttlichen Dualismus wird durch die Phänomene der Polarität und durch die universalen Gesetze aufgezeigt [...], und die wahre und reine philosophische Religion ist der Glaube an Luzifer, der Adonai gleichgestellt ist, aber als Gott des Lichts und des Guten für die Menschheit gegen Adonai, den Gott der Finsternis und des Bösen, kämpft.«[12]

Man muss wissen, dass Adonai einer der Namen des Gottes der Christen ist. In diesem Punkt lässt die biblische Exegese keinerlei Zweifel zu. Die Übersetzung von André Chouraqui, die gemeinhin als eine sehr getreue Wiedergabe des ursprünglichen hebräischen Bibeltexts gilt, verwendet für Gott den Namen »Adonai«. Adonai heißt der Gott Abrahams, der christliche Gott, denn »an dieser Stelle ist nicht von Jahwe, dem Ewigen, die Rede, und es ist auch nicht El Shaddai, der sich Abraham offenbarte. Das hebräische Wort, das an dieser Stelle verwendet wird, ist entweder Adonai oder ›Jahwe, mein Herr‹.«[13] Dieser Gottesname ist dem Namen des Satans diametral entgegengesetzt: »Der Name ›Adonai‹ verkündet der Welt, dass ihr freigekauft worden seid [...]. Satan und seine ganze Schar sind also gewarnt, dass ihr nicht mehr dem Feind, sondern dem Ewigen gehört! [...] Wenn ihr euch zu Adonai bekennt, ergreifen die Dämonen die Flucht! Adonai verweist auf unsere Zugehörigkeit zu Gott.«[14]

Luzifer – als Gott verehrt!

Die Freimaurerei stellt also mit ihrem eigenen freimaurerischen Dogma das christliche Dogma auf den Kopf und vertauscht Gut und Böse: Sie macht den Teufel unbestreitbar zu ihrem Gott, ihrem »Großen Baumeister aller Welten«, einem Wohltäter, und will den christlichen Gott zum Urheber des Bösen erklären!

Aus den meisten Gesprächen, die ich in der Loge geführt habe, und aus zahlreichen Werkstücken, die ich gehört habe oder mir besorgen konnte, geht hervor, dass die Mehrheit der Freimaurer Luzifer irrtümlich entweder für den »Morgenstern« oder für den »Lichtbringer« hält und glaubt, dass es sich hierbei um die allegorischen Bezeichnungen eines gütigen Wesens handelt: »Luzifer heißt Lichtbringer auf Latein.«[15] »Luzifer ist ein lichtbringender Engel, der gestürzt worden ist, weil er Gott gestört hat *(sic)*.«[16] Außerdem wird Luzifer im Ritual durch den flammenden Stern symbolisiert, den der Lehrling entdeckt, wenn er Geselle wird. Bei der Aufnahme in den Gesellengrad entzündet der Meister vom Stuhl an einem bestimmten Punkt der Zeremonie den Stern vor dem Kandidaten und erklärt:

»Diesen Stern, der sich Ihren Blicken darbietet, werden wir den flammenden Stern nennen. Er weist dem Gesellen die Richtung auf seinem Initiationsweg.«[17]

Im weiteren Verlauf der Zeremonie fügt der Erste Aufseher hinzu:

»Er ist jedoch je nach Ritus und Überzeugung unterschiedlich interpretiert worden: als Gravitation, Zeugungsfähigkeit, Genialität, Gnosis. Die Symbolik dieser verschiedenen Begriffe führt uns zur Vorstellung der Harmonie.«[18]

Nun erklären aber sowohl die Anhänger als auch die Gegner der Freimaurerei, dass das G in der Mitte des flammenden Sterns, das in diesen übergeht, für Luzifer steht: »In der Freimaurerei *ist* der Morgenstern der flammende Stern mit dem G in der Mitte.«[19] Was auch durch den folgenden Text bestätigt wird: »Der flammende Stern, Luzifer selbst. In der Mitte des Sterns zeichnet sich der Buchstabe G ab, das Monogramm des spirituellen Stolzes, das man wie folgt buchstabiert: Satan-Gott.«[20]

Ich erinnere mich an einen Satz aus der rituellen Eröffnung der Tempelarbeit im zwölften Grad des Großarchitekten. Der Ehrwürdige Meister fragte:

– »Zu welcher Stunde beginnen Sie und zu welcher Stunde beenden Sie Ihre Arbeit?«

Der Erste Aufseher antwortete:

– »Ich beginne sie, wenn der Genius in mir spricht, ich beende sie, wenn er verstummt.«[21]

– »Wollen Sie in diesem Augenblick arbeiten?«, fragte der Ehrwürdige Meister.

– »Der Genius spricht, Ehrwürdiger Meister«, lautete die Auskunft des Ersten Aufsehers.

Daraufhin erklärte der Erhabene Großmeister die Arbeit für eröffnet und verkündete:

– »Da der Genius spricht und uns einlädt, die Arbeit der Erzloge[22] zu eröffnen ...«,

um sodann noch feierlicher und entschlossener fortzufahren:

»Aufgestanden, Großarchitekten, nehmen Sie Haltung an! Empfangen wir ihn durch das Zeichen und die Salve!«

Daraufhin vollführten alle Logenmitglieder einen rituellen Beifall[23], der sich im XII. Grad wie folgt gestaltet: einmaliges Klatschen – Stille – zweimaliges Klatschen – Stille – zweimaliges Klatschen – Stille – einmaliges Klatschen – Stille – zweimaliges Klatschen – Stille – zweimaliges Klatschen.

Der satanische Genius

Am Ende des Rituals des zwölften Grads findet sich die folgende Anmerkung: »Der Begriff ›Genius‹, von dem schon im zweiten

Grad die Rede ist, steht hier für Inspiration. Er ist mit dem Daimonion des Sokrates vergleichbar.«

Wer oder was aber war das Daimonion des Sokrates? Ein Dämon? Für Sokrates ist das Daimonion »eine Stimme [...], welche jedes Mal, wenn sie sich hören lässt, mir von etwas abredet, was ich tun will – zugeredet aber hat sie mir nie.«[24] Ich hatte den deutlichen Eindruck, dass sich das Daimonion in Sokrates durch eine Stimme äußerte: »dass der Schutzgeist des Sokrates [...] das Hören einer Stimme oder das Vernehmen einer Rede [sei], welche auf eine ungewöhnliche Weise an ihn komme«.[25] Im Daimonion des Sokrates drückt sich also ein Wesen aus, dessen Natur insofern ungewiss ist, als es sich in Sokrates kundtut, ohne ganz mit ihm identisch zu sein: »Dieses Unbekannte, das in uns und mehr als wir ist, nannte Sokrates Daimonion.«[26]

Ich war beunruhigt. Was war das für ein Genius, was war das für eine übermenschliche Daseinsform, die die Freimaurerei mit jenem Daimonion verglich? »Und der Genius ist auch jenes magische Wesen, das im Leben eines Freimaurers allgegenwärtig ist [...]. Dieser Genius, der in uns ist, wird geboren, nachdem wir den Weg des Eingeweihten gewählt haben.«[27] Er ist »der Genius der Loge«, und er »durchdringt mit seiner Macht und seiner Gegenwart alle, die an der Kette teilnehmen«.[28] Diese Aussage bestätigt, dass der Genius sich durch das beschriebene magische Ritual der Bruderkette tatsächlich auch schon im Lehrlingsgrad manifestiert. Konnte es sein, dass dieser Genius böse war?

Um das Wesen dieses Genius zu verstehen, den ich im XII. Grad entdeckte, durfte ich mich nicht mit der Erklärung der »Stimme des Sokrates« zufriedengeben, sondern musste mich auf meine Kenntnis der freimaurerischen Texte stützen ... Dieser breitere Ansatz führte mich zu der Erkenntnis, dass der Genius ein böses, satanisches Wesen war: »Dieselbe wilde und mystische Exaltation findet sich in einem Vortrag des *Bruders*

Seraffina: ›Grüßt den Genius, den Erneuerer! Ihr alle, die ihr leidet, richtet euch auf, meine Brüder, denn er kommt, er, Satan der Große!‹«[29] Ein Irrtum war ausgeschlossen: Der »freimaurerische Luzifer« war keineswegs der »wohltätige Lichtbringer«, der »Morgenstern«, der im Ritual des I. Grades erwähnt wird, sondern kein anderer als der Satan aus der Heiligen Schrift. Das griechische Wort *daímon* ist von der Septuaginta bis zur Vulgata mit »Dämon« übersetzt worden. Denn »Dämon kommt vom griechischen *daímon* mit der Bedeutung von ›wissend, kundig‹. Als Dämonen oder *daimones* werden im Griechischen wie im Lateinischen gute wie böse Engel, in der Regel aber vor allem die bösen Engel bezeichnet.«[30]

Warum hielt die Freimaurerei an dieser Doppelbödigkeit fest, die ich später auch im Namen des Tubal-Kajin entdecken sollte?

Wer die initiatische Symbolik der Freimaurerei verstehen will, den erwartet ein Weg voller absichtlich ausgelegter Fallstricke, wie Albert Pike es formuliert: »Die Freimaurerei [...] greift bei der Interpretation ihrer Symbole zu falschen Erklärungen, um die in die Irre zu führen, die es verdienen, in die Irre geführt zu werden, indem sie die Lüge Licht nennt, um ihnen die Wahrheit zu verbergen und sie von ihr abzubringen.«[31]

»Jeder von uns ist sein eigener Luzifer«

Auch wenn die Freimaurerei sich alle Mühe gab, es zu leugnen, erkannte ich nun deutlich, dass in ihrer Lehre tatsächlich ein Zusammenhang zwischen Luzifer und Satan bestand. Luzifer ist rundweg ein dämonisches Wesen. Er ist ein Engel, der sich gegen Gott aufgelehnt hat. Einige Freimaurer geben dies sogar selbst zu – ihnen ist dieser Zusammenhang also durchaus bewusst: »Aus Gott sind spirituelle Wesen emaniert *(sic)* [...], die mit einem eigenen Willen, mit Freiheit begabt waren [...], einer

Freiheit, die zum ersten Katabolismus führte: dem Versuch Luzifers, des Lichtbringers, seinerseits einen Teil des Universums zu emanieren. Nachdem dieser Versuch vereitelt worden war, emanierte Gott den ersten Adam, um Luzifer in den Grenzen der Unterwelt zu halten.«[32] Man beachte die Leugnung der Schöpfung: Anstelle des Verbs »erschaffen« wird das Verb »emanieren« verwendet, das dem manichäischen oder gnostischen Denken entstammt.

Wie ich im Verlauf meines Initiationsweges immer wieder feststellen konnte, ist der Meister autonom und trotzt jeder – insbesondere nicht freimaurerischen – Autorität.»Jeder von uns ist sein eigener Luzifer und bringt sich somit selbst sein persönliches Licht. Es gibt keinen besseren Engel als das eigene Selbst, um über sich selbst zu wachen, und auch keinen besseren Richter.«[33] Ein anderes Werkstück geht sogar noch weiter: »Und wenn es teuflisch ist, das Dogma zu bestreiten, dann soll mich doch gerne der Teufel holen *(sic)*!«[34]

Kurz nachdem ich der Freimaurerei den Rücken gekehrt hatte, bestätigte mir die neuerliche Lektüre eines Werkstücks, dass dieser Ungehorsam die unmittelbare Folge jenes Ditheismus[35] ist, von dem im Zusammenhang mit dem Musivischen Pflaster bereits die Rede war: »Ich, Freimaurer […], erkläre, dass ich weiß, dass ich in meinem Inneren die beiden Gesichter ein und desselben Bildes trage: Gottes und Luzifers.«[36]

Diese Dualität oder, wenn man so will, dieser Ditheismus ist eine Konstante im freimaurerischen Denken: »Im Übrigen ist etwas Göttliches im Teufel und etwas Teuflisches im Gott.«[37] »Gott und LUZIFER,[38] Licht und Dunkelheit sind die beiden Facetten dieser höchsten Wirklichkeit, die eine einzige ist. […] LUZIFER ist die Spiegelung Gottes im Inneren unserer selbst, der Schatten unseres göttlichen Seins in uns selbst. Der luziferische Influx ist eine Kraft, ohne die die Evolution der Erde nicht möglich gewesen wäre […]. LUZIFER und CHRISTUS ergänzen einander […]. Albert Pike, Freimaurer des 19. Jahrhunderts

[...], hatte diesbezüglich gesagt: ›Für die gnostischen Freimaurer ist der Große Baumeister aller Welten Luzifer.‹«[39]

Dieser Text ist nicht nur eine blasphemische Beleidigung unseres Herrn und Gottes, sondern auch ein anschaulicher Beweis dafür, dass der Unterschied, den die Freimaurerei zwischen Luzifer und dem Teufel (oder Satan) treffen will, letztlich ganz und gar fiktiv ist.[40]

Rollentausch zwischen Gott und dem Teufel

Die manichäische Lehre der Freimaurerei präsentiert sich vor allem in den blauen Logen als eine einfache Deutung der Kräfte, die in dieser Welt am Werk sind. Anfangs war sie mir eher harmlos erschienen. Dass der Mensch dem Guten und dem Bösen unterworfen ist, ist eine Binsenweisheit. Wenn aber die Eingeweihten die Auffassung vertreten, hinter diesen beiden Tendenzen verberge sich das Handeln zweier vergöttlichter Kräfte, so äußert sich darin eine dualistische und in letzter Konsequenz manichäische Weltanschauung. Die logische Folge ist eine Verkehrung der Prinzipien von Gut und Böse: »Im XXX. Grad[41] kämpft man in offener Schlacht gegen den Adonai der Bibel, den ›Bösen Fürsten‹, wie ihn die Freimaurerei nennt, das heißt den Gott der Christen.«[42]

Ich musste bei der Lektüre gewisser von Eingeweihten verfasster Texte feststellen, dass die Freimaurerei – wobei sie, wie bei Albert Pike beschrieben, Luzifer ausdrücklich mit dem Teufel identifiziert – ganz unumwunden einen Rollentausch zwischen Gott und dem Teufel anstrebt: »In der Alchemie wird Luzifer mit dem Teufel gleichgestellt: nicht mit dem Teufel im volkstümlichen, bösen, sondern im Gegenteil im erlösenden *(sic)* Sinne.«[43]

Wie die Freimaurerei ihren Bezug auf Luzifer rechtfertigt

Es trifft zu, dass Luzifer, wie bereits erwähnt, im Lateinischen »Lichtbringer« bedeutet, wie es der Etymologie dieses aus den Wörtern *lux* (Licht) und *ferre* (bringen) zusammengesetzten Begriffs entspricht. Und es trifft ebenfalls zu, dass der Ausdruck »Morgenstern« in der Heiligen Schrift zuweilen für Christus verwendet wird.[44]

In Wirklichkeit aber ist Luzifer der gefallene Engel und er hat seinen Sturz durch seine stolze Auflehnung selbst herbeigeführt: »Oft fördert die Erhebung nur den Stolz zutage. Allzu bezaubert von den süßen Verlockungen der Freiheit wendet Luzifer, das höchste der geschaffenen Wesen, seinen Blick von der erhabensten Schönheit ab, um auf sich selbst zu blicken als egoistischer Bewunderer seiner eigenen Schönheit, die ihm zur Falle wird. Er erklärt sich zum Gegenspieler des höchsten Königtums, entfacht im Himmel, dem Ort der Auserwählten, einen ruchlosen Krieg und zieht die Abtrünnigen hinter sich her: ›Den Himmel will ich ersteigen‹, schreit er, ›hoch über den Sternen Gottes meinen Thron aufrichten [...], dem Höchsten will ich mich gleichstellen‹ (Jes 14,13–14).«[45]

Es scheint, als wolle die Freimaurerei die Rollen Luzifers und Christi in diesem Jesaja-Text vertauschen. Doch die zitierten Verse beziehen sich auf Luzifer, dessen böser Einfluss am Beispiel des Königs von Babel veranschaulicht wird, der Gott herausgefordert hatte. Sie handeln vom Fall eines von Stolz erfüllten Wesens – und Stolz ist ein Makel, den man bei Christus ganz sicher nicht findet –, der aber im Gegenteil typisch für den Teufel ist! Die Kirchenväter, die übrigens bestätigt haben, dass diese Verse sich ausschließlich auf den Dämon Luzifer beziehen, lebten lange vor dem Mittelalter. Und schließlich würde allein schon der 14. Vers des zitierten Texts genügen, um den Irrtum der Freimaurerei zu beweisen: »Dem Höchsten will ich mich gleichstellen« (Jes 14,14). Luzifer ist derjenige, der sich zur Höhe Gottes emporschwingen will. Jesus hat das nicht nötig: Er ist selbst Gott!

Die Freimaurerei verherrlicht Luzifers Ungehorsam

Mir wurde bewusst, dass diese Verherrlichung, die sich bereits in den Ritualen der blauen Logen andeutet, im zwölften Grad eine ganz wesentliche Rolle spielte. Das wird auch im folgenden Werkstück deutlich:
»Das höchste Streben des Großarchitekten ist dreifach:
– Die Wahrheit in sich leben lassen [...].
– Von der Frucht der Erkenntnis zu essen und uns an den Ursprung der Menschheit zurückzuversetzen, in jenes vorgeschichtliche Zeitalter, als der Mensch [...] noch nicht wusste, dass er vorherbestimmt war *(sic)*. Erst nachdem er von der Frucht des Baums der Erkenntnis gegessen hatte, wurde ihm bewusst, dass er nackt war, das heißt in Licht gehüllt wie der Lehrling, der soeben in den Initiationsprüfungen gesiegt hat und nur noch mit Licht bekleidet ist. Und wenn sich Adam dieser Erkenntnis schämt, dann deshalb, weil er nichts von ihrem Reichtum weiß [...], er hat das Kleid des Lichts noch nicht angelegt. Dieses Kleid ist es, das der Großarchitekt erstrebt.
– Ein Gott zu sein [...]. Das Streben, ein Gott zu sein, weist zwei Aspekte auf: Der erste Aspekt ist die völlige Freiheit, die der Großarchitekt genießen muss, um seine Arbeiten durchzuführen [...]. Der zweite Aspekt besteht darin, dass das Wort – Gefäß des Gedankens, Kennzeichen der Weitergabe von Wissenschaft und, wie man uns gesagt hat, Beziehung, die Gott einst zu den Menschen geknüpft hat – das wesentliche Merkmal dieses Grades ist.«[46]

Die Leugnung des Taufsakraments

Schon bei meinem Initiationsritual hatte ich begriffen, dass in den Augen der Freimaurerei jeder Kandidat, der an die Pforte des Tempels klopft, ob gläubig oder nicht, getauft oder nicht, in der Finsternis wandelt. Das ist zum einen natürlich ein Vorurteil. Darüber hinaus aber verneint diese Auffassung die Kraft des Heiligen Geistes, die Gott im Sakrament der Taufe verleiht und mit der der Täufling imstande ist, dem Satan, dem Fürsten der Unterwelt, ausdrücklich zu widersagen:
– »Widersagt ihr dem Satan, dem Urheber des Bösen?«
– »Ich widersage. [...]«
– »Empfange *das Licht* Christi. [...] Christus, das *Licht* der Welt, hat Ihr Kind *erleuchtet*. Es soll als Kind des *Lichtes* leben [und] sich im Glauben bewähren.«[47]

Wenn die Freimaurerei also behauptet, den Profanen »das Licht zu bringen«, dann leugnet sie damit das Sakrament der Taufe.

Vor dem Initiationsritual fragt der Meister vom Stuhl:
– »Warum verlangt dieser Profane, als Freimaurer aufgenommen zu werden?«[48]
– »Weil er frei und wohlanständig ist und weil er in der Finsternis ist und das Licht sucht«, antwortet der Zeremonienmeister.

In den Augen der Freimaurerei ist also nichts außer ihrer eigenen Lehre, das heißt keine andere Religion, keine Offenbarung, kein Bekehrungserlebnis, ja nicht einmal die Christologie selbst geeignet, dem Menschen das Licht zu bringen! Damit ist die Freimaurerei vom ersten Moment der Initiation an satanisch, weil sie die Realität des Lichts leugnet, das dem Menschen im Sakrament der Taufe zuteilwird!

Die Freimaurerei verehrt die Schlange aus dem Buch Genesis

Was den Baum der Erkenntnis betrifft, so erinnere ich mich daran, dass mir die Themen des Ungehorsams und der Schlange als tragende Elemente des freimaurerischen Geheimnisses dargestellt worden sind – und zwar von gewissen Mitgliedern der Hochgrade, deren Grad ich selbstverständlich nicht kannte, von denen ich aber wusste, dass sie auf dem »Initiationsweg« sehr viel weiter »fortgeschritten« waren als ich.

Mein Freimaurerpate hatte mir anlässlich meiner Aufnahme in den Meistergrad ein altes Buch geschenkt. Einige Tage nach der Zeremonie brachte er mir *Das Märchen von der grünen Schlange* von Johann Wolfgang von Goethe mit.[49] Goethe war Mitglied der freimaurerischen Loge »Anna Amalia« gewesen. Seine Initiation hatte am 23. Juni 1780 stattgefunden.[50] Ich las das Märchen. Damals begriff ich von dieser Erzählung rein gar nichts, da sie sehr hintergründig ist. Das gestand ich auch meinem Paten. Er antwortete mir, dass ich gerade erst Meister geworden sei und im Lauf meines Initiationsweges und insbesondere, wenn ich erst einmal die Hochgrade erreicht hätte, von selbst auf die Antworten stoßen würde.

Tatsächlich begriff ich deutlich später – kurz nach meinem Eintritt in die freimaurerischen Hochgrade –, dass die Schlange in der Freimaurerei initiatische Bedeutung hat: »Die Schlange symbolisiert das initiatische Leben, das durch die ununterbrochene Abfolge von Zusammenschlüssen aus Eingeweihten aufrechterhalten wird.«[51]

Danach erfuhr ich aus den Büchern, die ich las, und aus freimaurerischen Unterweisungen, dass die Freimaurerei sogar die Schlange verehrt und diesen Versucher für einen Freund der Eingeweihten hält: »Die Versucherschlange, die dazu verleitet, die Frucht des Baums der Erkenntnis zu essen, versinnbildlicht einen besonderen Instinkt [...]. Dieser geheime Ansporn ist es, der jedweden Fortschritt *(sic)*, sämtliche Errungenschaften voranbringt, die den Aktionsradius der Einzelnen erweitern […]. Das erklärt, weshalb die Schlange, die zum Ungehorsam, zur Nichtunterordnung und zur Revolte inspiriert, von den alten Theokraten[52] verdammt wurde, während sie bei den Eingeweihten in Ehren stand.«[53]

Doch auch dabei lässt es die Freimaurerei noch nicht bewenden. Sie bekräftigt obendrein, dass Luzifer und die Schlange ein und dasselbe Wesen sind und von der Freimaurerei als »Befreier« der Menschheit betrachtet werden: »Die Schlange LUZIFER[54], Mann und Frau, nehmen Teil an der Einheit, indem sie uns zu dem EINEN zurückführen.[55] Der Akt der Auflehnung, dem Gott zugestimmt hat *(sic)*, ermöglicht dem Menschen eine Verbesserung im Sinne einer Wiederherstellung seiner eigenen Göttlichkeit.«[56]

Ich las einige einschlägige Texte ein zweites Mal und erkannte, dass die freimaurerische *Doxa* die Auffassung vertritt, Eva sei von der Schlange »eingeweiht *(sic)*« worden: »Die Verführung Evas durch die Schlange spielt auf die grundlegenden Prinzipien jeder Initiation an.«[57]

Nun gab es für mich nicht mehr den geringsten Zweifel: Die Freimaurerei fordert ihre Anhänger auf, sich von der Schlange in den Ungehorsam einweihen zu lassen, um ihr Streben nach »Erkenntnis« voranzutreiben.

Die Freimaurerei erklärt also Luzifer zu einem Freund des Menschen. Zu einer emanzipatorischen Gottheit, die ihn zu Stolz und Revolte anstachelt: »Zusammenfassend gesagt […], besteht die Arbeit der Schlange der Weisheit darin, den Menschen aus seiner Knechtung durch das Joch des Glaubens zu befreien, das ihn im Dunkel der Unwissenheit hält, und ihm Zugang zum Wissen zu verschaffen.«[58]

Der heilige Papst Johannes Paul II. gibt uns folgende sehr viel klarere und theologisch stichhaltigere Erklärung des im Buch Genesis geschilderten Sündenfalls: »Das Symbol [das heißt der

Baum der Erkenntnis von Gut und Böse] ist klar: Der Mensch war nicht in der Lage, von sich aus zu unterscheiden [...]. Verblendung durch Überheblichkeit verführte unsere Stammeltern zu der trügerischen Täuschung, sie wären souverän und unabhängig und könnten auf die von Gott stammende Erkenntnis verzichten. [...] Die Augen des Verstandes waren nun nicht mehr in der Lage, klar zu sehen: Die Vernunft wurde zunehmend zur Gefangenen ihrer selbst.«[59]

Die Leugnung Christi

Kurz vor meiner Aufnahme in den XIII. und XIV. Grad, also noch ehe ich die Laufbahn der Hochgrade zur Hälfte absolviert hatte, beschloss ich, der Freimaurerei den Rücken zu kehren. Einige meiner freimaurerischen Freunde hatten jedoch gehofft, mich bis in den XVIII. Grad aufsteigen zu sehen. Denn in diesem Grad soll der Freimaurer keinem Geringeren als ... Christus begegnen!

Hätten sie sich – wohlwollend, wie sie mir gegenüber stets aufgetreten waren – darüber gefreut, dass ein Gläubiger diesen Christus wiederfand, an den er glaubte? Oder steckte doch bei einigen ein eher manipulatives und zynisches Kalkül dahinter: die Erwartung, dass sich dieser Gläubige nach der Begegnung mit einem »freimaurerischen« Christus seiner Kirche entfremden würde? Ich werde es wohl nie erfahren ...

Wer ist also dieser Christus im XVIII. Hochgrad des AASR?

Im XVIII. Grad »sind wir mitten im Antibiblismus[60] und im christlich-gnostischen Dualismus« angekommen.[61] Diese Worte stammen nicht von mir!

Mit einem Mal ist die Entfernung von Jesus Christus eine vollendete Tatsache. Und der *Dualismus* als *freimaurerisches Dogma* fest etabliert! »Die Kandidaten«, so heißt es im weiteren Verlauf des soeben zitierten Werkstücks, »werden in die

Finsternis eines stockdunklen Raums geführt. Darin steht ein beleuchtetes Bild des Phönix[62] und zu dessen Füßen eine Schatulle mit einem Kreuz, das die Inschrift *INRI* trägt.«[63]

Das hätte ich in der Tat interessant finden können, nachdem ich gerade begonnen hatte, wieder den Weg zu Christus zu finden! Doch im weiteren Verlauf der Zeremonie hört der Postulant den Ritter der Sonne[64] Folgendes sagen:

– »*INRI*. Das verlorene und endlich wiedergefundene Wort!«[65]
Und weiter:

– »Deshalb sehen Sie auf den Balken dieses Kreuzes die Buchstaben *INRI*, die, anders aufgeschlüsselt, das heilige Wort der Rosenkreuzer bilden.«

Von da an wird die Sprache des freimaurerischen Rituals zunehmend hintergründig oder gar – aus christlicher Sicht – vollkommen unverständlich! Bis sich schließlich, zumindest nach freimaurerischem Verständnis, alles aufklärt und ein Beamter, der Ritter der Beredsamkeit, zwei Deutungen des Akronyms *INRI* vorträgt, die einander angeblich ergänzen, weil einander entsprechen oder, besser gesagt, sich klären: Die eine Deutung *Iesus Nazarenus Rex Iudaeorum* und die andere *Igne Natura Renovatur Integra*[66], das heißt »Jesus von Nazareth, König der Juden« und »Durch das Feuer wird die Natur als ein Ganzes erneuert«.

Die erste Deutung ist für einen Christen auf historischer wie theologischer Ebene völlig unstrittig. Die Evangelien berichten von einem Streit zwischen Pilatus und den Hohepriestern der Juden am Abend der Kreuzigung. Letztere sagten zu dem römischen Prokurator: »Schreib nicht: Der König der Juden, sondern dass er gesagt hat: Ich bin der König der Juden. Pilatus antwortete: Was ich geschrieben habe, habe ich geschrieben« (Joh 19,21 f.).

»Damit, dass Jesus dieser ›Königstitel‹ gegeben wird, knüpft man an die jüdischen Überlieferungen an, wonach der Gesalbte, der messianische König, ein Nachfahre des Königs David sein sollte. Die Menge hatte ihn zum ›König von Israel‹ ausgerufen [...]. Und als König der Juden wird er verurteilt [...] und ans Kreuz geschlagen werden.«[67]

Somit steht außer Zweifel, dass *INRI* auf biblischer, historischer und theologischer Ebene *Iesus Nazarenus Rex Iudaeorum* bedeutet. Jede andere Übersetzung ist reine Fiktion, eine Lüge oder ein Irrglaube!

Die Freimaurerei jedoch erklärt: »Für die Schöpfer des Grades war die beste Deutung von *INRI* die hermetische Formel *Igne Natura Renovatur Integra*, weil sie die kosmische Vorstellung einer durch unablässige Erneuerung fortschreitenden Evolution widerspiegelt.«[68] Ich habe oft genug beobachten können, dass diese Vorgehensweise für die Freimaurerei – und zwar für alle Großlogen – mehr als typisch ist: Man sucht nach Belegstellen in den verschiedenen, insbesondere biblischen Schriften, und wenn man sie gefunden hat, scheut man sich nicht, sie als bloßen Vorwand zu benutzen, die Buchstaben ihrer Glaubensinhalte zu berauben und ihre grundlegende Bedeutung letztlich sogar völlig auf den Kopf zu stellen. Und das alles zu dem Zweck, den – namentlich biblischen – Wortlaut so zurechtzubiegen, dass er mit der Erklärung der freimaurerischen Esoterik übereinstimmt. Im Grunde wissen wir sehr genau, dass es im Wort Gottes keinerlei Vorstellung von einer »immerwährenden Erneuerung« gibt: Es gibt einen Anfang und ein Ende der Zeiten, und er allein ist von aller Ewigkeit her: »Ich bin das Alpha und das Omega, der Erste und der Letzte, der Anfang und das Ende« (Offb 22,13). Denn Gott allein kann sagen: »Ich bin, der ich bin« (Ex 3,14). Eine »freimaurerische Eschatologie« hingegen gibt es nicht.

Die freimaurerische Deutung der Buchstaben *INRI* ist also durch und durch falsch. Und dazu bestimmt, die Freimaurer selbst zu täuschen.

Warum sich die Freimaurerei auf die Bibel bezieht

Im XVIII. Grad bezieht sich die Freimaurerei tatsächlich auf die Bibel: »Warum haben sich die Ritenkundigen des 18. Jahrhunderts an die biblische Tradition gehalten [...]? Sie mussten einsehen, dass die Freimaurerei der Hochgrade in ihren Anfängen niemals von der damals noch mächtigen Kirche und von einer argwöhnischen Zivilmacht toleriert worden wäre, *wenn sie sich keine beruhigende Maske aufgesetzt hätte*.«[69] Das gibt die Freimaurerei selbst ganz ohne Umschweife zu.

Im weiteren Verlauf bestätigt das Exposé des Obersten Rats: »Die biblischen Bezüge sind tatsächlich nur ein hauchdünner Lack über den Lehren, die aus zahlreichen mehr oder weniger von der Kirchenlehre abweichenden Quellen stammen: der pythagoreischen Arithmomantie[70], dem Hermetismus[71] mit seinem Ableger, der Alchemie, dem Tierkreis und seiner Anwendung in der Astrologie, der Kabbala[72], dem Gnostizismus[73].«[74]

Die Freimaurerei schöpft aus Quellen des Okkultismus. Ihre geläufigsten Rituale sind in esoterischen Lehren begründet. Die Nationale Großloge von Frankreich ist eine Großloge, die den Mut hat, dies ausdrücklich genauer zu erklären, und diese intellektuelle Aufrichtigkeit verdient Anerkennung, zumal die *GLNF* ansonsten in Sachen Kommunikation als eher zurückhaltend bekannt ist.

Der Französische Ritus, der im Großorient mehrheitlich Verwendung findet, betrachtet die Bibel als eine »Allegorie« und eine Ansammlung »historischer Vorwände«.[75] Der Ritus der Großloge »Memphis Misraïm«, auch Ägyptischer Ritus genannt, »geht auf Cagliostro zurück«.[76] Der Alte und Angenommene Schottische Ritus – der verbreitetste Freimaurerritus der Welt – gründet sich auf »verschiedene Überlieferungen, die den Ritus strukturiert haben: ägyptische (den Hermetismus), griechische (den Pythagoreismus), islamische (die Alchemie), jüdische (die Kabbala), christliche (die Gnosis) und vor allem ritterliche

Traditionen (den Einfluss der Templer)«.[77] Was den in der Nationalen Großloge von Frankreich hauptsächlich verwendeten Rektifizierten Schottischen Ritus betrifft[78], so beruft er sich im Wesentlichen auf die »ursprüngliche christliche Tradition und die Lehren der Kirchenväter«[79], aber auch auf »die esoterische Lehre von Martinès de Pasqually«.[80]

Bei der Lektüre des Rituals zeigt sich, dass die freimaurerischen Symbole wie so oft – und selbst dann, wenn sie eine »beruhigende« und nach außen hin biblische Maske aufsetzen wollen – nur einen sehr entfernten Bezug zur Lehre der Kirche und vor allem zum Wort Gottes haben, zu dessen Verwahrerin die Kirche bestellt ist. Der Kandidat im XVIII. Grad erlernt einen neuen Ruf: »›Hocchée!‹, der dreimal wiederholt wird und Erlöser bedeutet.«[81] Als gläubiger Christ hätte mich das wahrscheinlich beruhigt, solange ich darin einen Christusbezug gesehen hätte. Vielleicht hätte ich jedoch auch den sprachlichen Missbrauch oder gar die Häresie erkannt, denn, wie ein freimaurerisches Werkstück erläutert, »der Ruf wäre, wenn er wirklich ›Erlöser‹[82] bedeutete, eher gnostisch als christlich«.[83]

Das Kreuz im XVIII. Hochgrad

Wer die Symbolik dieses Grades genauer analysiert, wird feststellen, dass das Kreuz, das dem Kandidaten gezeigt wird, vier gleich lange Arme hat. Es hat nichts mit dem Kreuz Christi zu tun, was der freimaurerische Text im Übrigen auch klar formuliert: »Das Kruzifix-Kreuz[84] [...] an sich [...] bedeutet nichts. Seine Bedeutung erwächst aus dem Sinn, den das Christentum ihm zuschreibt. Das gleichseitige Kreuz des XVIII. Grads verweist unmittelbar auf das Werkzeug, mit dem der Mensch in prähistorischer Zeit den Funken hervorbrachte, der das Feuer erzeugte, dessen Symbol es mithin ist: das *Pramantha*, das in Indien noch immer verwendet wird, um bei bestimmten Zeremonien des heilige Feuer zu entzünden. Aufgrund dieser Symbolik ist es von den Alchemisten aufgegriffen worden.«[85]

Das satanische Zeichen des XVIII. Hochgrads

Das Gradzeichen des XVIII. Hochgrads ist »die geschlossene, nach oben gereckte Hand mit dem senkrecht gen Himmel weisenden Zeigefinger. Das Gegenzeichen führt man aus, indem man die Hand nach unten hält und mit dem Zeigefinger zu Boden weist. Zeichen und Gegenzeichen […] stehen, wie im freimaurerischen Ritual erläutert, für die hermetische Maxime: ›Was oben ist, ist wie das, was unten ist, und was unten ist, ist wie das, was oben ist‹.« In der 15. Tarotkarte der Großen Arkana ist der Teufel abgebildet, der dieselbe Geste vollführt: Er weist mit einer Hand nach oben und mit der anderen nach unten und versinnbildlicht auf diese Weise ebenfalls die Gleichheit dessen, was oben und was unten ist.

Dieses Zeichen mit seiner freimaurerischen Bedeutung und Symbolik findet sich auch in einer Illustration von Oswald Wirth wieder, die Ištar, die Göttin der Polaritäten, darstellt. Ištar hatte genau wie Luzifer den Beinamen »Morgenstern«!

Und schließlich und vor allem findet sich dieses Teufelszeichen auf einer Zeichnung des Baphomet, die ursprünglich von Éliphas Lévi stammt und als Vorlage für eine Statue im Satanischen Tempel in Detroit (USA) gedient hat. Auf dem Blog der Tageszeitung *Le Monde*[86] ist eine aufschlussreiche Fotografie dieser Statue zu sehen. Das freimaurerische Dogma, nach dem, »was oben ist […] wie das [ist], was unten ist, und was unten ist […] wie das [ist], was oben ist«, ist mithin unbestreitbar satanisch inspiriert, auch wenn sich leider etliche Freimaurer dessen in keiner Weise bewusst sind.

Dieser Glaube, dieses Dogma – denn genau darum handelt es sich – von der Gleichheit dessen, was von oben, und dessen, was von unten kommt, sind dualistisch, manichäisch inspiriert. Das Wort Gottes dagegen lehrt uns, dass nur das, was von oben kommt, göttliche Macht besitzt: »[Jesus] sagte zu ihnen: Ihr stammt von unten, ich stamme von oben; ihr seid aus dieser Welt, ich bin nicht aus dieser Welt« (Joh 8,23). Und: »Seid ihr nun mit Christus auferweckt, so strebt nach dem, was oben ist, wo Christus zur Rechten Gottes sitzt! Richtet euren Sinn auf das, was oben ist, nicht auf das Irdische!« (Kol 3,1–2). Wenn wir das Wort empfangen, blicken wir zum Himmel empor, nicht aber, wenn wir nach irgendeinem Wort suchen, das angeblich verloren gegangen ist: »Lasst euch nicht irreführen, meine geliebten Brüder und Schwestern: Jede gute Gabe und jedes vollkommene Geschenk kommt von oben herab, vom Vater der Gestirne, bei dem es keine Veränderung oder Verfinsterung gibt« (Jak 1,16–17). Und im weiteren Verlauf des Apostelbriefs heißt es sogar ausdrücklich, dass jede Philosophie, die von unten kommt, des Teufels ist: »Das ist nicht die Weisheit, die von oben kommt, sondern eine irdische, weltliche, teuflische Weisheit. Doch die Weisheit von oben ist erstens heilig, sodann friedfertig, freundlich, gehorsam, reich an Erbarmen und guten Früchten« (Jak 3,15.17).

Parodie auf das letzte Abendmahl im XVIII. Grad

Ein Freund, der seine Loge im XVIII. Hochgrad verlassen hatte, weil er erst spät zum katholischen Glauben konvertiert war, teilte mir mit, dass es in diesem Grad eine Parodie auf das letzte Abendmahl gebe. Sein Zeugnis wird durch die Rituale und die Werkstücke bestätigt, die ich studiert habe. Die besagte Zeremonie, die das letzte Abendmahl parodiert, besteht aus »zwei Teilen: dem Opfer des Lammes und dem Trankopfer«.[87] Dieses abscheuliche Zerrbild des »Abendmahl[s] war früher zu Beginn jeder Arbeit des Kapitels[88] obligatorisch. Es ist wünschenswert, dass es mindestens bei jeder Aufnahmearbeit stattfindet.«[89]

Wenn ich meine Erhebung zum XVIII. Grad noch miterlebt hätte, hätte ich diese teuflische Karikatur des Augenblicks, da uns unser Herr Jesus – nachdem er das Dankgebet gesprochen hatte und unmittelbar bevor er sich hingab, um uns durch sein Leiden zu erlösen – zum ersten Mal die heilige Eucharistie geschenkt hat, wohl kaum ertragen. Wie hätte ich an dieser finsteren Farce teilnehmen und danach je wieder in die Kirche gehen und in der Kommunion den Leib und das Blut Christi empfangen können? Und wie hätte ich, wie ich es schon getan habe, neben dem Sterbebett eines Kranken knien, den Barmherzigkeitsrosenkranz beten und die Worte sprechen können: »Ewiger Vater, ich opfere Dir auf den Leib und das Blut, die Seele und die Gottheit Deines über alles geliebten Sohnes, unseres Herrn Jesus Christus«? Ich preise den Herrn, der mich veranlasst hat, die Freimaurerei zu verlassen, ehe ich an einer solchen blasphemischen Handlung teilnehmen musste!

Die Freimaurerei leitet sich direkt von Kain ab und ist von Luzifer inspiriert

Der Grad des Großarchitekten im zwölften Hochgrad wird wie folgt beschrieben: »Dieser Grad bringt die Ausbildung des Meisters zum Abschluss und kündigt bereits den Auserwählten an, der im XIII. und XIV. Grad geformt wird.«[90] Unwillkürlich dachte ich an meine Aufnahme in den Meistergrad zurück. Alles war morbide gewesen, beunruhigend.[91] Bis zum Ende.[92] Kaum hatte ich mich vom Boden erhoben, wo ich im Lauf des Psychodramas um den ermordeten Hiram soeben den verwesenden Leichnam in seinem Grab gespielt hatte, flüsterte mir der Meister vom Stuhl ins Ohr:

»Tubal-Kajin.«[93]

Ich war schlichtweg erstaunt. Doch nach der Zeremonie verursachte mir der Klang des Wortes Kain ein gewisses Unbehagen: Wem hatte ich da eigentlich mein Vertrauen geschenkt und wem hatte ich mich mit meinem Gelöbnis verpflichtet? Ich hatte das Gefühl, verraten, belogen worden zu sein. Und ich war offenbar nicht der Einzige, denn ein Freimaurer gesteht in einem seiner Werkstücke: »Tubal-Kajin [...], das Passwort der Meister, das zu denken gibt, denn es ist von einer solchen Ambivalenz, dass es uns nicht gleichgültig lassen kann.«[94] Doch weil ich mich damals weit vom Glauben entfernt hatte, lösten sich meine Befürchtungen in Luft auf, als mein »Pate« mich auf mein Nachfragen hin beruhigte. »Tubal-Kajin war einfach nur ein Schmied«, erklärte er mir. Ich wollte es glauben und ging der Sache nicht weiter auf den Grund. Meinen Fehler erkannte ich erst später, als ich schon seit mehreren Jahren Mitglied der Hochgrade war und die Jungfrau Maria schließlich beim Heiligen Geist Fürbitte für mich eingelegt hatte, damit die Liebe zu ihrem geliebten Sohn mein Herz durchbohrte.

Die freimaurerische Organisation bringt Tubal-Kajin zunächst mit dem Geheimnis des Feuers und der Metalle in Verbindung: »Tubal-Kajin ist der Legende nach der Erste, der die Kunst des Metallschmiedens entdeckte.«[95] Dann aber besinnt sich die Initiationsgemeinschaft sehr rasch wieder auf ihre ganz eigene Art, das Wort Gottes zu lesen, und setzt Tubal-Kajin mit einem Alchemisten gleich: »Tubal-Kajin, der Schmied, bearbeitet die Metalle und setzt die Kainslinie spirituell fort [...]. Er ist mit den vier Elementen vertraut: Das Metall wird aus der Erde gewonnen. Es wird vom Feuer verwandelt, das seinerseits von der Luft angefacht und sodann in Wasser getaucht wird [...]. Er schmiedet Schwerter, was das Werk eines Eingeweihten darstellt, denn sie sind zuweilen mit einer magischen Kraft ausgestattet, die die Kenntnis und Beherrschung der in den Elementen enthaltenen Kräfte voraussetzt.«[96]

Gleichzeitig gilt er bei den Großlogen als einer, der das Handwerk des Krieges und der Gewalt ausübt: »Tubal war der Legende nach der Erste, der sich die Kunst des Bronzeschmiedens aneignete und damit seinen Verbündeten einen unleugbaren militärischen Vorteil gegenüber all jenen verschaffte, die damals für die Herstellung ihrer Waffen nur das Kupfer kannten.«[97] »Aus diesem Grund gerieten Kain und seine Nachkommen in den Ruf, Tyrannen, brutale Räuber und Mörder zu sein, und erwarben materiellen Besitz aller Art.«[98]

Tubal-Kajin! Man hätte sich als Leitbild für einen Freimaurermeister und Wohltäter der Menschheit wohl etwas Besseres vorstellen können!

Meine Unruhe nahm zu, als ich erfuhr, dass Tubal-Kajin für die Freimaurerei »›Herr der Welt‹ bedeutet«.[99] Tubal-Kajin ist das Urbild der Freimaurerei, der Archetypus des auf sich selbst zentrierten Eingeweihten. »Das ist die Botschaft, die das heilige Wort ›Tubal-Kajin-Weltbesitz‹ uns übermittelt, nämlich dass es gelingt, einen neuen Menschen zu schaffen, der sich selbst schafft [...]. Wenn er im Vollbewusstsein dieses nach unten gerichteten *Ichs*, das sich uns so oft entzieht, die Schlüssel zu seiner inneren Welt entdeckt, dann ›wird der Mensch das All und die Götter erkennen‹.«[100] Mit genau dieser Versuchung, der Erkenntnis von Gut und Böse durch den Menschen, sollte mich der Name Tubal-Kajin offenbar locken: »Tubal-Kajin [...] trägt den Sinn der Verantwortung und der Freiheit in sich. Er muss das Feuer beherrschen, das entweder himmlisch/demiurgisch[101] oder von unten kommend/dämonisch sein kann.«[102] Der Nachkomme Kains war mithin, das begriff ich nun, ein Eingeweihter, der – notfalls auch mit magischen, alchemistischen und okkulten Mitteln – danach strebte, selbst zum Schöpfer zu werden: »Das Metall zu schmelzen und ihm neue Form zu geben, entspricht dem *salve et coagula* der hermetischen Alchemie, der schöpferischen Arbeit schlechthin, denn erschaffen heißt neu schaffen.«[103]

Tubal-Kajin war ohne jeden Zweifel ein Schmied, denn genau das bedeutet der Name Kain in den semitischen Sprachen: »Schmied«.[104] Doch es ist verstörend, dass eine Organisation, die sich selbst als philanthropisch bezeichnet, Kain explizit zur spirituellen Bezugsgröße des Meistergrads erklärt: Abel ist das Bild des verfolgten Gerechten, dessen Blut zum Himmel schreit (vgl. Hebr 12,24), während Kain aus Hass, Eifersucht und Begehrlichkeit zum Mörder wird! Kain steht vor allem für die »Menschheit, die sich unter der Last der Sünde krümmt«.[105] Und dasselbe gilt für seine Nachkommen, denn »in der Geburtenfolge seit Kain manifestiert sich die Weitergabe der Sünde von Generation zu Generation«.[106]

Diese schweflige Fundierung der initiatischen *Doxa* kommt sicherlich nicht von ungefähr: Die freimaurerischen Rituale wurden vor ihrer Niederschrift gründlich durchdacht. Der satanische Bezug ist mithin keineswegs »Zufall«, sondern das Ergebnis einer realen und akzeptierten philosophischen Herleitung ... »Was Kain betrifft, so zeigt er mit seinem Mord den Hass, der seit der Genesis im Herzen des Menschen wohnt; er ist der Typus des Bösen: der, der den Gerechten, seinen Bruder, hasst. [...] Seine Nachkommen werden aufgeführt [...] und sind [...] durch die Praxis der Polygamie und der Gewalt gekennzeichnet.«[107]

Warum hat die Freimaurerei nicht – um jeden Verdacht einer womöglich bösen Emanation aus der Welt zu schaffen – Seth zum Passwort der Meister gemacht: den Namen des Sohnes, der Adam und Eva nach der Ermordung Abels durch Kain geboren wurde? Oder den Namen eines seiner Nachkommen? Zu denen auch David gehört, von dem Jesus abstammte? Oder besser noch den Namen Josefs, des Ziehvaters Jesu und Ehemanns der seligen Jungfrau Maria?

Doch nicht alle Freimaurer waren mit diesem Passwort einverstanden: »Wenn die Initiation von Tubal-Kajin zwar verbreitet, aber unrein ist, so scheint es wichtig, jedwede Verbindung zu ihm zu kappen.«[108] Einige deistische Freimaurer haben diesen Schritt sogar vollzogen und sich von Tubal-Kajin losgesagt – und zwar vor über 200 Jahren: Am »Dienstag, den 5. April 1785, [erhielt] […] Jean-Baptiste Willermoz […] elf von […] Marie-Louise de Monspey, genannt Madame de Vallière, verfasste Hefte.«[109] In diesen Schriften ging es unter anderem darum, »das Passwort […], nämlich Tubal-Kajin, zu ersetzen«.[110] Jean-Baptiste Willermoz, Alchemist und Schüler von Martinès de Pasqually, der ihn in den Orden der *Élus Coëns* aufgenommen hatte, organisierte im Juli 1782 den Konvent von Wilhelmsbad und gab den Anstoß zur Entstehung des Rektifizierten Schottischen Ritus. Und so tauschte »Jean-Baptiste Willermoz am 5. Mai 1785 auf Beschluss der schottischen Regentschaft von Lyon und des Direktoriums der Auvergne den Namen Tubal-Kajin gegen Phaleg aus«.[111] Dank der Hefte von Madame de Vallière war dem Begründer dieses Ritus die satanische Bedeutung des Bezugs auf Tubal-Kajin bewusst geworden. Tubal-Kajin gilt, wie eine bestimmte Gruppierung innerhalb der deistischen Freimaurerei selbst zugibt, »als ›Handlanger des Teufels‹ mit ›fleischlichen Lastern‹, ›es ist ein abscheulicher Name‹ […], er hat die Kunst der Metallbearbeitung und die Beherrschung des Feuers nur auf ruchlosen und satanischen Wegen gelernt«.[112] Seit damals bezieht sich der RSR[113] im Meistergrad nicht mehr auf Tubal-Kajin. Der RSR ist der bevorzugte – wenn auch nicht der einzige – Ritus der Nationalen Großloge von Frankreich.

Die Freimaurerei: eine satanische Religion

Von nun an sah ich die Beamten und die Meister der Loge als das, was sie waren: eine Gruppe okkultistischer Priester, die an etwas arbeiteten, was sie das Licht und das Gute und den Fortschritt der Menschheit nannten, während sie insgeheim alles in sein Gegenteil verkehrten. Die durch Hammerschläge und genau festgelegte Platzwechsel strukturierten Rituale, die zeremoniellen Haltungen der Beamten und der anderen Freimaurer, die brennenden Kerzen – all das erschien mir jetzt vollkommen abwegig. Es wirkte falsch. Gewiss, es handelte sich nicht um eine »schwarze Messe«. Luzifer ist sehr viel subtiler: Der Geist war es, der schwarz war!

Die Freimaurerei sagt die Wahrheit, wenn sie erklärt, dass Luzifer wirklich der »Morgenstern« gewesen ist. Sie lässt lediglich unerwähnt, dass er es nicht geblieben ist! Bei der Erschaffung der Welt gab es noch keine Dämonen.

Gott hat Luzifer nach seiner stolzen Revolte in den Abgrund gestürzt: »Wie bist du vom Himmel gefallen, Strahlender, du Sohn der Morgenröte. Wie bist du zu Boden geschmettert, du Bezwinger der Nationen. Du aber hattest in deinem Herzen gesagt: Den Himmel will ich ersteigen, hoch über den Sternen Gottes meinen Thron aufrichten. Ich will mich niedersetzen auf dem Versammlungsberg, im äußersten Norden. Ich will über Wolkenhöhen emporsteigen, dem Höchsten will ich mich gleichstellen. Doch in die Unterwelt wirst du hinabgestürzt, in die tiefste Grube« (Jes 14,12–15).

Bis zu diesem Augenblick nämlich war Luzifer ein Engel des Lichts gewesen. Dann kamen seine Rebellion und die Episode von der Versuchung Adams und Evas. Aus Luzifer wurde Satan, der dämonische Engel. Der Engel des Lichts ist ganz unbestreitbar zum Dämon der Finsternis geworden! Er ist der Teufel geworden und hat seither unablässig versucht, die Schöpfung zu zerstören. Seine bevorzugten Strategien sind die Lüge und die Versuchung. Und, selten zwar, aber doch gelegentlich auch die Vexation[114], Infestation[115] oder in einigen Extremfällen sogar die Besessenheit. Und er hat zahlreiche Handlanger, die ihm oft dienen, ohne es zu wissen, weil sie mehr darauf bedacht sind, in den Zweigen der Magie nach geheimem Wissen zu suchen, das ihnen Macht über die Menschen verleiht, als in Heiligkeit und Gottesfurcht zu leben. Die Freimaurer müssen sich bewusst werden, dass die Freimaurerei einer von Luzifers Fallstricken ist ...

Wenn ich auf meinen Weg zurückblicke, kann ich feststellen, dass ich vor beinahe einem Vierteljahrhundert an die Pforte eines Tempels geklopft habe, der ein besonderes metaphysisches System verbarg: Zu den zahlreichen freimaurerischen Dogmen gehört eine dualistische Metaphysik, die – angefangen bei der Symbolik des Musivischen Pflasters, die der Lehrling bei seiner Einweihung kennenlernt, bis hin zum XXX. Hochgrad des Ritters Kadosch, der auch Ritter vom Weißen und Schwarzen Adler genannt wird – allgegenwärtig ist und zu der sich sowohl die deistische als auch die atheistische Freimaurerei bekennt. Diese dualistische Weltanschauung basiert auf zwei gleichwertigen, jedoch gegensätzlichen Kräften: einer schwarzen und einer weißen. Folglich ist, da Gut und Böse sich perfekt die Waage halten, nichts ganz wahr und nichts ganz falsch: »Der Eingeweihte hält sich aufrecht und schreitet auf diesem Schachbrett durchs Leben, das die Zufriedenheit und die Schmerzen, die Freuden und die Leiden der Lebenden in ein exaktes Verhältnis bringt.«[116] Der freimaurerische Dualismus wird damit zum Schlussstein im Gewölbe des Relativismus: »Die abweichenden Sichtweisen, die zutage treten [...], bringen die verschiedenen Aspekte der Wahrheit zum Ausdruck.«[117]

Und obendrein hatte ich mich einer Religion angeschlossen, die, um besser auf die Zerstörung der Kirche hinarbeiten zu können, nicht zugeben wollte, dass sie eine Religion war: »Im Grunde [...] sind die Freimaurer immer uneins, aber [...] zunehmend antiklerikal, genauer gesagt, antikatholisch«, wie Bernard Antony schreibt, ein anerkannter Experte, was die Lehre der Freimaurer anbelangt.[118]

Denn die Freimaurerei gebärdet sich wie eine kirchliche Institution: »Und ständig wiederholt man im Großorient wie auch andernorts, die Freimaurerei sei die Kirche der Republik.«[119]

Das hatte schon Pierre Chevallier, den man wohl schwerlich der Antifreimaurerei verdächtigen kann, in seinem Buch *La Maçonnerie: Église de la République* erklärt.[120] Bestätigt wird diese These in einem Interview mit dem Sozialisten und ehemaligen Minister des Kabinetts Hollande, Vincent Peillon. Der studierte Historiker verweist auf die Dritte Republik: »Um die Republik zu etablieren, müssen wir eine Spiritualität, ja sogar eine besondere Religion erfinden. [...] Das entwickelt sich großenteils in den freimaurerischen Kreisen des Zweiten Kaiserreichs [...]. Überdies bildet sich ein umfassendes religiöses Bündnis [...], das den Plan einer universalen Religion verfolgt, einer aufgeklärten Religion [...], mit einem spirituellen Projekt, das heißt, dass die Republik, um sich zu etablieren, ihre eigene Religion begründen muss, die sie [...] Laizismus nennen werden. Das ist insofern eine etwas heterodoxe Religion, als sie sich auf eine ganze Strömung stützt, die man gleichzeitig auch in der Kabbala und in der Aufklärung findet [...]. Aber es ist ein Laizismus, der in den Logen entsteht und zunächst aus dieser ganzen Geschichte schöpft und der auf Anhieb wie eine laizistische Religion wirkt [...]. Dieser Begriff wird verwendet. Eine Gegenreligion zum Katholizismus.« Und letztlich soll es eine Einheitsreligion sein, wie aus einer jüngeren Ausgabe des internen Bulletins *Paroles plurielles* hervorgeht, in dem die freimaurerischen Werkstücke der Hochgrade von »Le Droit Humain« gesammelt werden. Hier wird die Freimaurerei als Einheitsreligion beschrieben, wie sie Helena Blavatsky, Gründerin der Theosophischen Gesellschaft, Verfechterin der Theorie von der »Ur-Tradition« und enge Vertraute von Annie Besant, ihrerseits Theosophin und Freimaurerin, propagierte. In einem Werkstück, das in dem besagten, streng geheimen Bulletin veröffentlicht worden ist, steht Folgendes zu lesen: »Die Freimaurerei zielt wie jede esoterische Lehre darauf ab, die in allen philosophischen und religiösen Traditionen enthaltenen Wissensbestände wiederzuvereinigen, weil sie die Auffassung vertritt, dass sich dahinter eine Ur-Religion der Menschheit verbirgt.«[121] Dieses Bulletin, das muss man wissen, ist streng vertraulich: Da die Hochgrade ein »Geheimnis im Geheimnis« umgibt, haben die Mitglieder und sogar die Beamten der blauen Logen keinen Zugriff darauf.

So hat sich die Initiationsgemeinschaft auf synkretistische Weise eine ganze Reihe von Glaubensinhalten und rein spekulativen Konstruktionen angeeignet, in denen die Menschen seit der Antike nach Antworten auf die Fragen des Daseins suchen: Inhalten aus der Religion des alten Ägypten, dem Zoroastrismus, dem Manichäismus, der Kabbala, dem Pythagoreismus, der Alchemie, der Astrologie, dem Gnostizismus usw. Sie bilden den Bezugsrahmen zu ihrer Bibelinterpretation. Und man darf sogar annehmen, dass die meisten dieser Auslegungen wie etwa die Erzählung von der Ermordung Hirams reine Erfindung sind und den Anschein erwecken sollen, dass die freimaurerischen Mythen mit der Heiligen Schrift übereinstimmen.

Dies alles vermittelt den Eindruck, als wolle die Freimaurerei die Kirchen – und vor allem die Kirche – ins Abseits drängen, um sie durch eine freimaurerische Neureligion zu ersetzen. Wie ein befreundeter Freimaurer des Großorients von Frankreich auf Antibes vor einigen Jahren zu mir sagte: »Bald wird es keine Religion mehr geben!« Die Freimaurerei verfolgt über Jahrhunderte hinweg ein generationsübergreifendes Menschheitsziel, wie Albert Pike es so anschaulich formuliert hat: »Wir bauen langsam und zerstören rasch [...]. Stein auf Stein haben die Lehrlinge, Gesellen und Meister mit vereinten Kräften und beharrlicher Arbeit die Mauern hochgezogen. [...] Hab Geduld, mein Freund, und warte nur ab.«[122]

Aus alldem lässt sich unschwer der Schluss ziehen, dass die Lehre der Freimaurerei in diametralem Gegensatz zur Lehre der Kirche steht. Und dieser Gegensatz betrifft, was auch immer die zahlreichen Würdenträger der Freimaurerei darüber sagen mögen, nicht nur die Ebene der Prinzipien, sondern die ganz konkrete Realität. Ein unumstößlicher Beweis hierfür ist die Tatsache, dass ich keine einzige öffentliche Verlautbarung der Großlogen des Großorients von Frankreich, der Frauen-Großloge von Frankreich, der Großloge von Frankreich oder von »Le Droit Humain« habe finden können, die die Verfolgung und den Völkermord an den Christen im Nahen Osten verurteilt. Eine Frage, die auch Maxime Tandonnet in einem sehr mutigen Artikel aufwirft, der am 26. Februar 2015 in *Le Figaro* erschienen ist: »Wo bleiben die Verteidiger der Menschenrechte?« Ihr Schweigen ist mehr als eisig. Ich schäme mich für sie.

Ja, ich hatte am Aufbau einer Gesellschaft mitgewirkt, deren Früchte Scheidung hießen, Abtreibung, Sterbehilfe ... Mir wurde bewusst, dass die Freimaurerei, während sie vorgab – ganz im Sinne der »freimaurerisch-alchemistischen« Formel –, »das Verstreute zu sammeln«, letzten Endes nur eine »beruhigende Maske« war, um es mit den Worten des Obersten Ritenrats zu sagen: eine Maske, hinter der sich kein anderer als der verbarg, der immer nur auf eines aus ist, nämlich Zwietracht zu säen.

Denn darum geht es bei allen Früchten Luzifers: um Zwietracht und Spaltung. Die Freimaurerlogen sind untereinander gespalten, weil sie alle nach der Vorherrschaft streben. Manche Großlogen schließen sich gegenseitig aus. Ein Freimaurer, der zum Großorient von Frankreich gehört, könnte nicht Mitglied der Frauen-Großloge von Frankreich sein, weil Letztere keine Männer aufnimmt. Wie umgekehrt auch keine *Schwester* der *GLFF* der Großloge von Frankreich angehören kann, die keine Frauen zulässt. Ferner nimmt die Großloge von Frankreich nur dann Mitglieder des Großorients von Frankreich in ihre Reihen auf, wenn die Betreffenden ihrer ursprünglichen Großloge die Gefolgschaft aufkündigen. Und schließlich ist auch zwischen dem Großorient von Frankreich, der Großloge von Frankreich und »Le Droit Humain« einerseits und der Nationalen Großloge von Frankreich andererseits eine Doppelzugehörigkeit ausgeschlossen. Man muss wissen, dass die dritte Zivilkammer des Landgerichts von Nizza ein Urteil gesprochen hat[123], demzufolge gewisse Einschränkungen der Zugehörigkeit zu mehreren freimaurerischen Logen oder Großlogen »eine Verletzung der Vereinsfreiheit und eine ungerechtfertigte Diskriminierung darstellen«. Eine erstaunliche Maßregelung seitens der Justiz, wenn man bedenkt, dass es sich um eine Initiationsgemeinschaft handelt, die sich auf »Freiheit«, »Gleichheit«, »Brüderlichkeit«, »Toleranz«, »Respekt« und »spirituelle Verbesserung ihrer Mitglieder« gründet!

Genauso, wie sich einige ihrer Großlogen gegenseitig »exkommunizieren«, spaltet die Freimaurerei auch die Menschheit in zwei Kategorien: die Eingeweihten und die Profanen, wobei Erstere sich nach Belieben und insgeheim inmitten der Letztgenannten entfalten, die ja den Arbeiten in der Loge nicht beiwohnen dürfen und mithin nicht einmal von ihren Inhalten Kenntnis haben.

Dagegen sind sich – wie im Zusammenhang mit dem Gesetzentwurf zur Ehe gleichgeschlechtlicher Partner gesehen – die meisten »progressiven« Freimaurer-Großlogen einig und lassen von ihren eigenen Streitereien ab, sobald es darum geht, in überzogener Form öffentlich gegen die Kirche Stellung zu nehmen, sie zum Schweigen zu bringen, diese Einrichtung zu zerstören, um sie durch eine andere – ganz und gar menschengemachte – zu ersetzen, und letzten Endes die geoffenbarte Wahrheit »aufzulösen«, das heißt zu vernichten, damit eine von den freimaurerischen Dogmen beherrschte neue Wahrheit an ihre Stelle treten kann.

V.
Luzifer lässt nicht los

Die Anfechtungen des Dämons

Wenn der Dämon mit an Bord ist

24 Jahre lang, seit ich »als Profaner an die Pforte des Tempels geklopft hatte«, habe ich meinen Geist im Schoß der Freimaurerei einen Spaltbreit für Luzifer geöffnet. Er war an Bord gekommen wie ein blinder Passagier. Ich sah ihn nicht, ich hörte ihn nicht. Doch er war da und verfolgte mich auf meiner Reise zum Heil, wie ich es hier bezeuge.

Ein Gebet um Befreiung von der Freimaurerei

Einige Monate vor meinem Austritt, als ich bereits begonnen hatte, mich von der Freimaurerei zu distanzieren, beschloss ich, zu einem Priester zu gehen. Ich erzählte ihm von meinen Nöten und bat ihn um Rat im Hinblick auf die Entscheidung, die ich treffen musste, um die Freimaurerei zu verlassen. In meinem Inneren wusste ich sehr genau, dass ich diese Ambivalenz zweier auf der Ebene des Glaubens und der Spiritualität so gegensätzlicher Wege nicht aufrechterhalten konnte, aber ich wollte die Meinung eines Geistlichen und wahrhaft klugen Menschen hören. Was mich betraf, war die Entscheidung einfach: Entweder ich blieb ein »Sohn der Witwe«, oder ich wurde von Neuem ein »Kind Mariens«.

Der Priester hörte mir lange und aufmerksam zu. Er bestätigte mich in meiner Auffassung von der Unvereinbarkeit der beiden Wege, wies mich jedoch – vielleicht aus Unkenntnis – nicht darauf hin, dass die Zugehörigkeit zur Freimaurerei unheilvoll sei, sondern bekräftigte lediglich, dass diese sich beträchtlich von der Lehre Christi unterscheide. Für den Fall, dass ich an meinem Entschluss, die Freimaurerei zu verlassen, festhalten wolle, schlug er mir vor, noch einmal zu ihm zu kommen, damit er ein Befreiungsgebet sprechen könne.

Einige Tage später waren wir, der Priester und ich, gerade dabei, gemeinsam zu beten. In seinen tiefblauen Augen sah ich die ganze Güte des Herrn. »Denn lieben heißt verzichten, nur an andre denken.«[1] Dieser Mann liebte mich mit einer selbstlosen und aufrichtigen Liebe, ohne mich überhaupt zu kennen. Es war die Liebe Gottes zu seinen Kindern, die sich durch ihn zeigte.

In diesem Gebet um Befreiung erfuhr ich die grenzenlose Barmherzigkeit eines Gottes, der uns in einem Maß liebt, das alle menschlichen Begriffe übersteigt. Das Gebet des Priesters war ein echtes Geschenk. Ein Geschenk, das einen Ertrinkenden rettet.

In dem kleinen Raum war es ganz ruhig und friedlich ...

Da ertönte plötzlich in meinem Kopf ein hasserfüllter und brutaler Satz:

»Das ist doch alles Blödsinn!«

Es war nicht einfach nur ein Satz, sondern ein regelrechtes Aufheulen in meinem Geist. Eine giftige Stimme, die in meinem Inneren erklang. Ich hatte diese Worte nicht einmal gedacht. Sie waren wie ein schlammiger Schwall, der sich nach einem Dammbruch plötzlich und unaufhaltbar über eine bis dahin unschuldige und idyllische Landschaft ergoss.

Dennoch war kein Wort über meine Lippen gekommen. Offenbar hatte meine Seele sich gegen meinen Geist durchgesetzt

und ihn vor der Schmähung bewahrt. Das Erlebnis war so brutal und so intensiv, dass ich nicht umhinkonnte, es dem Priester zu erzählen:
– »Pater, ›man‹ spricht mit mir!«
Ich berichtete ihm, was ich gehört hatte. Er sah mich an. Dann antwortete er mit einem freundschaftlichen Lächeln:
– »Machen Sie sich keine Sorgen. Der Feind ist verärgert, wenn ihm eine Beute entwischt. Soll er nur brüllen, gegen die Macht Christi vermag er nichts!«

Wie ich am eigenen Leib erfahren sollte, »zeigen die Betroffenen bei echten Infestationen[2] [...] während der Befreiung zuweilen sehr heftige Reaktionen«.[3]

Und ich hatte 24 Jahre lang in der Freimaurerei okkulte Riten praktiziert und damit ohne mein Wissen einen Spalt für Luzifer geöffnet! Er hatte seinen Fuß in die Tür gestellt und sich dann Stück für Stück hineingeschlichen.

Am Ende des Gebets um meine Befreiung wurde ich, ohne dass es einen Grund dafür gab, von einem furchtbaren, trockenen Hustenanfall geschüttelt. Ich musste so sehr husten, dass ich nicht mehr sprechen konnte. Der Priester reichte mir ein Glas Wasser und erklärte mir:
– »Das gehört zu den Symptomen, die sich einstellen können. Ich habe Ihnen vorher nichts davon gesagt, um Sie nicht zu beeinflussen und vor allem, um Sie nicht zu beunruhigen.«

Der Geistliche hatte absolut recht. Man befreit sich nicht so ohne Weiteres von den Folgen einer Einweihung. Denn die Wirkung der freimaurerischen Praktiken ist zwar geheim, aber nichtsdestoweniger real! Je geheimer, desto realer, möchte ich sogar sagen. Was ich damit meine, ist, dass die Praxis der freimaurerischen Symbolik vor allem im Geheimen, das heißt »im innersten Sein« auf die Psyche und auf den Geist wirkt. Folglich muss sich die Seele bei einem Akt der Befreiung ganz bewusst von den begangenen Sünden und den Schlacken lossagen, die sie beschmutzt haben: »Nur eine tiefe Reue kann angesichts der Schwere der Taten, Riten, Bündnisse und Pakte [...], die im Rahmen der Freimaurerei begangen und geschlossen worden sind, den Rechtsanspruch des Teufels, schwerwiegende Verfluchungen in die Tat umzusetzen, unwirksam machen [...]. Nur dieses Schuldbewusstsein, das aus dem Geist der Wahrheit der Kirche stammt, kann die nötige Autorität verleihen, um die daraus resultierenden Flüche im Namen Jesu Christi zu brechen.«[4]

Mit jedem Schritt seines initiatischen Weges entfernt sich der Eingeweihte schleichend mehr und mehr vom christlichen Glauben. Schon bei der Feier der Einweihung stellt der Meister vom Stuhl folgende Frage, auf die der künftige Lehrling wohlgemerkt mit Ja antworten soll:

»Neophyt[5], geloben Sie, unserer Verfassung und unseren Gesetzen treu zu gehorchen? Eifrig, beständig und regelmäßig am Werk der Freimaurerei zu arbeiten?«[6]

Nun muss man wissen, dass die internationalen Verfassungen, auf die der Freimaurer – ohne auch nur zu ahnen, was dies in spiritueller Hinsicht bedeutet – schon bei seiner Initiation einen feierlichen Eid leistet, ihn ganz klar zur Ablehnung sämtlicher »Dogmen« verpflichten. Das heißt, dass ein Christ, der sich in die Geheimnisse der Freimaurerei einweihen lässt, den Dogmen seines Glaubens und insbesondere dem *Credo* der katholischen Kirche – genau wie es bei mir der Fall war – früher oder später unweigerlich den Rücken kehren wird!

Außerdem schwört der Freimaurer schon bei seiner Einweihung, die Umwälzungen, die die freimaurerische Lehre mit sich bringt, in den »rauen Stein« – das heißt in sein tiefstes Inneres – einzumeißeln.

Sobald ihn der Meister vom Stuhl in den Lehrlingsgrad aufgenommen hat, beginnt der Freimaurer mit der »Arbeit am rauen Stein«, wie es in der Sprache der Freimaurerei heißt: Er arbeitet an seiner Verwandlung. Der Meister vom Stuhl sagt zum *Bruder* (oder zur *Schwester*) Zeremonienmeister:

»Bruder Zeremonienmeister, lassen Sie ihn seine erste Lehrlingsarbeit erbringen.«[7]

Daraufhin führt der Zeremonienmeister den Lehrling zu den Stufen des Ostens. Er lässt ihn sich mit dem rechten Knie auf die erste Stufe knien, reicht ihm Hammer und Meißel und zeigt ihm, wie er den rauen Stein mit drei Schlägen behauen soll.

Sobald er mit seiner Lehrlingsschürze bekleidet ist, verpflichtet sich der neue Freimaurer also, all seine »Vorurteile« abzulegen und die freimaurerische Lehre zu verinnerlichen, wie aus dem folgenden rituellen Dialog hervorgeht:

»Was ist dieser raue Stein? Es ist der Mensch selbst: ein rohes Produkt der Natur, das dazu bestimmt ist, von der Kunst geglättet und umgeformt zu werden.«[8]

Die Kirche, die sehr genau weiß, welche spirituellen Schwierigkeiten diejenigen erwarten, die die Freimaurerei verlassen wollen, weiß auch um die Notwendigkeit eines Befreiungsverfahrens.

Das heißt, dass eine spirituelle Befreiung unbedingt notwendig ist, wenn sich ein ehemaliger Freimaurer von Gott mit der Gnade des Glaubens beschenken lassen will. Und dass die Umkehr, wie ich selbst bezeugen kann, weder leicht ist noch von selbst geschieht. Priesterlicher Beistand ist – wenn nicht unabdingbar – auf jeden Fall empfehlenswert: »Das Gebet um Befreiung ist Teil dieser göttlichen Lenkung im Hinblick auf das Böse, das den Menschen belästigt.«[9] »Doch die Befreiung wird umso schwieriger sein, je zahlreicher die erklommenen Stufen und je enger die Bündnisse sind, die er mit den anderen Freimaurern eingegangen ist.«[10]

Ich war Lehrling, Geselle und Meister gewesen. Zudem hatte ich die meisten Ämter – und einige davon mehrfach – ausgeübt: Zeremonienmeister, Erster Aufseher, Zweiter Aufseher, Redner, Meister vom Stuhl. Und schließlich war ich zu den Hochgraden zugelassen worden und als Mitglied des vierten bis zwölften Hochgrads Geheimer Meister, Vollkommener Meister,

Geheimer Sekretär, Vorsteher und Richter, Intendant der Gebäude, Auserwählter Meister der Neun, Erlauchter Auserwählter der Fünfzehn, Erhabener Auserwählter Ritter und Großarchitekt gewesen. Erst kurz vor meiner Erhebung in den XIII. und XIV. Grad bin ich ausgetreten, wo man mir den Grad eines Meisters des Neunten Bogens und sodann eines Großen Auserwählten und Vollkommenen Maurers verliehen hätte. Ich hatte mithin etwa die Hälfte der symbolischen Hochgrade absolviert, die mit dem XXX. Grad der schwarzen Freimaurerei enden: dem Ritter Kadosch.

Ja, Luzifer hatte mich fest im Griff ...

Nur auf dem Weg der Befreiung und des Gebets, den die Kirche und ihre Priester uns anbieten, kann man sich von dem Einfluss und der Verführung der Freimaurerei befreien.

Die Freimaurerei verfügt über mehrere Arten der Verführung:

- in einer zunehmend individualistischen Welt durch die Illusion einer »Initiationsbruderschaft«, die sich übrigens als sehr freundlich erweist
- durch das Netzwerk an Beziehungen, das sie anbietet, und die materiellen oder beruflichen Vorteile, die daraus erwachsen können
- durch das – motivierende, weil der Eigenliebe schmeichelnde – Gefühl, zum Wohl der Menschheit zu arbeiten
- jedoch auch durch die Faszination des Geheimnisvollen und durch die Neugierde, die die Freimaurerei weckt
- sowie durch eine Art Dünkel, der darauf basiert, einer »Initiationsgesellschaft« anzugehören, die nur für einen sehr kleinen Kreis von Auserwählten zugänglich ist

Der Treibstoff dieses mächtigen Motors ist der Stolz: die luziferische Schwäche des Menschen schlechthin und einer der Fallstricke, mit denen die Initiationsgemeinschaft ihre Kandidaten verführt, wie es ein Ritual der Hochgrade belegt. Ein Ritual wohlgemerkt, das keinem Profanen und auch keinem Mitglied der blauen Logen – weder den Lehrlingen noch den Gesellen noch den Meistern und unter Letzteren nicht einmal den Beamten – bekannt ist. Die rituellen Worte, die der Ehrwürdige Meister spricht, sind eindeutig:

»Wäre es von Übel, wenn ein Mensch, der in der Lage ist, uns zu verstehen, unser Geheimnis aufdeckt?«

Worauf der Erste Aufseher antwortet:

»Wir verbergen uns nur, um durch die Anziehungskraft des Mysteriums den Wunsch zu wecken, sich uns anzuschließen.«[11]

Davon abgesehen müssen auch die okkulten, jedoch realen und wirksamen Bindungen gekappt werden, die durch die freimaurerischen Praktiken geknüpft worden sind. Man denke etwa an die Verbindung, die »die körperlich oder geistig anwesenden Freimaurer« bei der Zeremonie der Bruderkette untereinander herstellen. Zudem hat sich der Freimaurer nicht nur durch diverse Gelöbnisse an die freimaurerische Großloge, sondern als – zumal »festes« – Glied der Bruderkette, die sie »*über Zeit und Raum hinweg*« zusammenhält, obendrein an seine *Schwestern* und *Brüder* und an gewisse böse Mächte auf eine immaterielle, magische Weise gebunden. Solche Beschwörungsformeln sind nicht harmlos. Sie führen ganz ohne Zweifel eine Beeinflussung herbei, von der man nur durch die Gnade des Heiligen Geistes wieder befreit werden kann.

Okkulte Praktiken wie die der Freimaurerei ermöglichen den Umgang mit Luzifer – und der gibt niemals auf. »Der, den die Bibel als ›Mörder‹ und ›Lügner‹ bezeichnet (Joh 8,44) ist kein friedfertiger und versöhnlicher Geist, sondern er befindet sich immer im Krieg wie ein furchtbarer Feind«, warnt Pater Jean-Baptiste.[12]

Es hat mir und meiner Familie gegenüber noch etliche andere – nicht eben geringfügige! – Aktionen gegeben, mit denen der Dämon mich zurückzuhalten versuchte. Einige dieser Dinge sind vor Zeugen geschehen: Dinge oder Ereignisse, die sich nicht auf natürliche oder rationale Weise erklären ließen. Es führt jedoch zu nichts, hier näher darauf einzugehen. Ich erwähne sie nur zur Information, ohne sie im Einzelnen zu beschreiben. Es waren beunruhigende Phänomene einer teuflischen Einflussnahme.

Das bedeutete, dass ich einen echten Weg der Befreiung zurücklegen musste.

Ein langer Weg der Befreiung

Im Abstand von vier Jahren musste ich zwei Befreiungsdienste in Anspruch nehmen, einen davon im Beisein eines Exorzisten. Seit etwa vier Jahren durchlebe ich entsetzliche Prüfungen. Ich lobe und preise jedoch den Herren, denn mein Glaube ist durch sie geläutert worden: »Die Stricke der Frevler umfingen mich, doch ich vergaß nicht deine Weisung« (Ps 119,61). Diese – insbesondere materiellen und menschlichen – Schwierigkeiten hätten mich ohne den Beistand der Jungfrau Maria, ihres Sohnes Jesus Christus und zahlreicher Heiliger ganz sicher verzweifeln lassen. »Der böse Feind lässt seine Beute nicht so einfach los: Solange sie ihm nicht vollständig entrissen ist, hat er noch immer einen bösen Einfluss auf sie. Die okkulten Verbindungen [...] können somit lange Zeit unbemerkt und verborgen bleiben.«[13] Deshalb muss der Glaube immer wieder erneuert werden – wie eine Rüstung, die zum unermüdlichen Kampf gegen den dämonischen Einfluss befähigt. Selbst die Heiligen sind nicht gegen die Angriffe des Dämons gefeit. Man denke nur an die Anfechtungen, die die heilige Mirjam von Abellin, der heilige Pfarrer von Ars oder der heilige Pater Pio erdulden mussten.

»Es stimmt: Der Christ ist ein Krieger.«[14] Und er verfügt über verschiedene geistliche Waffen, deren eindrucksvolle Wirkung gegen den Dämon ich am eigenen Leib erfahren habe: »Diese vertikalen Waffen sind erhebende Akte, die es ermöglichen, sich den Versuchungen nach oben hin zu entziehen, indem man Akte des Glaubens, der Hoffnung und der Liebe verrichtet. Hinzu kommen die Sakramente, das Wort Gottes, das vertrauensvolle Gespräch mit einem geistlichen Führer, die Sakramentalien [...]. Andere Waffen sind horizontal [...]: die durch die Arbeit an sich selbst erworbenen menschlichen Tugenden, die es ermöglichen, dort, wo Exzess und Maßlosigkeit herrschen, die Ordnung und das Maß wiederherzustellen [...]. Die vertikalen und die horizontalen Waffen, die in unserem Leben zur Anwendung gebracht werden, ergeben ein realistisches Bild des Kreuzzeichens, mit dem wir aus der Quelle des Heils schöpfen, die Christus ist, der Sieger über das Böse.«[15]

VI.
Bekehrung und Friede

Umkehr und Befreiung

Ich hatte die Hilfe der Engel abgelehnt

Gott lässt seine Geschöpfe niemals im Stich. Er ist ein persönlicher Gott, der Fleisch geworden ist, der an unserer Seite geht, der sich mit Liebe und Mitgefühl zu seinem Geschöpf herniederbeugt. Wir müssen ihm einfach nur unseren Blick zuwenden, damit Gott uns seine grenzenlose Liebe schenkt: »Deshalb habe ich zu euch gesagt: Niemand kann zu mir kommen, wenn es ihm nicht vom Vater gegeben ist« (Joh 6,65). Selbst die deistischsten Logen stellen sich ihren Gott immer nur als Begriff, als kosmische Kraft oder naturalistische Energie vor. Die freimaurerischen Rituale kennen weder Anbetung noch Fürbitte und schon gar nicht den Lobpreis.

Da ich als Freimaurer »über den Schlaf der Menschen zu wachen« meinte, statt selbst im Schatten des Allmächtigen zu ruhen, hatte mich kein Engel auf Händen getragen: »Wer im Schutz des Höchsten wohnt, der ruht im Schatten des Allmächtigen. [...] Denn er befiehlt seinen Engeln, dich zu behüten auf all deinen Wegen. Sie tragen dich auf Händen, damit dein Fuß nicht an einen Stein stößt« (Ps 91,1.11–12). Die Engel hatten mich nicht getragen, denn stolz, wie ich war, hatte ich ihre Hilfe abgelehnt. Sie hatten sich damit begnügt, an meiner Seite zu sein und voller Unruhe auf den Tag zu warten, an dem ich endlich meine Augen öffnen würde. Ich war der Freimaurerei beigetreten, um dort das Glück zu finden ... was für eine Zeitverschwendung! Wie hatte ich mich nur in diese Logen hineinziehen lassen können?

Ich war getauft und im katholischen Glauben erzogen worden. Meine Familie praktizierte den Glauben kaum, hatte mich aber immerhin bis zur Erstkommunion und zur Firmung begleitet. Danach hatte ich mich nach und nach vom wahren Glauben entfernt. Ich war ein Jugendlicher der »68er-Generation«. In der Welt, in der ich aufwuchs, hatte man für die Kirche und ihre Priester nur Geringschätzung übrig. Die zweifellos verwerflichen Verhaltensweisen Einzelner dienten mir als Vorwand, um die ganze kirchliche Institution in den Schmutz zu ziehen. Dort, wo man das Wirken des Feindes und das Versagen einiger ihrer Mitglieder hätte erkennen müssen, wurde die Kirche Christi in ihrer Gesamtheit attackiert. Missachtet.

Hinzu kamen die Philosophen, die Gott für »tot« oder die Religion für das »Opium des Volkes« hielten und deren Gedankengut von eifrigen Lehrern – Staatsdienern! – in Umlauf gebracht wurde, die sich immer dann, wenn es gerade günstig war, auf ihr revolutionäres »Engagement« besannen und nicht zögerten, ihre anarchistische Propaganda zu verbreiten. Eine Propaganda, die dafür eintrat, »Verbote zu verbieten«. Ich begriff damals nicht, dass das hieß, dass man ab sofort keine Moral und keine tugendhaften Prinzipien mehr haben durfte. Das Wasser fließt immer bergab. Dasselbe gilt für einen Jugendlichen, den eine verdrehte Lehre langsam, aber sicher zum Straucheln bringt. Ungehorsam ist immer verlockend! Doch man verkennt die Gefahr. Es gibt eine regelrechte libertäre Propaganda, die die Jugend schon seit Jahrzehnten »vor jedem familiären Determinismus[1] beschützen« will, wie es der damalige Bildungsminister Vincent Peillon vor wenigen Jahren mit Bezug auf die »Charta der Laizität« verkündet hat. Also stürzte ich mich mit

Schwung in den Ungehorsam. Eine berauschende Erfahrung: Es galt, »schnell zu leben, ›frei‹ zu sein und hemmungslos zu genießen«. Viel später jedoch sollte ich mich aufs Neue mit den ewigen Fragen nach Leben und Tod und nach Gut und Böse konfrontiert sehen. Mit völlig leerem Herzen war ich ein idealer Kandidat für die Freimaurerei: das Studium soeben abgeschlossen, leitender Beamter in einem sensiblen Bereich, jung, auf das Genießen ausgerichtet, ehrgeizig ... und lahm in spiritueller Hinsicht!

Kindliche Prägung durch einen Glauben, von dem ich mich entfernt hatte

Als ich acht Jahre alt war, hatten mich meine Eltern in das Heiligtum von Ars mitgenommen. In der Basilika geschah etwas Besonderes, das mein Herz berührte: Ich sah den unverwesten Leichnam des heiligen Pfarrers und hatte das seltsame Gefühl, einen Freund wiederzusehen! Dann, mit neun, lernte ich die Jungfrau Maria kennen. Mit zehn Jahren schließlich bekam ich zu meiner Erstkommunion von einer Freundin meiner Familie einen Rosenkranz aus gepressten Rosenblütenblättern geschenkt. Er war von den Karmelitinnen im Kloster von Alba de Tormes gefertigt worden, wo Teresa von Ávila gestorben war. Meine Eltern waren damals nicht sehr fromm und hatten mich mehr der Tradition halber zur Kommunion gehen lassen. Auch mir war die Tragweite nicht bewusst. Daher maß ich dem Rosenkranz nur wenig Bedeutung bei. Dennoch habe ich ihn überraschenderweise immer aufbewahrt, obwohl er mir nichts bedeutete. Ohne dass ich es wusste, war er ein Teil meines Lebens: Dieser Rosenkranz war ein Geschenk der heiligen Teresa de Jesús.

Dann, mit etwa 20 Jahren, vernahm ich einen drängenden Ruf Christi. Es war kurz vor Beginn meines Architekturstudiums. Ich verfügte über keinerlei Zeichentechnik. Dennoch hatte mich der unwiderstehliche Wunsch erfasst, nach einer Gipsfigur, die ich gesehen hatte, ein Bild des gekreuzigten Christus zu zeichnen. Das Ergebnis im Format 50 x 65 cm war für einen Anfänger mehr als zufriedenstellend, und ich bewahre es seit 43 Jahren auf. Ich erinnere mich, dass mich damals beim Zeichnen eine glühende Liebe erfasste. Ein brennendes Feuer, das meine Seele erfüllte und erleuchtete!

Ein guter Kandidat für die Freimaurerei

Mit nicht ganz 30 Jahren hatte ich mein Diplom in der Tasche und begann mein Erwachsenenleben. Schon bald erkannte ich, dass dieses Leben, so pulsierend es auch sein mochte – mit vielen Freunden, Beschäftigungen, Hobbys –, in Wirklichkeit auf eine verwirrende Weise leer war. In meinem Dasein fehlte etwas: die Erfahrung der Liebe Christi und der Zärtlichkeit Mariens. Und, was noch schlimmer war, ich ging dieser Erfahrung aus dem Weg: Das war doch nur »abergläubische Bigotterie«! Gott war für mich wirklich tot und mir war der Whisky der langen Diskonächte lieber als das »Opium des Volkes«! Nachdem ich in der Verwaltung die sehr angesehene Position eines städtischen Baudirektors bekommen hatte, »herrschte« ich über die Bebauungsplanung einer relativ bedeutenden Gemeinde. Mein späterer Freimaurerpate, den ich seit einigen Monaten kannte, war Immobilienmakler. Ich behaupte nicht, dass dieser Mann aus beruflichem Kalkül gehandelt hätte. Ich kann es nicht sagen, genauso wenig, wie ich das Gegenteil behaupten kann. Ich werde es nie erfahren …, denn drei Jahre nach meiner Initiation und kurz nachdem ich in den Grad eines Freimaurermeisters aufgestiegen war, nahm ich eine andere Stelle an.

Rückkehr zum christlichen Glauben

Knapp 15 Jahre später kam der Tag, an dem ich skeptisch wurde, was Inhalt, Ziel und Ergebnis des freimaurerischen Weges betraf. Zum ersten Mal mit dem Bösen konfrontiert, fand ich zum Glauben zurück, einem jedoch noch recht abstrakten oder sogar ein wenig lauen Glauben. In den Anfängen bewegen wir uns auf den Wegen des Herrn zuweilen eher langsam vorwärts. Doch einen Tag, nachdem ich in Aix-en-Provence mit einem Franziskanerpater zusammengetroffen war, lief, ja rannte ich förmlich zur Kathedrale von Antibes. Ich hatte ein Verlangen nach der Kommunion wie ein Schiffbrüchiger, der lange Zeit nichts gegessen hat und dem unvermittelt Nahrung im Überfluss angeboten wird … Ich hungerte und dürstete nach Christus! Ich begriff nicht, was mit mir geschah: All dies war viel zu groß.

Ich wandte mich an den Priester in der Kathedrale und erklärte ihm, dass ich seit Jahrzehnten nicht gebeichtet hatte und mich vor allem an kein einziges Gebet erinnerte.

Mit gütigem und gleichzeitig glücklichem Lächeln antwortete mir der Geistliche:

»Um die Beichte kümmern wir uns später. Aber zögern Sie nicht, wenn Sie den Leib Christi wieder empfangen wollen. Und was das Beten betrifft: Beten Sie zunächst mit Ihrem Herzen, mit Ihren eigenen Worten. Und sagen Sie dem Herrn, was Sie ihm zu sagen haben. Er versteht all unsere Sprachen, er vergibt uns voller Liebe all unsere Ungeschicklichkeiten. Nichts könnte ihm besser gefallen!«

Verblüfft erkannte ich zum ersten Mal einen wesentlichen Gegensatz zwischen der Kirche und der Freimaurerei: Der Herr achtet nicht auf Formalitäten! Während man in der Loge zunächst – ohne eine einzige Regel zu kennen! – eine absurde »Aufnahmeprüfung« bestehen und sich anschließend an ein mehr als beengendes Ritual halten muss, braucht man sich in einer

Kirche einfach nur hinzusetzen – und Christus hört voller Zärtlichkeit zu, so einfach unsere Worte auch sein mögen!

Ein Jahr später wurde ich stellvertretender Generaldirektor in Narbonne. Mein Büro lag ganz in der Nähe der Kathedrale. Da ich viel arbeitete, gönnte ich mir täglich eine Pause von zehn bis fünfzehn Minuten und ging in eine Kapelle im Seitenschiff.

Dor setzte ich mich vor Jesus hin. Ich betete. Mit meinen eigenen Worten. Ich hielt eine Anbetung, ohne Kenntnis davon! Damals wusste ich im Grunde gar nichts von den Lehren und Dogmen der Kirche. Erst einige Jahre später, nach Exerzitien in der Abtei Sainte-Marie de Lagrasse, kehrte ich wirklich auf den Weg der Kirche zurück. Mindestens einmal pro Woche betete ich vor einem Bild der heiligen Thérèse von Lisieux den Rosenkranz. Dann ging ich wieder zur Messe. Zunächst nur ab und zu an den Sonntagen. Und schließlich, bald schon, jeden Morgen und jeden Sonntag.

Um ehrlich zu sein: All das, was mir widerfahren ist, ist ein Geheimnis. Warum ich? Wenn ich nicht zum Glauben zurückgefunden hätte, wenn ich nicht eine ebenso verwirrende wie tiefe Bekehrung erlebt hätte, wäre ich zweifellos noch immer ein eifriges Mitglied meiner Loge.

»Welches Wunder hat Sie aus der Freimaurerei herausgeholt?«

Dass mir ein Wunder widerfahren war, ist mir durch diese Frage, die mir im Anschluss an einen meiner Vorträge von einer sehr gläubigen Dame gestellt wurde, überhaupt erst bewusst geworden! Ich war schon im Begriff, der Dame zu sagen, dass es zwar zuweilen gewisse »Sanktionen« gebe, dass es aber entgegen der landläufigen Vorstellung sehr einfach sei, die Freimaurerei zu verlassen. Ein einfaches Austrittsschreiben genügte! Im Gegensatz zu den echten Hindernissen, die man überwinden muss, um einzutreten, war der Austritt extrem leicht gewesen. Ich kannte die Prozedur so genau, dass ich die Antwort schon auf der Zunge hatte. Doch kaum hatte ich den Mund geöffnet, wurden meine Lippen plötzlich steif und meine Augen füllten sich mit Tränen. Mir war soeben etwas bewusst geworden. Der Dame ging es gar nicht um ein Problem des Verfahrens. Der Herr hatte sich ihrer bedient: Er war es, der mir diese Frage gestellt hatte und mich begreifen ließ, wie viel Geduld er aufgewandt hatte, um mich »aus der Freimaurerei herauszuholen«. Es war das richtige Wort: Dass ich die Loge hatte verlassen können, war ein kleines »Wunder«. In jedem Fall war es der Wille Gottes gewesen. Vermutlich, weil er gewusst hatte, dass ich ihn beharrlich suchte, weil es ihm gefiel, sich von mir finden zu lassen, und weil er wollte, dass ich diese Suche nach Wissen aufgab, die in eine spirituelle Sackgasse und einen stillschweigenden Pakt mit dem Teufel einmündete. Ich hatte »als Profaner an die Pforte des Tempels geklopft«, weil ich das Licht suchte und zum Glück der Menschen beitragen wollte. Doch in Wirklichkeit war Gott nicht in den Logen, und der initiatische Weg, den ich angetreten hatte, stank nach Schwefel. »Wo Gott nicht ist, taucht die Hölle auf, und die Hölle besteht ganz einfach in der Abwesenheit Gottes. Man kann auch auf subtile Weise dorthin gelangen, und fast immer sagt man dabei, dass man das Beste für die anderen möchte.«[2]

Als ich in diesen okkultistischen Kreisen verkehrte, hatte ich, ohne es zu wissen, an magischen Praktiken teilgenommen, war der Versuchung der Macht erlegen, die ich auf meiner Wissenssuche zu finden vermeinte, und hatte sogar Flüche auf mich geladen. Schließlich hatte ich den Preis der Revolte bezahlt. Und Gott hatte sich in seiner grenzenlosen Barmherzigkeit zu meinem elenden Dasein herabgebeugt und mir trotz allem seine unendliche Liebe erwiesen. Er hat geduldig darauf gewartet, dass ich die Kränkung begriff, die ich ihm angetan hatte, damit mein Herz den Plan, den er für mich vorsah, akzeptieren konnte.

»Wenn der Herr zulässt, dass das teuflische Böse gewisse Menschen trifft, dann wohl zu dem Zweck, dass sich daraus ein noch größeres Gutes ergibt. Wer Opfer einer Verfluchung ist, der ist oft sensibler und empfänglicher für die Gnade Gottes als andere.«[3]

Ich habe den Weg des Herrn nicht aus eigenem Antrieb gewählt, ganz im Gegenteil: Er selbst hat mich dorthin geführt. Seine Liebe hat mich mitgerissen: »Nicht ihr habt mich erwählt, sondern ich habe euch erwählt und dazu bestimmt, dass ihr euch aufmacht und Frucht bringt und dass eure Frucht bleibt. Dann wird euch der Vater alles geben, um was ihr ihn in meinem Namen bittet« (Joh 15,16).

Bei dem schwierigen Unterfangen, mich zu bekehren, hat Gott seine Heiligen »mobilisiert«. Die beiden heiligen Theresen haben mich jede an eine Hand genommen – sanft die eine, nämlich Thérèse von Lisieux, und die andere, Teresa von Ávila, wohl mit einer Güte, die keinen Widerspruch duldet – und sie haben mich nach Lourdes zur heiligen Bernadette geführt.

Meine Frau und ich hatten beschlossen, zwei Tage in Lourdes zu verbringen, um zur Jungfrau Maria zu beten. Es schien uns wichtig, unsere Ehe unter den Schutz Unserer Lieben Frau von Lourdes zu stellen. Es war der 18. Februar 2011, ein Freitag. Gegen halb neun aßen wir in einem Restaurant im Stadtzentrum zu Abend, als wir Scharen von Menschen vorüberströmen sahen, die alle in dieselbe Richtung zogen. Einige hielten eine Kerze in der Hand. Eine Prozession? In dieser winterlichen Kälte und so spät am Abend? Neugierig gingen wir hinaus und den Leuten hinterher und befanden uns tatsächlich bald mitten in einer Prozession. Es war bitterkalt, aber die Lieder, die gesungen wurden, erfüllten unsere Herzen schon bald mit der ganzen Wärme des Glaubens. Es war großartig. Wir kamen an die Grotte, wo gerade die heilige Messe gefeiert wurde. Dann, auf dem Rückweg, erfuhren wir, dass der 18. Februar der Gedenktag der heiligen Bernadette ist. Das konnte kein Zufall sein!

So zartfühlend hatte mich dieses kleine ungebildete Hirtenmädchen, das zu einer großen Heiligen geworden war, zur Jungfrau Maria geführt!

»Die Mutter des Erlösers wusste Eva von ihrer Sünde loszukaufen, indem sie zum Werkzeug des Heils für das ganze Menschengeschlecht wurde [...]. Viele Heilige lehren uns, dass das Rosenkranzgebet eine machtvolle Waffe gegen den Teufel ist.«[4] Nur sie konnte mich aus dem Griff des Dämons befreien: »Man kann infolgedessen sagen, dass die Jungfrau Maria eine *mächtige Helferin gegen das Böse* ist, denn sie ist das einzige Menschengeschöpf, das Satan und all seine Heerscharen vollkommen besiegt hat.«[5]

Und dann führte die Muttergottes mich mit großer Güte zu ihrem geliebten Sohn. Jeden Tag danke ich dem Herrn für sein Erbarmen und ich danke allen Heiligen, dass sie sich um mein Heil gesorgt haben.

Akte zur Stärkung des Glaubens

Im Jahr 2012 wurde ich von einer Gruppe von Freimaurern und Lobbyisten, die sich meiner bedient hatten, schwer angegriffen. Am Ende dieses Jahres blickte ich auf ein Jahr voller Leid und Plagen, Verfluchungen und schäbiger Komplotte zurück, nur wenige Monate nachdem mich der Heilige Geist in Lourdes mitten ins Herz getroffen[6] und ich die liebende Gegenwart des Herrn in meinem Leben glutvoll erfahren hatte. Nur zu gern hätte ich ihnen all das Böse heimgezahlt, das man mir angetan und das auch meine Familie hart getroffen hatte, doch ich beschloss, auf den Herrn zu hören und dieses Böse in Gutes zu verwandeln. Nachdem ich den Rat von zwei Priestern, Pater M. und Pater F., eingeholt hatte, weil ich mich mit dem Gedanken trug, mich in der Begleitung Kranker zu engagieren, sprach ich im Krankenhaus von Narbonne beim Seelsorgeteam vor.

Ich kann heute bezeugen, dass diese Begleitung kranker Menschen für mich ein echter Weg der spirituellen Heilung gewesen ist, der meine Bekehrung in den Fußstapfen Christi verankert und mein Engagement an seiner Seite erneuert hat. Während die Freimaurerei daran arbeitete, ein Gesetz zu entwerfen und auf den Weg zu bringen, das die Sterbehilfe im Endstadium erlauben sollte, entdeckte ich einen Dienst der Barmherzigkeit, der die einzig angemessene und menschliche Antwort auf das Leiden und die Würde des Menschen darstellt. Eine Antwort des wahren Lichts für jeden. Und zur Ehre Gottes.

Damals begriff ich, dass der Kampf gegen das Böse auf keinen Fall mit den Waffen des Feindes geführt werden darf. Die Antwort auf das Böse ist das Gute. Ich musste die Liebe Christi zu Menschen bringen, die sehr viel »ärmer« waren als ich! Das lag eigentlich nicht in meiner Natur. Ich hatte bis dahin einen eher schlechten Charakter und die Tendenz gehabt, alles »mit gleicher Münze« heimzuzahlen: Auge um Auge, Zahn um Zahn! Doch dieser Ruf, den ich vernahm, war so viel größer als ich. Es war ein Ruf, der von außen kam: unvorhersehbar und unwiderstehlich. Ein Fall von höherer Gewalt, wie der Jurist sagen würde. Doch es war noch viel mehr.

Der Krankenbesuch

Ich wurde von Anne-Marie in Empfang genommen. Sie war für die Seelsorge im Krankenhaus verantwortlich und gehörte dem Dritten Orden an. Sie fragte mich nach meinen Beweggründen. Ich wusste nicht so recht, wie ich ihr erklären sollte, was in meinem Innersten vor sich ging. Was sollte ich ihr sagen? Dass ich auf den Ruf Christi antworten wollte? Wie soll man vor jemandem, den man nicht kennt, derart persönliche Gefühle offenlegen? Würde sie mich nicht für einen Schwärmer halten? Paradoxerweise entschloss ich mich dennoch, so offen und direkt zu sein wie nur möglich:

»Ehrlich gesagt weiß ich selbst nicht so recht, warum ich zu Ihnen komme. Da ist so ein Gefühl in meinem Inneren. Ich glaube, dass mein Platz an der Seite der Leidenden ist. Ich möchte mit den Patienten sprechen, die im Krankenhaus liegen ...«

Genau genommen zog mich eine unwiderstehliche Kraft zu den Todkranken und Sterbenden hin. Doch ich traute mich nicht, ihr das jetzt schon zu sagen. Deshalb ließ ich die Sterbenden unerwähnt. Heute habe ich begriffen, dass es die Stimme des Heiligen Geistes war, der mich rief und der in mir wirkte, damit ich mich in ein Werkzeug der Liebe Gottes verwandeln ließ – und zwar dort, wo die Folge des teuflischen Wirkens, nämlich der Tod, am lautesten zum Himmel schreit.

Und nur er, der sich aus Liebe hingab, konnte das Böse besiegen.

Also wies ich nur darauf hin, dass ich den Wunsch hätte, Patienten im Krankenhaus zu besuchen, um ihnen ein wenig Trost zu spenden. Anne-Marie schlug mir vor, sie ein paar Wochen lang bei ihren eigenen Besuchen zu begleiten. Ich hörte zu und versuchte einige Male recht ungeschickt, mich am Gespräch zu beteiligen. Eines Tages fragte ich sie nach der besten Methode, mit einem bettlägerigen und leidenden Menschen umzugehen. Da sah sie mich direkt an, und dass sie mich bei der Antwort duzte, zeigte, dass sie bereits ein gewisses Vertrauen in mich und mein Vorgehen setzte:

»Serge, es gibt keine Methode! Du wirst sehen, dass jeder Fall besonders ist. Jeder Patient ist einzigartig vor Gott ...«

Ich begriff, dass es in diesem Bereich nicht viel zu begreifen, aber alles zu teilen gibt. Sie hatte mich für die Stationen der Lungenkrankheiten und der Diabetes-Patienten eingeteilt. Also ging ich mit ihr und wartete darauf, dass sie entschied, wann ich den Dienst allein übernehmen könnte.

Anne-Marie war bei den Kranken offenbar ganz in ihrem Element. Sie nahm sie bei der Hand, strich ihnen manchmal über die Haare. Ich dagegen war wie gelähmt: Ich blieb stehen, hielt mich im Hintergrund, zögernd, blockiert, distanziert … mein Herz war wie aus Eis.

Doch nach und nach tauschte Anne-Marie die Rollen und forderte mich auf, die Initiative zu ergreifen. Ich habe bestimmt ein paar Schnitzer gemacht, doch alles in allem lief es gut, was mich selbst am meisten überraschte.

Eines Tages, als wir auf der Lungenstation im Zimmer einer nicht mehr ganz jungen Patientin waren, die trotz ihrer Sauerstoffmaske nur sehr mühsam atmete, traf mich die Erkenntnis plötzlich wie ein Blitz: Diese Frau würde von uns gehen! Sie hatte die Augen geschlossen und ihr Brustkorb hob und senkte sich, als ob nur noch ganz wenig Luft im Zimmer vorhanden wäre. Was für sie ja auch zutraf, wenn man den Zustand ihrer Lungen bedachte. Ja, ihr Ende stand unmittelbar bevor. Ohne nachzudenken, nahm ich ihre Hand in die meine und begann mit Tränen in den Augen zu beten. Ich ertappte mich dabei, dass ich der Sterbenden mit tiefem, zärtlichem Mitgefühl über die Haare strich, damit diese Unbekannte nicht allein fortgehen musste … Mein Gebet galt ihrer Seele, meine Zärtlichkeit ihrem Herzen. Es spielte keine Rolle, wer sie war, woher sie kam, was sie in ihrem Leben getan hatte: Sie war eine Schwester im Menschsein. In diesem Augenblick standen wir beide gemeinsam vor Christus. Und sie würde ihm begegnen. Ich war nicht länger dieser Eisblock, der ich bis dahin gewesen war: absolut befangen, wenn nicht sogar gleichgültig gegenüber dem menschlichen Leid. Ich ließ mich von der Liebe Christi verwandeln!

Wir kehrten zurück in das Büro des Seelsorgeteams. Anne-Marie war der Umbruch, der sich still und unsichtbar in mir vollzogen hatte, nicht entgangen. Mit halb amüsiertem und halb spöttischem Lächeln sagte sie zu mir:

»Ich glaube, du kannst jetzt allein zu den Kranken gehen. Ich will es dich versuchen lassen. Du wirst es gut machen!«

Das Kreuz hat das Böse besiegt

Als ich in der folgenden Woche an die erste Tür klopfte, war ich etwas ängstlich. Mein Herz pochte heftig. Ich war allein. Der Flur, der zu dieser Tür führte, erschien mir unverhältnismäßig lang. Was für eine Unendlichkeit erwartete mich, wenn ich dieses Zimmer betrat? Doch die heilige Thérèse von Lisieux, deren Schriften ich zu lesen begonnen hatte, hatte mich gelehrt, dass Gott »die Prüfungen nach unseren Kräften« bemisst.[7] Also trat ich ein. Damals wusste ich noch nicht, dass Diabetes eine so entsetzliche Krankheit ist. Ich dachte, dass sie sich zwar unter Umständen als verhängnisvoll erwies, dass man aber als Diabetiker mithilfe von Insulinspritzen ein einigermaßen normales Leben führen konnte. Tatsächlich jedoch müssen aufgrund dieser Erkrankung immer wieder Gliedmaßen – Füße oder sogar Beine – amputiert werden, weil sich infolge von Sauerstoffunterversorgung und Gefäßsklerose Gangräne bilden können. Ein solcher Fall erwartete mich hinter der Tür. Nachdem ich mich vorgestellt hatte, schlug die Dame, die ich besuchte, die Decke über ihren beiden Beinen zurück, besser gesagt über dem, was davon noch übrig war! Beide Extremitäten waren nacheinander bis zum halben Oberschenkel amputiert worden. Ich wusste nicht, was ich sagen sollte. Ich war verlegen. Meine Stimme versagte. Da brach die Dame, die mich beobachtete, zu meiner großen Überraschung in Gelächter aus:

»Guter Mann«, sagte sie in scherzhaftem Ton zu mir, »ich werde stückweise weniger. Ich bin schon fast ein beinloser Krüppel!«

Und sie lachte herzlich! Sie bat nicht um Euthanasie und meine Anwesenheit bestätigte sie in ihrer ganzen Würde. Trotz ihrer Beinstümpfe war sie so viel größer als ich! Der Herr, der sie, ohne dass ich mir dessen bewusst war, durch meine Augen hindurch mitfühlend ansah, brachte Liebe auf ihren Schmerz. Offenbar entschlossen, mich zum Lachen zu bringen, fuhr sie fort:

»Wenigstens muss ich mir nicht mehr die Fußnägel schneiden!«
Ihre Fröhlichkeit wirkte ansteckend. Ich musste lachen und begann mit ihr zu scherzen.

Ich musste das Leid dieser Menschen teilen, wie auch immer der gute Gott es mich erleben ließ. Darüber stand mir kein Urteil zu. Ich entdeckte, welche immense Freiheit darin liegt, dem Herrn zu gehorchen: eine Freiheit der Liebe, authentisch, weil sie aus seinen heiligen Händen stammt und von jedwedem Streben nach nutzlosem und unheilvollem »Wissen« losgelöst ist. Frei sein ist sehr einfach: Man muss nur seinen Nächsten lieben wie sich selbst! Und in diesem Nächsten den Herrn lieben ...

Weil die Stimmung so entspannt und unbeschwert war, drückte ich sie zärtlich an mich und gestand ihr, dass ich sie, weil sie überall kleine Teile von sich selbst hinterließ, ab sofort meinen »Däumling« nennen würde. Sie lachte noch, als ich das Zimmer verließ. Und in meinen Augen standen noch immer die Freudentränen, während ich mich auf den Weg zur Kapelle machte. Ich musste für diese Frau beten. Doch die Tränen, die ich dann weinte, waren Tränen der Trauer, der Verzweiflung und schließlich der Wut. Ich spürte die Qualen dieser Frau gleichsam am eigenen Leib! Ich begriff, welche Not sich hinter ihren Späßen verbarg. Sie hatte gelacht, um nicht vor mir – mit mir – weinen zu müssen. Sie wusste, dass ich auch geweint hätte. Zwischen zwei Gebeten packte mich die Lust, den Dämon zu beschimpfen, den ich vor meinem geistigen Auge sah, wie er sich, ein boshaftes Grinsen in den Mundwinkeln, des Schadens brüstete, den er bei dieser Frau angerichtet hatte. Das ironische Lachen der Diabetikerin wurde zum Hohnlachen des Teufels! Ich sah die hässliche Fratze des Satans, der sich über ihre Leiden lustig machte. Ein dämonisches, befriedigtes Lachen angesichts des Leidens. Erbitterung erfasste mich: ein Zorn, der aus der Tiefe meines Inneren aufstieg und mich zu überwältigen drohte. Ein Damm, der erneut zu brechen drohte. Doch im selben Moment, als ich das Gefühl hatte, die Kontrolle zu verlieren, hörte ich in meinem Geist, im Innersten meiner selbst, die unendlich sanfte Stimme Christi:

»Nein, Serge, werde nicht wie er. Er wartet nur darauf, damit er dich zu Fall bringen kann. Vergiss den Dämon, weine und bete weiter für sie. Sieh auf mein Herz. Mit Liebe, wie auch ich dich liebe.«

Ich begriff, dass der Herr mich auf meinem Weg ermutigte und mich aufforderte, ihm das Leid dieser Frau zu Füßen zu legen. Das Kreuz hatte das Böse besiegt. Endgültig! Und ich hatte den richtigen Weg eingeschlagen.

Die Freimaurerei kennt keine »Theorie« des Leidens. Denn Hiram, der im Zentrum der freimaurerischen Mythologie steht, hat keinen Kreuzestod erlitten. Er ist schlicht und einfach ermordet worden, weil er sich geweigert hatte, den »bösen Gesellen« das geheime Meisterwort zu verraten. Deshalb äußert sich die Freimaurerei nicht – oder allenfalls im Kontext eines spekulativen Dualismus – über das menschliche Leiden. Genau genommen spricht sie nicht einmal über das Böse: Wenn sie das Thema anschneidet, dann erklärt sie das Böse, wie bereits erwähnt, im Rahmen ihres ganz eigenen metaphysischen Systems zur notwendigen Kehrseite des Guten. Wie Pater Michel es im Vorwort meines letzten Buches so treffend formuliert hat: »Diese Religion hat Serge Abad alles genommen, was er dem Mysterium des Bösen hätte entgegensetzen können.«

Um es auf den Punkt zu bringen: Wo Hiram uns keine Antworten liefert, heilt Christus uns mit seinen Wunden und seinem heiligen Blut.

Ein bestätigter, weil authentischer geistlicher Ruf

Einige Wochen später fiel mir auf, dass Anne-Marie mich auch andere Zimmer besuchen ließ, die nicht zu den Stationen der Lungenkranken und Diabetiker gehörten. Regelmäßig wies sie mir Patienten von ihrer Liste zu, die auf der zweiten Etage lagen. Besondere Fälle, wie sie sagte, die sie aus Zeitmangel selten oder gar nicht besuchen konnte.[8] Ich nahm mir das sehr zu Herzen und betete ohne Unterlass für sie, weil es sich um schwer kranke Patienten handelte.

Schon bald wurde mir klar, dass es sich praktisch ausnahmslos um Patienten im Endstadium handelte. Ich dachte, dass ich ihnen einfach eine Zeit lang beistehen sollte, doch tatsächlich begleitete ich sie bis zu ihrem letzten Atemzug. Schließlich ging ich der Sache auf den Grund:

»Anne-Marie, etwas beunruhigt mich. Ich war einige Monate lang auf der Diabetes- und der Lungenstation und jetzt schickst du mich immer häufiger auf die zweite Etage zu Patienten, denen es sehr schlecht geht. Und die alle nach ein paar Tagen oder Wochen sterben.«

Sie sah mit lachenden Augen zu mir auf und antwortete seelenruhig:

»Das liegt daran, dass dein Platz bei den Sterbenden ist.«

Ich war sprachlos! Ich hatte niemandem etwas davon gesagt, weder den Priestern noch den in der Krankenhausseelsorge Tätigen. Ich hatte nur Christi Ruf vernommen, die Sterbenden zu begleiten. Aber ich hatte dies mit niemandem besprochen, weil ich Angst hatte, mich lächerlich zu machen. Und jetzt vertraute der Herr mir diese Aufgabe an, der ich mich widmen sollte, weil er es so wollte. Von diesem Tag an kamen Anne-Marie und ich überein, dass ich ausschließlich auf der Palliativstation Dienst tun sollte. Halleluja! »Gepriesen sei der Herr, der Gott Israels! Denn er hat sein Volk besucht und ihm Erlösung geschaffen« (Lk 1,68). Ich hatte Gott dienen wollen, und nun hatte er meine Gebete erhört, mich für seinen Dienst einzusetzen! Jener Ruf, den ich vernommen hatte, die Sterbenden zu begleiten, war also nicht aus mir selbst gekommen. Der Geist des Allerhöchsten hatte mir die Sehnsucht nach diesem besonderen Engagement eingegeben.

Gott hat das Böse nicht erschaffen

Gott hat das Böse nicht erschaffen: »Denn Gott hat den Tod nicht gemacht und hat keine Freude am Untergang der Lebenden« (Weish 1,13). In den Augen der Freimaurerei jedoch ist der aus freiem Willen gewählte Tod für den profanen Menschen ein Weg zur Initiation: »Nur ein freiwilliger Tod erlaubt es dem Profanen, zum höheren Leben der Initiation wiedergeboren zu werden.«[9] Man darf mutmaßen, dass hier der Grund für die Anziehungskraft oder sogar Faszination liegt, die dieser »freiwillige Tod«, nämlich die Euthanasie, auf den freimaurerischen Geist ausübt. Genau so hatte man es mich bei meiner Aufnahme in den Meistergrad gelehrt: »Dadurch, dass er dem profanen Leben stirbt, beginnt der künftige Maurer seine Initiation im ›Vorbereitungszimmer‹, und durch einen zweiten symbolischen Tod, den Tod Hirams, wird der Eingeweihte zum Adepten.«[10]

Einmal abgesehen von dem *freimaurerischen Dogma*, wonach allein das Sterben zur echten Initiation führt, macht die Freimaurerei den Tod zu einem Symbol und überlässt es letztendlich der individuellen Fantasie ihrer Eingeweihten, seine metaphysische Tragweite einzuschätzen. Das ewige Leben spielt in der Freimaurerei keine Rolle. Hiram wird, wie wir gesehen haben, nach freimaurerischem Glauben vor allem in der Bruderkette, aber auch bei der Erhebung in den Meistergrad in jedem neu ernannten Freimaurermeister wiedergeboren: »Hiram, der durch seine ›Kinder‹ von den Toten auferstehen wird.«[11]

Es war jedoch nicht dieser symbolische oder initiatische Tod, dem ich begegnete, wenn ich meinen Dienst im Seelsorgeteam des Narbonner Krankenhauses versah.

Eines Tages klopfte ich wie so oft an die Tür eines neuen Zimmers, ohne zu wissen, wer sich darin befand. Natürlich hatte ich meine Liste mit Vor- und Nachnamen und dem Alter des Patienten, dem ich begegnen würde. Zusätzlich zu diesen Angaben befand sich ein weiterer, entscheidender, endgültiger, schockierender Hinweis in der Spalte daneben: »Palliativpflege«. Doch beim ersten Treffen weiß ich in aller Regel nichts über die betreffende Person und den Zustand, in dem sie mich empfangen wird. Ich habe jedes Mal den Eindruck, ins Leere zu springen. An jenem Tag also betrat ich das Zimmer. Der Mann, der darin lag, schien sich gut zu fühlen. Er lächelte, war entspannt und liebenswürdig. Er wirkte überhaupt nicht krank und schon gar nicht wie jemand »im Endstadium«. Nachdem wir uns kurz gegenseitig vorgestellt hatten, sprach ich mit ihm über alles und nichts, um einen Kontakt zwischen uns herzustellen: zwischen zwei Menschen, die einander nicht kannten, sich aber womöglich wichtige Dinge zu sagen hatten. Mitten in der Unterhaltung überraschte er mich damit, dass er ganz unvermittelt, jedoch mit Nachdruck den Gesprächsrahmen festlegte:

»Mein lieber Freund, ich glaube nicht, dass ich in diesem Jahr noch eine *Bûche de Noël*[12] kaufen werde!«

Ich verstand sofort, was er mir damit sagen wollte. Mir stockte der Atem, aber ich ließ mir nichts anmerken. Er hatte mich »eiskalt erwischt«. Bewusst ließ ich einen Moment des Schweigens zwischen uns zu.

Dann sprach er weiter und erklärte mir, die Ärzte hätten ihm gesagt, dass sein Lungenkrebs unheilbar sei, dass die verschiedenen Behandlungen, Bestrahlungen und Chemotherapien allesamt nicht angeschlagen hätten. *Allesamt*. Das Wort hatte einen metallischen Klang in meinen Ohren. Wie das Fallbeil der Guillotine, das man vor der Hinrichtung des Verurteilten bis zum Anschlag hochzieht. Ein »Tod wie in einem weißen Blitz«, wie es in dem Gedicht von Paul Fort heißt – doch ein Tod, der sich wie ein lästiger Besucher an der Schwelle des Hauses schon Jahre zuvor angekündigt hatte: Zuerst ist man überrascht über so viel Unverfrorenheit: »Was? Ich? Schon bald? Wann? Wie?« Dann kommt die Wut: »Warum? Warum nicht erst viel später? Warum kein anderer? Wer hat das Recht, so über mich zu verfügen?« Danach die Leugnung: »Ich? Das ist unmöglich! Ich doch nicht! Nicht so! Ich! Mit meinem einzigartigen Ichbewusstsein! Das ist ausgeschlossen!« Und schließlich die Akzeptanz. Wie ein »Kater« am Morgen nach dem Rausch. Das Erwachen ist unerträglich. Gestern ging es mir besser. Gestern ... ist vorbei. Vergangen im euphorischen Festmahl des Daseins. Morgen? Welches Morgen? Es gibt kein Morgen mehr ...

B. erklärte mir in aller Ruhe wie ein Reisender, der wusste, dass sein Zug bald in den Zielbahnhof einlaufen würde, dass das Ende sehr nahe war. Nach einiger Zeit waren Patient und Ärzte übereingekommen, die Behandlung nicht weiter fortzusetzen. Er fuhr jetzt ohne Fahrschein, frei und mutig. Und an der nächsten Station würde er aussteigen. Ich war erschüttert über das Bekenntnis dieses Mannes, den ich doch gar nicht kannte. Vor allem seine Klarheit bewegte mich – und seine immense Tapferkeit. Als er mir sagte, dass sein Ende kurz bevorstehe, hatte der Mann, der ganz offensichtlich eine große moralische Kraft besaß, Tränen in den Augen. Plötzlich hatte ich das Gefühl, in ihm der gesamten leidenden Menschheit zu begegnen. Einer Menschheit im Angesicht ihrer Bestimmung. Die Wände des Zimmers hatten sich aufgelöst. Ich war hier und überall. Bei diesem Menschen, der bald sterben würde. Bei all jenen, die morgen sterben würden. Ich hatte Christus, den Mensch gewordenen Gott, am Ölberg vor mir. Und ich hatte das Gefühl, ganz dringend etwas tun zu müssen. Doch ich wusste nicht, was ich sagen sollte! Ein Satz kam mir in den Sinn: »Gott, komm mir zu Hilfe, Herr, eile mir zu helfen!«

Gott allein kann dem Tod auf geistlicher Ebene ein größeres Gutes entgegensetzen: »Ach, wie gut versteht es doch die Welt, die irdischen Freuden mit dem Dienst Gottes zu verbinden! Und wie wenig denkt sie an den *Tod*! Dennoch ist der *Tod* dahergekommen und hat viele von jenen Menschen bereits hinweggerafft, die ich damals in ihrer Jugendfrische, in ihrem Reichtum und Glück kennenlernte!«, ruft uns die heilige Thérèse von Lisieux ins Gedächtnis.[13]

An jenem Tag begegnete mir das ganze Geheimnis vom Kreuz und von der Erlösung.

Im Gebet mit einem Freimaurer!

An einem anderen Tag betrat ich wieder ein neues Zimmer. Hinter einem Wandschirm rang ein alter Mann mit dem Tod. Er hatte die Augen geschlossen. Seine Verwandten standen mit geröteten Augen um ihn herum. Er lag im Sterben. Er hatte nur noch Minuten zu leben. In der Sanduhr seines Daseins befanden sich noch einige wenige kostbare Körner. Es war ein Zweibettzimmer. Im Bett nebenan nahm ein zweiter Patient in aller Ruhe seine Mahlzeit ein. Das Leben kann so seltsam und so unfassbar gegensätzlich sein! Der eine ging zum Vater und der andere klammerte sich an sein irdisches Leben. Die Psychoanalytiker würden sagen, das sei das Resultat des Kampfs zwischen dem Lebens- und dem Todestrieb. Und die Freimaurerei würde auf den dualen Kampf zwischen Schwarz und Weiß, Gut und Böse verweisen. Einen Kampf, aus dem angeblich das Leben entsteht! Doch das alles ist falsch. Eine bloße, hypothetische Gedankenspielerei.

Denn die theologische Wirklichkeit war genau das, womit ich es hier und heute zu tun hatte: Die eine Seele näherte sich dem Augenblick, wo sie Gott von Angesicht zu Angesicht sehen würde, während sich die Zeit des anderen Patienten noch nicht erfüllt hatte. Und diese Zeit gehört uns nicht: »Wer von euch kann mit all seiner Sorge sein Leben auch nur um eine kleine Spanne verlängern?« (Mt 6,27; Lk 12,25). Wir beschlossen zu beten, die Familie des Sterbenden und ich. Beten, um die Gegenwart und Treue der Liebe des Heiligen Geistes zum Ausdruck zu bringen. Dieser Leib würde allein sterben, aber seine Seele würde nicht unbegleitet gehen müssen.

Dann wandte ich mich dem Mann in dem anderen Bett zu. Ich hatte gehört, dass er seine Mahlzeit unterbrochen hatte, um mit uns zu beten. Als er mein Namensschildchen sah, erzählte er mir, dass er einen Artikel über mein letztes Buch gelesen habe. Er erklärte mir, dass er Freimaurer sei und sich mit mir unterhalten wolle.

– »Ich bin nicht ganz einer Meinung mit Ihnen, was die Unvereinbarkeit zwischen der Freimaurerei und dem katholischen Glauben betrifft«, sagte er zu mir.

– »Das spielt keine Rolle: Der Herr hat uns frei geschaffen, wir können selbst entscheiden. Ganz gleich, ob Sie meine Analyse für fundiert halten oder nicht, das Wichtigste ist, dass Sie sich Gott zuwenden. Sehen Sie, die Wahrheit ist direkt neben Ihnen, dort, in dem anderen Bett.«

– »Ich hatte einen Schlaganfall. Aber ich habe mich fast vollständig davon erholt. Wir können reden«, fügte er hinzu.

– »Dann werden wir reden, wenn Sie das wünschen, aber an einem anderen Tag. Eine Seele tritt ihre letzte Reise an ... das ist ein feierlicher Augenblick. Er gehört diesem Mann und Gott. Unsere Übereinstimmung oder Nichtübereinstimmung ist unwichtig. Was zählt, ist, dass wir alle Brüder sind. Brüder in Christus, wenn Sie so wollen«, fügte ich mit einem etwas schelmischen Lächeln hinzu.

– »Sie haben recht.«

Später erzählte er mir, dass er seit 30 Jahren Freimaurer in der Nationalen Großloge von Frankreich war, einer deistischen Großloge, und dass er in Lézignan gemeinsam mit anderen *Brüdern* eine ebenfalls deistisch ausgerichtete »unabhängige« Loge gegründet hatte. Das war nicht der Moment, um zu streiten. Ich war da, um ihn zu begleiten, nicht um ihn zu überzeugen. *Ich* überzeuge ohnehin niemanden. Denn nur Jesus vermag die Herzen zu bekehren. Von mir erwartet der Herr nur, dass ich Zeugnis ablege. Also hielt ich es für unnötig, darauf hinzuweisen, dass der deistische Zweig der Freimaurerei sich vor allem auf den »Großen

Baumeister aller Welten« bezieht, dass die Nationale Großloge von Frankreich im Gegensatz zu den meisten anderen freimaurerischen Großlogen den Vorteil hat, sich nicht direkt in die öffentliche und politische Debatte einzumischen, dass sie nicht offen antiklerikal auftritt und dass die Freimaurer dieser Großloge somit diejenigen sind, mit denen ein Katholik noch am ehesten in einen Dialog treten kann, auch wenn die christliche Inspiration, die die *GLNF* für sich beansprucht, vor allem gnostisch geprägt ist und der Gnostizismus in den Augen eines Katholiken einen grundlegenden Irrtum darstellt. Das war weder der richtige Ort noch der richtige Zeitpunkt, auch wenn der Mann mir sympathisch war.

»Es steht mir nicht zu, über Ihr freimaurerisches Engagement zu urteilen. Aber was mich betrifft, so sind wir vor allem deshalb Brüder, weil das Evangelium uns sagt: ›Damit ihr Kinder eures Vaters im Himmel werdet; denn er lässt seine Sonne aufgehen über Bösen und Guten und er lässt regnen über Gerechte und Ungerechte‹ (Mt 5,45). Ich habe Sie eben beten hören. Wäre es Ihnen recht, wenn ich für Sie beten würde?«

Der Mann nickte. Also kniete ich mich am Kopfende seines Bettes hin, nahm seine Hand in meine und begann zu beten. Und der Mann betete mit! Was für ein seltenes Schauspiel: Ein deistischer Freimaurer, ehemaliges Mitglied der *GLNF,* und ein ehemaliger Freimaurer von »Le Droit Humain«, der zum Glauben zurückgefunden hatte, beteten gemeinsam mit lauter Stimme erst das *Credo*, dann das *Vaterunser* und schließlich ein *Gegrüßet seist du, Maria*. Die philosophischen und theologischen Meinungsverschiedenheiten konnten warten.

Ich werde hier nicht alle Begebenheiten schildern, die ich bei meinem Dienst auf der Palliativstation erlebt habe. Es ist jedes Mal eine Begegnung mit dem leidenden und zuweilen mit dem sterbenden Christus.

Die Augen all dieser Patienten, deren Lebensende bevorsteht und die in Kürze ihren letzten Atemzug tun werden, scheinen mir zu sagen: »Mein Gott, mein Gott, warum hast du mich verlassen?« (Mt 27,46). Und wirklich ist es in dem Moment, da ich ihr Zimmer betrete, Christus, Gott und Gottes Sohn, der mich in der Gegenwart des Vaters und des Heiligen Geistes begleitet. Ich bin nichts anderes als sein Diener. Und vor allem bin ich, ohne mir dessen wirklich bewusst zu werden, zum unnützen Knecht aus dem Gleichnis geworden (Lk 17,5–10). Ich bin nur ein Diener, der Gott ganz und gar gehört und lediglich seinen Willen tut.

Es war ein Geschenk zu begreifen, dass ich keinerlei Verdienst vorzuweisen hatte. Denn Christus und nur er tut alles, und ihm zur Seite steht seine selige, allzeit jungfräuliche Mutter. Ich bin nur ein einfacher Pförtner, der die Tür zu den Zimmern des Leidens, des Unglücks und des Todeskampfs öffnet. Es sind Orte, die sich sodann in ein riesenhaftes Kreuz verwandeln, zu dessen Füßen Maria steht. Es ist eine mystische Gemeinschaft, die in einem einzigartigen Gegensatz zu jener stolzen und rastlosen »Wissenssuche« steht, die die Freimaurerei uns bietet. Ich bin nichts mehr! Nur noch ein gefügiges Werkzeug in den Händen des Herrn, wie es das Gebet des heiligen Franz von Assisi so treffend zusammenfasst: »Herr, mache mich zu einem Werkzeug deines Friedens. [...] Herr, lass mich trachten, nicht dass ich getröstet werde, sondern dass ich tröste; nicht dass ich verstanden werde, sondern dass ich verstehe; nicht dass ich geliebt werde, sondern dass ich liebe.« Je länger ich dem Herrn bei den Todkranken diene, desto mehr erscheint mir der »Große Baumeister aller Welten« als ein bloßes Konstrukt des menschlichen Geistes: ein Artefakt. Die freimaurerische Wahrheit ist vielgestaltig, denn in Wirklichkeit gibt es in der Freimaurerei keine göttliche Wahrheit. Die Wahrheit des Glaubens ist das Geschenk Gottes, das wir mit den Augen unseres Verstandes betrachten. Ich erkannte sie jetzt im Blut Christi. In diesem göttlichen Blut, das vergossen wurde, um uns zu retten.

Wie können wir nur so blind sein, arme Sünder, die wir sind? Wie kann es sein, dass wir nicht vor Gott auf die Knie fallen, der gestorben ist, um uns zu erlösen, und der mich nun in jedem Sterbenden sein Antlitz sehen lässt? Wie kann unser Herz nur so verhärtet sein?

Notwendige Vergebung

Während meines Aufenthalts in der Abtei Sainte-Marie de Lagrasse begriff ich eines Tages, wie viel Stolz in der freimaurerischen Lehre inbegriffen sein kann. Obwohl er sich auf die Demut berief, verschaffte mein Initiationsweg mir Zugang zu einem esoterischen Wissen, das einen Eingeweihten aus mir machen sollte: einen in der hermetischen Weisheit weiter Fortgeschrittenen als die überwiegende Mehrheit der Profanen, einen, der einen solchen Grad an geheimem Wissen erreicht hatte, dass er nichts Geringeres als die Fähigkeit und vor allem die Würde besaß, am Glück der Menschheit zu arbeiten. Mit Gottes Hilfe hatte ich jedoch seit meiner Rückkehr zum katholischen Glauben erkannt, dass dieses Initiationswissen, auch wenn die Freimaurerei dies bestreitet, elitär und schlichtweg vom Menschen selbst erworben ist, der in seiner Anmaßung meint, »ohne die Hilfe von Göttern« frei leben zu können, wie Nietzsche es formuliert hat.[14] Während doch Gott im Gegenteil sein Wort allen, auch den Einfachsten und Demütigsten – und gerade ihnen! – geoffenbart hat: »Ich preise dich, Vater, Herr des Himmels und der Erde, weil du das vor den Weisen und Klugen verborgen und es den Unmündigen offenbart hast« (Lk 10,21). So hatte unser Herr mir die Gnade geschenkt, meine Schwäche zu erkennen und dadurch meinen Glauben zu stärken. Er ließ mich begreifen, dass nur das Kreuz und sein am Holz vergossenes Blut die Seelen retten konnten. Und dass ich mir, um demütig zu werden, meine eigene Schwäche eingestehen musste. Er verwandelte mein Herz in das des Zöllners[15], wohingegen die Lehre der Freimaurerei es dem des Pharisäers hatte ähnlich werden lassen, der sich seiner »Wissensüberbetonung« sicher und in seiner spirituellen Verblendung umso stolzer und sogar eitel war.

Ich hatte also beschlossen, einige Tage der Einkehr in der Abtei Sainte-Marie de Lagrasse zu verbringen. Ich betete und lebte im selben Rhythmus wie die Mönche. In den Pausen zwischen den zahlreichen Horen des Chorgebets ging ich im Park spazieren, saß lesend in meiner Zelle oder nahm mir ausgiebig Zeit, um in der Kapelle zu beten.

An jenem Abend kniete ich in der Kirche. Ich war allein. Der Altar war schwach beleuchtet. Draußen war es inzwischen dunkel geworden. Es musste gegen 18 Uhr sein und der Himmel war finster. Vor dem Kreuz und dem Allerheiligsten brannten vier Kerzen. Alles war einsam und still.

Da hallte plötzlich ein Satz in meinen Ohren und in meinem Geist wider:

»Dieses Kreuz ist größer als die Welt!«

Das war es, was Christus mir zeigen wollte! Und wie so oft hatte er sich, weil ich so blind war, bis zu mir herabbeugen müssen. Ich begann, für das Heil der Seelen und insbesondere für die unwürdigsten unter ihnen zu beten – unwürdig wie die meine! –, damit sie Reue empfinden konnten. Sie waren durch das Kreuz losgekauft worden, denn allein das Kreuz hatte die Macht, sie zu retten.

Dann antwortete ich Jesus im Stillen:

»Herr! Ja, dieses Kreuz ist unendlich viel größer als die Welt. Denn du allein bist heilig, du allein bist der Herr, der Gott, der uns so sehr liebt! Vergib mir meine Irrtümer und Fehler. Und vergib auch allen anderen Menschen. Ich für meinen Teil will all meinen Feinden vergeben. Allen, die mir so viel Böses angetan haben! Ich bete für das Heil ihrer Seelen … Vergib ihnen, Herr, ich flehe dich an, ich bitte dich auf die Fürsprache der allzeit seligen Jungfrau Maria, die deinen Henkern vergeben hat.

In meiner Armseligkeit und Schwäche will ich dich loben und preisen, Herr Jesus, der du mit dem Vater in der Einheit des Heiligen Geistes lebst und herrschest in Ewigkeit. Amen!«

Ehe ich die Kapelle verließ, lobte und pries ich den Herrn, der mir diese Gnade geschenkt hatte. Doch als ich zum Ausgang gehen wollte, drängte sich ein schädlicher Gedanke meinem Geist auf. Unvermittelt erfasste mich ein heftiges Gefühl des Abscheus. Ich musste an jemanden denken, der sich mir gegenüber wie ein Feind – ein Todfeind – verhielt. Dieser Mann, ein Freimaurer, hatte mir auf übelste Weise zugesetzt und war der Hauptverantwortliche für all das Furchtbare gewesen, das ich in den letzten Jahren durchgemacht hatte. Von diesen negativen Gefühlen geschüttelt, die sich allmählich in Zorn verwandelten, hörte ich von Neuem und noch lauter den Widerhall der Stimme Christi in meinem Innern:

»Was machst du jetzt aus deinen Gebeten?«

Ich verstand, was der Herr mir sagen wollte. Ich drehte mich wieder zum Altar, warf mich auf die Knie und betete für das Heil dieses Menschen, der mich hatte vernichten wollen. Und für das Heil all derer, die mir unrecht getan, mich verraten und mir Leid zugefügt hatten, was auch für meine Familie sehr schmerzlich war. Ich flehte zu Maria, dass sie bei ihrem geliebten Sohn Fürsprache einlegen, für sie die Barmherzigkeit Gottes erwirken und mir helfen möge, ihnen zu vergeben. Ich bat Maria, die Engel und alle Heiligen, dass sie all diesen Menschen zur Einsicht verhelfen möchten, wie sehr ich durch ihre Schuld gelitten hatte. Und schließlich legte ich unserer Mutter all meine Fehler, all meine Sünden zu Füßen und bat sie um Fürsprache, dass auch mir das Unrecht, das ich womöglich selbst begangen hatte, vergeben wird. Erst danach konnte ich es wagen, meine Augen zu Christus zu erheben und den Herrn für alle Sünden der Welt um Erbarmen zu bitten.

Durch die Liebe Mariens und Christi gelang es mir, für meine schlimmsten Feinde zu beten! Und den Herrn für sie um

Vergebung zu bitten! Die Gnade Gottes hatte das Böse endgültig besiegt. Und ich denke, dass ich weiß, wovon ich spreche, wenn ich vom Bösen spreche. Ich habe es kennengelernt. Ich habe es erlebt. Ich habe es erlitten. Es belauert mich noch immer. Stellen Sie sich vor, jemand hat Sie aufs Übelste verraten. Menschen, die die »beruhigenden Masken« von Freunden oder gar Brüdern aufgesetzt hatten. Menschen, die nicht nur einmal, sondern oft bei Ihnen und in deren Zuhause auch Sie zu Gast gewesen waren. Menschen, zu denen Sie – zumindest dachten Sie das! – herzliche Bande der Freundschaft geknüpft hatten. Menschen, denen Sie aus Freundschaft oder Brüderlichkeit sogar eine gut bezahlte Arbeit und einen sozialen Status verschafft hatten. Und andere, für die Sie, ebenfalls aus Freundschaft oder Brüderlichkeit, große berufliche oder politische Risiken eingegangen waren. Menschen, denen Sie sich menschlich und zuweilen sogar emotional nahe gefühlt hatten. Mit einem Wort: Freunde! Und die Sie dann einer nach dem anderen oder, genauer gesagt, alle gleichzeitig einer wie der andere fallen gelassen und preisgegeben haben. Oder Ihnen den Rücken kehren. Kurzum, Ihnen das Leben zur Hölle machen! Um sich öffentlich für ihre schändliche Niedertracht zu rechtfertigen, haben sie Sie zum Sündenbock gemacht, obwohl sie insgeheim wussten, dass Sie unschuldig waren und der Fehler bei ihnen lag. O menschliche Armseligkeit! Wie habe ich über euch geklagt, wie habe ich für euch gebetet, meine lieben »Freunde« und »Freundinnen«, meine lieben *Brüder* oder *Schwestern!* Und wie gut habe ich verstanden, was unser Herr erdulden musste: Er, der nie auch nur die geringste Sünde begangen hat ... Auf diese Weise habe ich die Stärke und das Glück kennengelernt, das in der Armut liegt: wenn keine Zuflucht mehr bleibt außer dem Gebet.

Doch Gott macht uns das wunderbare Geschenk, uns das wahrhaftige Beten zu lehren, das Beten mit offenem, ja zerrissenem Herzen: »Schlachtopfer für Gott ist ein zerbrochener Geist, ein zerbrochenes und zerschlagenes Herz wirst du, Gott, nicht verschmähen« (Ps 51,19). Nur das Gebet führt zu Gott.

Die freimaurerische Spiritualität hat nichts mit dem christlichen Gebet zu tun

Manche Freimaurer sind davon überzeugt, dass sie auf dem Weg der freimaurerischen Initiation eine Spiritualität entdecken. Ich kann bezeugen, dass dies eine Täuschung ist. Ich habe mit einem Freimaurer der Nationalen Großloge von Frankreich darüber diskutiert, dem ich zufällig in der Krankenhauskapelle begegnet war. Dieser Mann vertrat in bestem Glauben die Auffassung, dass die Freimaurerei zu einer Form der Spiritualität führe, räumte aber ein, dass es sich um eine eher menschliche Spiritualität handele, das heißt eine Art Intellektualität. Leidenschaftlich erzählte ich ihm von der göttlichen Spiritualität: dem Heiligen Geist, dessen Feuer dir das Herz verzehrt und der dich mitten im Gebet mit sich fortreißt – oder auch, wenn du es am wenigsten erwartest, zu Füßen einer Marienstatue oder am Bett eines Sterbenden, dessen Blick dich durchbohrt wie das Schwert, das Maria durch die Seele drang ... in jenem Augenblick, da die Seelen sich begegnen!

Meine ehemaligen *Brüder* und *Schwestern*, wenn ihr dem Glauben näherkommen wollt, dann lest und studiert das Hohelied. Ich habe lange Zeit gar nichts davon verstanden! Heute aber weiß ich, dass der Glaube eine Liebesgeschichte ist. Es geht hier nicht um ein universales Prinzip, eine kosmische Natur, einen Makro- oder Mikrokosmos. Der Glaube ist nicht die Lösung einer Gleichung und auch nicht die philosophische Ergänzung eines Begriffs. Der Glaube ist das Ergebnis einer Begegnung, einer Erfahrung, versteht ihr das? Und diese Begegnung findet nur im Gebet statt – und in der Gnade des Herrn, der uns dorthin führt ...

Doch diese Begegnung kann mit der Methode der Freimaurerei oder auf dem Weg der initiatischen Lehre niemals stattfinden: In der Freimaurerei gibt es kein Gebet. Keinen Heiligen Geist!

»Der Geist ist das immerwährende Geschenk des Vaters an seinen Sohn und zugleich das immerwährende Verlangen des Sohnes zum Vater hin. Sobald wir das begriffen haben, wird unser geistliches Leben erheblich einfacher. Beten heißt, dieses Geschenk anzunehmen und uns von diesem Verlangen mitreißen zu lassen.«[16]

Ich bitte euch und flehe euch an: Betet, meine ehemaligen *Schwestern* und *Brüder*, und ihr werdet wahrhaftig, das heißt »in der Wahrheit« leben. Ganz sicher gibt es bei euch in der Nähe eine Kirche oder Kapelle. Meine Schwestern und Brüder in Christus, die ihr einst meine *Schwestern* und *Brüder* in Hiram wart, könntet ihr täglich eine halbe Stunde eurer Lebenszeit investieren, um zu Beginn oder am Ende des Tages die Eucharistie zu feiern oder an der Vesper oder den Laudes teilzunehmen? Lasst also die Pforte des Tempels hinter euch ins Schloss fallen und tretet, wenn ihr wirklich das Licht sucht, endlich in das Haus Gottes ein!

Dazu müsst ihr einfach nur beten und unserem Gott Adonai euer Herz öffnen. Vergesst eure magischen Praktiken! Hört auf, an die Allmacht dieser okkultistischen Rituale zu glauben und wendet euer von Luzifer verwundetes Herz dem Herrn zu. Gebt eure »Meisterschaft«, euer Amt und eure Hochgrade mit ihren ebenso pompösen wie lächerlichen und gefährlichen Titeln auf. Zeigt euch in eurer menschlichen Schwäche: »Ein Kriterium der menschlichen Reife, die die geistliche Dimension begünstigt […], würde wohl darin liegen, seine eigene Verletzlichkeit zu erkennen und zu akzeptieren, denn diese befähigt den Menschen, sich gegenüber dem anderen, sich selbst und dem Geist Gottes zu öffnen. Das Abenteuer eines ganzen Lebens.«[17]

Schluss

An die Freimaurer, jedoch nicht nur an sie

Ich habe das vorliegende Buch nicht geschrieben, um die Freimaurer zu stigmatisieren. Nach meinem Eindruck sind die meisten von ihnen – von einigen wenigen zwielichtigen Personen abgesehen – Opfer der freimaurerischen Ideologie. Wenn ich eine »Typologie« der Freimaurer erstellen sollte, dann würde ich die »Töchter und Söhne der Witwe« in drei Kategorien unterteilen.

Die erste Gruppe besteht aus Emporkömmlingen, Opportunisten und Karrieristen. Das sind diejenigen, die sich von ihrer Mitgliedschaft berufliche und politische Vorteile erhoffen.

Die zweite Gruppe besteht aus Nostalgikern, die sich nach den Zeiten Robespierres zurücksehnen und etwa der Meinung sind, dass die Zahl der während der Revolution enthaupteten Priester und Ordensleute noch nicht hoch genug gewesen sei. Seit die Todesstrafe in Frankreich abgeschafft worden ist, halten sie es natürlich nicht mehr für notwendig, zu einem so radikalen Mittel zu greifen. Heute heißt ihre Guillotine Antiklerikalismus, Diffamierung, Propaganda und Proselytismus[1]. Laizistischer Fundamentalismus. Vor diesem Hintergrund müssen zwei beunruhigende begriffliche Zusammenhänge dargestellt werden:

- Paradoxerweise setzen sich die Freimaurer, die einst für die Abschaffung der Todesstrafe gekämpft haben, heute für die Sterbehilfe ein, die, allen vorgeblich edlen Motiven zum

Trotz, nichts anderes ist als legalisierter Mord. Am Engagement gegen die Todesstrafe wird sich der Christ selbstverständlich gerne beteiligen: Jedes Leben gehört Gott! Aber er wird eine weit konsequentere Linie verfolgen und nicht im Schrittmaß sogenannter »moralischer« Entwicklungen bald hierhin, bald dorthin springen. Für einen Christen ist jedes Leben – das des Mörders, das des Embryos, das des Kranken im Endstadium – Gottes Eigentum! Denn seine Moral ist in sich stimmig. Sie gründet sich auf Gott. Sie ist beständig und objektiv.

- Die Freimaurer bezeichnen sich selbst als die »Söhne der Witwe«. Diese Witwe ist »Isis, die personifizierte Natur, Allmutter, Witwe des Osiris, des unsichtbaren Gottes, der den Verstand erhellt«[2], und sie ist gleichzeitig die Guillotine, die den Geist verdunkelt. Denn die Guillotine, dieses von einem Freimaurer in der Zeit der Revolution erfundene Mordwerkzeug, wird »die Witwe« genannt. Sind die Freimaurer als Kinder der Witwe also die Kinder der Guillotine?

Diese zweite Gruppe von Freimaurern, die unsere Gebete verdienen, besteht doch mehrheitlich aus Fundamentalisten des Laizismus, »Kindern der Witwe«.

Die dritte und bei Weitem größte Kategorie von Freimaurern besteht aus Personen, die im Rahmen der Freimaurerei und mittels ihrer esoterischen Lehre aufrichtig nach Wahrheit oder Spiritualität suchen. Sie tanzen nach der Pfeife einer aktiven Minderheit und einiger kaum von Skrupeln geplagter Würdenträger, ohne dass ihnen das auch nur im Entferntesten bewusst wäre. Nach drei Jahrhunderten der historischen, politischen, gesellschaftlichen und religiösen Propaganda hat diese Gruppe ihr Sehvermögen eingebüßt, sie wohnen »mitten im Haus der Widerspenstigkeit, das Augen hat, um zu sehen, doch sie sehen nicht, das Ohren hat, um zu hören, doch sie hören nicht; denn sie sind ein Haus der Widerspenstigkeit« (Ez 12,2): »Augen haben sie und sehen nicht; Ohren haben sie und hören nicht!« (Jer 5,21).

Der ersten Kategorie möchte ich folgende Warnung mit auf den Weg geben: Ganz ohne es zu wollen, könnten sie zu Handlangern von Gesetzen und zu Unterstützern von gesellschaftlichen Strömungen werden, die sie normalerweise wohl eher nicht vertreten hätten – vor allem dann nicht, wenn sie sich im Glauben um eine echte Unterscheidung der Geister bemühen würden!

Der zweiten Kategorie möchte ich sagen, dass man sich fragen muss, was echte Brüderlichkeit bedeutet. Eine solche brüderliche Bindung dürfte weder geheim noch elitär sein. Man verwirklicht das Glück der Menschheit nicht über ihren Kopf hinweg und schon gar nicht gegen Gott! Toleranz wäre in diesem Fall eine echte Despotie.

Der letzten Gruppe schließlich möchte ich dringend ans Herz legen, sich vom Herrn suchen zu lassen. Und vor allem eine Wissenssuche aufzugeben, die unweigerlich in eine spirituelle Sackgasse führt.

Meine *Schwester*, mein *Bruder*, lege deine freimaurerischen Abzeichen endlich ab und »lass dich von Christus ansehen. Lass dich von ihm ansehen, weil er dich liebt«. Sein heiligstes Herz ist ein unvorstellbarer Schatz!

Gott ist kein abstrakter Begriff wie der »Große Baumeister aller Welten«. Gott ist eine Erfahrung, die man erleben muss. Worauf wartest du? Tritt ein in das Licht einer Kirche und bete ... Alles andere wird dir dazugegeben werden!

Wir müssen allen Freimaurern, ob sie uns lieben oder hassen, dieselbe Liebe des Herrn bezeugen. Erweisen wir ihnen als Christen unsere brüderliche und aufrichtige Liebe. Sie sind unsere Brüder und Schwestern. Auch wenn sie sich für unsere Feinde halten, sind wir nicht die ihren. Denn obwohl wir sie vor den großen Gefahren warnen können und müssen, die in den Logen auf sie lauern, steht es uns nicht zu, über sie zu urteilen, denn der Herr »lässt seine Sonne aufgehen über Bösen und Guten und er lässt regnen über Gerechte und Ungerechte. Wenn ihr nämlich nur die liebt, die euch lieben, welchen Lohn könnt ihr dafür erwarten?« (Mt 5,45–46). Und, wie unser Papst Franziskus gesagt hat: »Wer bin ich, einen Menschen zu verurteilen?«

Der Glaube

Ich möchte Zeugnis davon ablegen, dass es keinen geheimen Weg zum Glauben gibt. Der Weg der Initiation führt zum einen über eine esoterische »Durchdringung«, über magische Handlungen, die im Kandidaten gewisse Saiten zum Schwingen bringen, und zum anderen über die rationalistische Vernunft. Ferner über den Einfluss der Gruppe. Und schließlich über das eigene Selbst. Aber er vollzieht sich stets im Rahmen und in den Grenzen des »freimaurerisch Korrekten«, das von den Großlogen festgelegt und stillschweigend vorausgesetzt wird.

Auf dem Weg des Glaubens dagegen habe ich Gott erfahren. Seine reale Gegenwart. Und seine Abwesenheit. Weil Gott selbst in seiner Abwesenheit da ist. Denn seine Abwesenheit ist nur scheinbar. In Wirklichkeit, in Wahrheit ist er der, der »*ist*«. Vermutlich ist er sogar umso anwesender, je abwesender er zu sein scheint. Deshalb kann man Gott am besten in der absoluten Stille hören: Nein, meine ehemaligen *Schwestern* und meine ehemaligen *Brüder*, das Wort ist nicht verloren.

Der Weg der Freimaurerei war mir lang und komplex erschienen. Im Glauben dagegen schreite ich geradewegs und ohne esoterische Schlangenlinien voran: Ich bin auf ganz natürliche Weise in ein Mysterium eingetreten. Und ich suche keinen Schlüssel zu irgendeinem »Wissen« oder »Geheimnis«, sondern knie einfach vor Maria oder vor Christus nieder ... und lasse mich von ihnen lieben! Das ist alles.

Dieser Unterschied ist wesentlich: Das Geheimwissen setzt eine komplizierte Suche mit dem Ziel voraus, zur Erkenntnis zu gelangen. Der Glaube hingegen ist nichts anderes als eine Demut des Herzens. Und gerade sie fällt uns am schwersten. Gott hat mich gelehrt, dass er mit denen, die ihn lieben, keine Ratespiele macht.

Gott prüft nicht den Grad meiner Initiation, um mich sodann in den »nächsten Grad« einzuführen. Es genügt, ihn zu lieben. Und vor allem, mich von ihm lieben zu lassen! Glauben heißt, mit dem Verstand und mit dem Herzen etwas Größeres zu begreifen, das man nicht sieht.

Der fundamentale Unterschied zwischen dem Glauben und der Initiation ist der Mensch selbst, der im letztgenannten Fall zum Handlanger Luzifers wird, welcher in ihm durch magische Mittel ein okkultes Wissen auslöst. Wohingegen im Fall des Glaubens der Heilige Geist des allmächtigen Gottes einen Funken entfacht und in ein loderndes Feuer der Liebe verwandelt.

Dieser Funke wurde zu einem verzehrenden Feuer, das mich ganz und gar erfasst hat und mich Loblieder auf den Herrn singen lässt. Um es mit einem Bild zu veranschaulichen: Das Gefühl, das mit dem Glauben einhergeht, ähnelt einem milden Frühsommermorgen mitten auf dem Meer. Man ist auf offener See und alles liegt hinter einem. Alles Leid der Welt. Man muss nur die Seeluft atmen, um glücklich zu sein. Dann wird uns alles andere dazugegeben. Es ist ein Gefühl der Fülle und der Gewissheit, dass uns die Schöpfung geschenkt ist. Von Gott. Uns allen, Guten wie Bösen, Glaubenden wie Nichtglaubenden, Geringen und Mächtigen, hat sie der Schöpfer selbst zum Geschenk gemacht. Und dann verblassen mit einem Mal all unsere Gemeinheiten, all unsere Schwächen, all unsere menschlichen Höhen und Tiefen. Weil dies hier ein Geschenk für uns ist, ein Geschenk der reinsten Liebe, die es gibt. Und eine Gewissheit: Maria ist da. Die Gegenwart der seligen Jungfrau und Gottesmutter Maria ist wie das Erwachen eines Kindes in den Armen seiner Mutter: Alles ist schön, selbst wenn es draußen regnet oder friert! Man könnte auf dem Deck des Schiffes auf die Knie fallen und, die Augen auf den Horizont gerichtet, das *Ave Maris Stella* beten: »Meerstern, sei gegrüßet, Gottes hohe Mutter, allzeit reine Jungfrau, selig Tor zum Himmel! Genommen hast du jenes ›Ave‹ aus Gabriels Mund, festige uns im Frieden, indem du Evas Namen umkehrst.«

Der Weg der Initiation war, was mich angeht, ein Nachdenken und eine echte Suche. Der Glaube dagegen ist ein Zustand, ein Geschenk Gottes in der tiefsten Tiefe meiner Seele. Dorthin kann die Hölle trotz Satans beständiger Machtgier niemals vordringen. Und wenn er zuweilen um uns herumschleicht und Zweifel sät und gleichsam eine erste Bresche schlägt, um dort sein Elend und seine Zerstörung einzuschleusen, dann schenkt uns Gott einen noch stärkeren Glauben.

Und dann führen alle Vorstöße des Teufels immer nur dazu, dass sich unser Glaube durch Gottes Gnade und die gütige Liebe der Jungfrau Maria bewährt und läutert. Immer wieder schicke ich den Satan mit einem schlichten Gebet zurück in die Hölle: »Herr, ich gehöre dir und ich liebe dich auf die Fürsprache der seligen Himmelskönigin Maria! Wir gehören ganz dir, Maria. *Totus tuus Maria, gratia plena ….*«

Damit ihr, meine ehemaligen *Schwestern* und *Brüder*, die ihr nur das Fürwahrhalten kennt, besser begreift, was Glauben heißt: Ihr könnt euch nicht vorstellen, was ich zurzeit durchmache! Und gegen welche Doppelzüngigkeit und Bösartigkeit ich mich tagtäglich zur Wehr setzen muss! Mein materielles Leben ist sehr schwierig geworden. Ganz zu schweigen von ernsten Problemen aller Art, auf die ich an dieser Stelle nicht näher eingehen kann …

Dennoch verspüre ich nicht den mindesten Hass. Ich klage um diejenigen, die mich verfolgen, und bete für sie. Für ihr Seelenheil. Doch es ist nicht so einfach, seinen durchaus menschlichen Zorn dem Herrn zu Füßen zu legen und für diejenigen zu beten, die einem Böses antun wollen. Das lernt man nicht in den Logen, sondern allein im heiligsten Herzen Jesu, das sich aus Liebe zu uns hat durchbohren lassen. Der Glaube ist diese Sicherheit, dass Gott all diese Widrigkeiten in Segen verwandeln wird. Das Gebet ist ein Glück, denn der Herr ist da, gegenwärtig, an meiner Seite. Trotz all der Sorgen und Probleme des Lebens, die mir zu schaffen machen, bin ich glücklich oder, besser gesagt, meine Seele ist glücklich. Wie gnadenvoll du doch warst, Maria! Du, die du gesagt hast: »Mein Geist jubelt über Gott, meinen Retter« (Lk 1,47). Unbegreiflich für einen Menschen, der nicht glaubt. Doch ich denke an den heiligen Paulus: »Darum werden wir nicht müde; wenn auch unser äußerer Mensch aufgerieben wird, der innere wird Tag für Tag erneuert. Denn die kleine Last unserer gegenwärtigen Not schafft uns in maßlosem Übermaß ein ewiges Gewicht an Herrlichkeit, uns, die wir nicht auf das Sichtbare, sondern auf das Unsichtbare blicken; denn das Sichtbare ist vergänglich, das Unsichtbare ist ewig« (2 Kor 4,16–18).

Ich habe den Weg Christi gefunden. Wie der Psalmist sage ich zu meinem Gott: »Fürsten verfolgten mich grundlos, doch mein Herz erbebt nur vor deinem Wort. Entzückt bin ich über deinen Spruch wie einer, der reiche Beute fand« (Ps 119,161–162).

Allein der Glaube kann uns solche Worte sprechen lassen, und die heilige Teresa von Ávila hat vollkommen recht: *Dios solo basta*, »Gott allein genügt«.

Epilog

Es ist Freitag, der 6. November 2015, am späten Nachmittag. Letzte Nacht, gegen drei, habe ich lange in der Dunkelheit gebetet. Für das Heil der Seelen. Das Seelenheil der Freimaurer und all der anderen. Die Nacht ist vorüber. Ich arbeite am Manuskript des vorliegenden Buches. Es ist 17.13 Uhr. Plötzlich klingelt das Telefon.

Es ist Anne-Marie:

»Hallo, Serge, ich habe gerade einen Anruf hereinbekommen von der Familie einer Dame auf der Palliativstation, die du betreust, Zimmer 10. Sie liegt im Sterben. Ihr Sohn ist bei ihr und möchte, dass seine Mutter auf ihrem letzten Weg von Gebeten begleitet wird. Ich bin im Seniorenzentrum, das ist zu weit weg. Kannst du dich darum kümmern?«

»Ich bin zu Hause. Mit dem Auto brauche ich eine gute Viertelstunde. Dann muss ich noch einen Parkplatz suchen, ins Seelsorgebüro gehen, die Kapelle aufschließen und mein Gebetbuch holen. Du kannst der Familie Bescheid geben, dass ich zwischen 17.30 und 17.40 Uhr bei ihnen im Zimmer sein werde.«

Knapp zehn Minuten später war ich unterwegs. Ohne die Geschwindigkeitsbegrenzungen wäre es buchstäblich ein Wettrennen mit dem Tod gewesen. Kurz darauf betrete ich ein Zimmer, in dem ich bereits am Dienstag zuvor gewesen bin: Vor das Bett der Sterbenden ist ein Laken gespannt. Die Nachbarin der Frau, die ich zum letzten Mal besuche, hat man vorübergehend in einem anderen Zimmer untergebracht. Ein Mann reiferen Alters sitzt am Bett. Die Hand, die er hält, ist schlaff und kalt. Ich stelle mich vor. Aus Höflichkeit, denn ich kann sehen, dass er an meiner Bibel und meinem Gebetbuch genau erkannt hat, weshalb ich gekommen bin. Sein Gesicht ist tränenüberströmt. Tränen eines Menschen, der Leid erfährt, in dem etwas zerrissen ist. Er ist ein Mann in den Fünfzigern. Er wirkt robust und derb, beinahe grobschlächtig. Doch er ist ein Fels, aus dem die Tränen sprudeln wie Quellwasser.

Schluchzend sagt er zu mir:

»Sie ist gerade gegangen. Vor einem Augenblick.«

Diese kleine alte Frau, deren Seele den Heimweg angetreten hat, ist seine Mutter gewesen. Zwei Wörter voller Zärtlichkeit, die mit einem Mal eine so schwere Last zum Ausdruck bringen: *seine Mutter*! Mir klingen die Worte aus dem Lied von Phil Collins in den Ohren: »Wie kann ich dich so gehen lassen? Dich einfach spurlos verschwinden lassen? Während ich hier stehe und jeden Atemzug mit dir gemeinsam tue …«[1]

Ich schlage meine Bibel bei Psalm 23 auf: »Der Herr ist mein Hirte, nichts wird mir fehlen …« Ich bete eine Zeit lang und empfehle ihre Seele dem Herrn. Nachdem ich meine Gebete beendet hatte, tritt Schweigen ein. Noch während ich überlege, was ich zu ihm sagen kann, ehe ich mich verabschiede, stimmt der Sohn plötzlich ein Marienlied an. Ich sehe ihn buchstäblich mit offenem Mund an, Worte auf den Lippen, die ich nicht die Zeit hatte auszusprechen und die die Emotionen jetzt in meinem Inneren zurückhalten. Dies hatte ich wirklich nicht erwartet. Die Situation ist beinahe unwirklich in diesem Krankenhauszimmer, das nach Tod und Trostlosigkeit riecht.

Das *Ave-Maria* von Schubert! Natürlich fällt es dem schluchzenden Mann schwer, die Töne zu treffen. Die Melodie verläuft wie eine Sinuskurve … Er singt mit zittriger, brüchiger Stimme, aber genau deshalb im Glauben und im Herzen vollkommen richtig. Es ist die schmerzliche Klage dessen, der einen geliebten Menschen verloren hat, gerichtet an diejenige, die ihren Sohn hat am Kreuz sterben sehen: *Maria, ich grüße dich in meinem Leiden. Maria, ich grüße dich in meinem Leiden. In unseren Leiden …*

Nie habe ich jemanden so schön singen hören! Claude Nougaro hatte recht: »Die in der größten Verzweiflung gesungenen Lieder sind die schönsten.« Jedes Mal, wenn ich ein Marienlied oder Mariengebet höre, kommen mir die Tränen. Doch dieses Mal mischen sich Emotionen darunter, Zärtlichkeit, Schmerz, Traurigkeit, Hoffnung, mit einem Wort: Mitgefühl.

Ich lege dem Mann, der mich gleichzeitig an Johannes und an Maria zu Füßen des Kreuzes erinnert, die Hand auf die Schulter und verabschiede mich. Völlig aufgewühlt gehe ich hinunter in die Kapelle und knie betend vor Maria nieder.

Als ich mich wieder erhebe und gehen will, kommen ein Mann und sein Sohn herein. Wir sprechen über die Schönheit der Rochuskapelle. Und dann über den Glauben.

»Der Glaube ist etwas auf dem Rückzug in dieser Region hier: Das liegt am Einfluss der Katharer«, sagt der Mann zu mir, der mir vorher erzählt hat, dass er im Krankenhaus arbeite.

»Ja, die Katharer … Ich selbst habe in gewissen esoterischen Kreisen sogar Personen kennengelernt, die versuchen, ihre Lehre wiederzubeleben. Und es gibt noch eine weitere Ursache, wissen Sie, die dem katholischen Glauben im Wege steht: die Freimaurerei«, sage ich zu ihm.

Seine Augen nehmen einen seltsamen Ausdruck an. Er wirkt verlegen. Ich ahne, weshalb. Um ihm seine Befangenheit zu nehmen, füge ich hinzu:

»Ich spreche aus eigener Erfahrung: Ich war selbst sehr lange Zeit Freimaurer, ehe ich zum Glauben zurückgefunden habe! Und wenn man weiß, wie viele Freimaurer es hier in Narbonne gibt …«

Er unterbricht mich, weil die Worte nur so aus ihm heraussprudeln und er einfach nicht anders kann, als sich mir spontan anzuvertrauen:

»Ich bin immer noch einer. Ich gehöre der Nationalen Großloge von Frankreich an«, sagt er in natürlichem, freundlichem Ton.

Ich setze das Gespräch fort, richte aber gleichzeitig im Stillen ein Gebet an den Herrn: »Mein Gott, dieser Mann wirkt wie ein anständiger Mensch! Ich flehe dich an, rette seine Seele und öffne ihm die Augen.«

Wir tauschen uns noch ein wenig über die Frage der Vereinbarkeit aus. Die Diskussion ist freundschaftlich. Ich verstehe seine Argumente und er versteht die meinen. Der Mann ist offenbar bereit zum Dialog. Ich hatte schon immer den Eindruck, dass man mit den Freimaurern von der *GLNF* besser über den Glauben und die Kirche sprechen kann. Auch wenn Okkultismus und Glaube nicht zusammenpassen, sind sie nicht so erbittert antiklerikal und betreiben auch keine »politische Freimaurerei«.

Mein Gesprächspartner gehört zu jener Kategorie von Freimaurern, die aufrichtig nach dem Geist der Wahrheit suchen. Mein Gott, gelobt seist du, wenn der Heilige Geist sein Herz berühren konnte! Wir unterhalten uns noch eine Weile ganz offen und freimütig. Dieser Freimaurer scheint mir eine redliche Seele zu sein. Eine Seele, die in aller Reinheit den Weg Gottes sucht.

Als ich mich verabschiede, berufe ich mich auf meine Erfahrung:

»Lieber Bruder in Christus, ich sehe wohl, dass auch Sie ein Gottsuchender sind. Aber selbst wenn ich Ihnen von ganzem Herzen wünsche, dass Sie Ihren Weg finden, kann ich Ihnen nur sagen, dass Sie Gott niemals in der Loge finden werden. Dennoch respektiere ich Ihr Engagement. Es steht Ihnen frei, die richtige Wahl zu treffen. Aber Sie werden sehen: Dieser Weg führt in eine Sackgasse!«

Ja, es gibt redliche Freimaurer und wir müssen mit ihnen reden!

An jenem Abend hat Gott mir zwei Gnaden gewährt: eine Seele zu begleiten, die den Heimweg zu ihm angetreten hatte, und mit einer anderen zu sprechen, die ihn offenbar suchte. Ich bete, dass dieser und viele andere Freimaurer ihre Augen und ihr Herz öffnen, damit sie erkennen, was die freimaurerische Lehre in Wirklichkeit ist, und den Weg wählen, den Christus uns lehrt. Damit sie den »Großen Baumeister aller Welten«, das Musivische Pflaster, die Bruderkette, Tubal-Kajin, die Rituale, die Tempelarbeiten, den Hermetismus, die Alchemie, die Nummerologie, den Spiritismus, das Tarot, die Magie, den Okkultismus oder selbst die Gnosis vergessen. Sie brauchen diese Wege nicht, die nach Schwefel riechen, die Wege der Verführung und der Spaltung sind und letztlich ins Verderben führen.

Was mich betrifft, so bleibt mein Fazit unverändert:
Dios solo basta!
Halleluja!

Anhang

Hochgradsystem des Alten und Angenommenen Schottischen Ritus

Johannisgrade
Blaue Freimaurerei
I. Grad: Lehrling
II. Grad: Geselle
III. Grad: Meister

Hochgrade
Perfektionsgrade: grüne Freimaurerei
IV. Grad: Geheimer Meister
V. Grad: Vollkommener Meister
VI. Grad: Geheimer Sekretär
VII. Grad: Vorsteher und Richter
VIII. Grad: Intendant der Gebäude
IX. Grad: Auserwählter Meister der Neun
X. Grad: Erlauchter Auserwählter der Fünfzehn
XI. Grad: Erhabener Auserwählter Ritter
XII. Grad: Großarchitekt
XIII. Grad: Meister vom Königlichen Gewölbe (Royal Arch)
XIV. Grad: Auserwählter Maurer

Kapitelgrade: rote Freimaurerei
XV. Grad: Ritter vom Osten oder vom Schwert
XVI. Grad: Meister von Jerusalem

XVII. Grad: Ritter vom Osten und Westen
XVIII. Grad: Ritter vom Rosenkreuz

Philosophische oder Areopag-Grade: schwarze Freimaurerei
XIX. Grad: Hoher Priester oder Erhabener Schotte
XX. Grad: Obermeister der Symbolischen Logen
XXI. Grad: Noachite oder Preußischer Ritter
XXII. Grad: Ritter der Königlichen Axt oder Fürst vom Libanon
XXIII. Grad: Meister des Allerheiligsten
XXIV. Grad: Obermeister des Allerheiligsten
XXV. Grad: Ritter der Ehernen Schlange
XXVI. Grad: Schottischer Trinitarier
XXVII. Grad: Obermeister des Tempels
XXVIII. Grad: Sonnenritter
XXIX. Grad: Groß-Schotte des Heiligen Andreas
XXX. Grad: Ritter Kadosch

Konsistorialgrade: weiße Freimaurerei
XXXI. Grad: Groß-Richter
XXXII. Grad: Meister des Königlichen Geheimnisses

Grad des Obersten Rates
XXXIII. Grad: General-Inspektor

Bibliografie

Antony, Bernard, *Vérités sur la franc-maçonnerie. De la subversion des loges à la république des initiés*, Paris 2008.
Apuleius, *De deo Socratis. Über den Gott des Sokrates*, Darmstadt 2004.
Bamonte, Francesco, *La Vierge Marie et le diable dans les exorcismes*, Saint-Benoît-du-Sault 2012. (Original: La Vergine Maria e il diavolo negli esorcismi, Mailand 2010).
Baudelaire, Charles, *Le spleen de Paris: Petits poèmes en prose*, 1869. (Deutsche Übersetzung: *Le spleen de Paris. Pariser Spleen*, Stuttgart 2008).
Behaeghel, Julien, *Le maître franc-maçon et la mort symbolique*, Fuveau 2005.
Bernanos, Georges, *L'imposture*, Paris 1927 (Neuaufl.: Talence [Le Castor Astral] 2010). (Deutsche Übersetzung: *Der Betrug*, Frankfurt a. M. 1963).
Boucher, Jules, *La symbolique maçonnique*, Paris 1988.
Bremond, Louis, *Pour triompher des embûches du démon*, Auriac 2007.
Caillet, Maurice, *J'étais franc-maçon*, Paris 2009.
Cazi, Émeline, Chemin, Ariane, *Affaire du Carlton: ce que révèlent les PV de garde à vue de DSK*, in: lemonde.fr, 28. März 2012.
Dachez, Roger, Bauer, Alain, *La franc-maçonnerie*, Paris 2013.
Dangle, Pierre, *Le livre de l'apprenti*, Fuveau 2001.
Dauge, Yves-Albert, *L'ésotérisme, pourquoi faire?*, Paris 1998.
Descouvemont, Pierre, *Guide des difficultés de la foi catholique*, Paris 2009.
Doinel, Jules, *Lucifer démasqué*, Cabanac 2000.
Goethe, Johann Wolfgang von, *Le Serpent vert*, übers. u. komm. v. Oswald Wirth, Paris 1935 (Original: *Das Märchen*, in: Goethes Werke. Hamburger Ausgabe in 14 Bänden, Bd. 6, S. 209–235).
Golfier, Jean-Baptiste, *Tactiques du Diable et divine guérison chez saint Thomas d'Aquin* (Diplomarbeit), in: ISTA, September 2014.

Hubaut, Michel, *Accueillir la Parole de Dieu avec François d'Assise*, Paris 2007.
Johannes Paul II., Enzyklika *Fides et ratio*, 14. September 1998.
Lacourt, Jacques, *Délivre-nous du mal*, Paris 2003.
De Lassus, Arnaud, *Connaissance élémentaire de la franc-maçonnerie*, Paris 1985.
Leo XIII., Enzyklika *Humanum genus*, 20. April 1884.
Lévi, Éliphas, *Secrets de la magie*, Paris 2000.
Maxence, Jean-Luc, *L'Égrégore, l'énergie psychique collective*, Paris 2003.
Meurin, Léon, *La franc-maçonnerie, synagogue de Satan*, Paris 1893.
Onofrio, Jean, *La Chaîne d'union*, Lugrin 2006.
Pike, Albert, *Morals and Dogma of Free Masonry*, Bd. 6.
Platon, *Apologie de Socrate*, übers. v. Luc Brisson, Paris 1997. (Deutsche Übersetzung: *Des Sokrates Verteidigung*, übers. v. Fr. Schleiermacher, in: Sämtliche Werke, Berlin o. J., Bd. 1, S. 5–36).
Plutarch, *Le démon de Socrate*, in: Œuvres morales, Bd. VIII, Tr. 42–45, Paris (Les Belles Lettres) 1980. (Deutsche Übersetzung: *Der Schutzgeist des Sokrates*, in: Moralia, Bd. 1, hg. v. Christian Weise u. Manuel Vogel, Wiesbaden 2012, S. 966–1000).
Poirier, Christian, *Guérison et combat spirituel*, Paris 2011.
Sanfo, Valéry, *Entrez dans le monde secret des tarots*, Paris 2007.
De Tanoüarn, Guillaume, *Une histoire du mal*, Versailles 2013.
Thérèse de Lisieux (hl.), *Histoire d'une âme*, Paris 2005. (Deutsche Übersetzung: *Geschichte einer Seele: Theresia Martin erzählt ihr Leben*, Trier 1953; die Übersetzungen der Gedichte sind zitiert nach: *Geschichte einer Seele von ihr selbst geschrieben*, Kirnach-Villingen [4]1922).
Verlinde, Joseph-Marie, *Quand le voile se déchire*, Versailles 2002.
Vigneau, Alain, *La loge maçonnique*, Paris 2011.
Wienand, Isabelle, *Signification de la mort de Dieu chez Nietzsche*, Europäische Hochschulschriften, Bern 2006.
Wirth, Oswald, *La franc-maçonnerie rendue intelligible à ses adeptes*, Bd. 1, *L'apprenti*, Paris 2003; Bd. 2, *Le compagnon*, Paris 1977; Bd. 3, *Le maître*, Paris 1994.
Ders., *Le symbolisme occulte de la franc-maçonnerie*, Paris 1993.
Zanotti-Sorkine, Michel-Marie, *Croire*, Perpignan 2012.

Anmerkungen

Vorwort

1 Die Freimaurerei gilt ab dem 18. Jahrhundert als »spekulativ« im Sinne von »theoretisch und abstrakt«, weil sie Symbole des Maurerberufs verwendet (Anm. d. V.).
2 Verfasser von *J'étais franc-maçon*, Paris 2009, u. a.

Prolog

1 Charles Baudelaire, *Le spleen de Paris: Petits poèmes en prose*, 1869 (*Der großmütige Spieler*, in: Le spleen de Paris/Pariser Spleen, Stuttgart 2008, S. 147).
2 Serge Abad-Gallardo, *J'ai frappé à la porte du Temple ... Parcours d'un franc-maçon en crise spirituelle*, Saint-Céneré 2014.
3 Georges BERNANOS, *L'imposture*, Paris 1927, S. 104 f. (*Der Betrug*, Köln 1956, S. 114).

Einleitung

1 So werden die zu beiden Seiten des Freimaurertempels aufgestellten Stuhlreihen für die Freimaurer genannt.
2 Siehe das Hochgradsystem des Alten und Angenommenen Schottischen Ritus (AASR) im Anhang.
3 Das Bandelier ist ein über die Schulter gelegter, schräg über den Oberkörper getragener breiter Lederriemen, an dem militärische Ausrüstungsgegenstände befestigt waren (Anm. d. V.).
4 Initiation leitet sich vom lateinischen *initium* ab und bedeutet so viel wie »Einführung«, »Einweihung«. Die Initiation beinhaltet eine Reihe von rituellen Handlungen, die eine Umwandlung des sozialen und religiösen Status eines Individuums bedeuten (Anm. d. V.).
5 Serge Abad-Gallardo, *J'ai frappé à la porte du Temple*, a. a. O.

6   *Grand Expert:* Dieses Amt ähnelt dem »Schaffneramt« in der deutschen Freimaurerei. Der *Grand Expert*, der mit einem Schwert bewaffnet ist, wacht über die Sicherheit der Arbeiten, geleitet die Kandidaten durch die Prüfungen im Rahmen der Initiation und der »Lohnerhöhung« (der Beförderung zum Gesellen oder Erhebung in den Meistergrad) und gibt ihnen nach ihrer Initiation oder Erhebung die rituelle Unterweisung sowie die geheimen Worte und Zeichen ihres neuen Grades. Außerdem bereitet er die Wahlen vor und überprüft gemeinsam mit dem Redner die korrekte Auszählung der Stimmen (Quelle: INTERNATIONALER FREIMAURERORDEN FÜR MÄNNER UND FRAUEN, »LE DROIT HUMAIN«, *Règlements généraux*, S. 32).
7   Ein ausschließlich Freimaurern vorbehaltenes Essen nach einer Tempelarbeit. Die Teilnahme an diesen Mahlzeiten ist verpflichtend. Ein wiederholtes Fernbleiben wird von der freimaurerischen »Hierarchie« sehr ungern gesehen.
8   Als Initiationsritual wird jegliche Form eines Aufnahmeprozesses einer Einzelperson in eine Gemeinschaft bezeichnet, die mit Rechten und Pflichten verbunden ist (Anm. d. V.).
9   »LE DROIT HUMAIN«, *Rituel d'initiation au premier degré symbolique* (»Ritual der Initiation in den ersten Johannisgrad«), 1987, S. 43, 45.
10 Anrede des Meisters vom Stuhl.
11 P. Jean-Baptiste GOLFIER, *Tactiques du Diable et divine guérison chez saint Thomas d'Aquin*, Diplomarbeit, in: ISTA, September 2014. Eine erweiterte Fassung dieser Arbeit hat P. Jean-Baptiste als Dissertation eingereicht und 2017 publiziert.
12 Louis BREMOND, *Pour triompher des embûches du démon*, Auriac 2007, S. 32.

I. Im Schatten der Symbole

1   Die Kosmogonie aus anthroposophischer Sicht beschreibt die Entstehung der Welt als eine Folge von sieben planetarischen Weltentwicklungsstufen, zwischen denen jeweils ein rein geistiges Dasein liegt (Anm. d. V.).
2   Diesen Titel trägt der Meister vom Stuhl im zwölften Grad. Er entspricht dem Titel des »Ehrwürdigen Meisters« in der blauen Loge, im Text im zwölften Grad »Großarchitekt«.

3 Oswald WIRTH, *La franc-maçonnerie rendue intelligible à ses adeptes*, Bd. I, *L'apprenti*, Paris 2003, S. 144.
4 »Initiatisch«, lat. initiare, bedeutet »das Tor zum Geheimen öffnen« (Anm. d. V.).
5 Jules BOUCHER, *La symbolique maçonnique*, Paris 1988, S. 293.
6 Das heißt in der Freimaurerei und insbesondere innerhalb der Loge.
7 »LE DROIT HUMAIN«, *Rituel d'initiation* (»Initiationsritual«), S. 29.
8 Im freimaurerischen Sinn des Wortes, das heißt durch den geheimen Dialog zwischen dem Freimaurer und dem Symbol.
9 Roger DACHEZ und Alain BAUER, *La franc-maçonnerie*, Paris 2013, S. 61.
10 Ein Fürwahrhalten, eine Lebensanschauung (Anm. d. V.).
11 Roger DACHEZ und Alain BAUER, *La franc-maçonnerie*, Paris 2013, S. 61.
12 Oswald WIRTH, *La franc-maçonnerie rendue intelligible à ses adeptes*, Bd. II, *Le compagnon*, Paris 1977, S. 197 f.
13 Ebd., S. 198.
14 Oswald WIRTH, *La franc-maçonnerie rendue intelligible à ses adeptes*, Bd. III, *Le maître*, Paris 1994, S. 144.
15 Vgl. hierzu Artikel 5 der *Constitution Internationale* (»Internationalen Verfassung«) von »Le Droit Humain«: »Der Internationale Freimaurerorden ›Le Droit Humain‹ bekennt kein Dogma. Er arbeitet an der Wahrheitssuche.«
16 Freimaurerischer Vortrag, der in der Regel schriftlich ausgearbeitet und sodann in der Loge gehalten und diskutiert wird. Er kann sich auf ein Symbol (das Allsehende Auge, das Dreieck, die drei Punkte, das Musivische Pflaster, das Flammenschwert, Maßstab, Brecheisen, Hammer, Meißel usw.) oder auf ein gesellschaftliches Thema beziehen (das Recht auf Arbeit, Euthanasie, Gerechtigkeit, sozialer Fortschritt usw.). Das Thema der Werkstücke muss, ehe es in der Loge vorgestellt wird, vom Meister vom Stuhl genehmigt worden sein. Die Redefreiheit ist in der Loge mithin nicht so uneingeschränkt, wie die Freimaurerei es uns glauben machen will.
17 Gesellenwerkstück einer Loge von »Le Droit Humain« in Polen, 2010 (www.wolnomularze.org/index.php/rencontre-fraternelle/35).
18 *Hiram* ist der freimaurerischen Legende nach ein Meisterarchitekt, den König Salomon mit dem Bau eines Tempels beauftragt hatte. Damit ist die Ähnlichkeit mit der biblischen Erzählung aber auch schon erschöpft, denn in der Freimaurermythologie erleidet Hiram

ein vollkommen anderes Schicksal als in der Heiligen Schrift, wenngleich auch hier der Tempel eine oder, besser gesagt, die zentrale Rolle spielt. In der freimaurerischen Legende wird Hiram von drei bösen Gesellen erschlagen, die erfolglos versucht hatten, ihm das Geheimnis der Meister zu entlocken. Seither ist der Tempel unvollendet. Seine Vollendung obliegt der Freimaurerei. Hiram ist das Vorbild und Urbild der Freimaurermeister. Außerdem ist er – mehr esoterisch betrachtet – die kollektive Person, die die versammelten Meister bei jeder Bruderketten-Zeremonie anlässlich der Aufnahme eines neuen Meisters bilden. Bei der Erhebung zum Meister wird Hiram in dem neuen Meister wiedergeboren, nachdem dieser symbolisch getötet und vom Tod auferweckt worden ist.

19 »LE DROIT HUMAIN«, *Rituel d'élévation au 12ᵉ degré des hauts grades, grade de Grand Maître Architecte* (»Ritual der Erhebung zum zwölften Hochgrad des Großarchitekten«), S. 15.

20 Ebd., S. 18.

21 »LE DROIT HUMAIN«, *Constitution Internationale* (2007), S. 5.

22 Die »freimaurerische Obödienz« ist gleichbedeutend mit der Großloge. Es bedeutet, dass die unterstellten Logen die Satzungen und Mehrheitsbeschlüsse der Großloge übernehmen müssen (Anm. d. V.)

23 19. bis 30. Hochgrad des AASR (»Alter und Angenommener Schottischer Ritus«).

24 Werkstück *Rituel REAA: Initiation au 30ᵉ degré*, 31. Oktober 2012 (hautsgrades.over-blog.com/article-reaa-initiation-au-30eme-degre-111930135.html).

25 Jules BOUCHER, a. a. O., S. 150.

26 Vor allem darf man nicht denselben Fehler begehen wie eine gewisse Richtung innerhalb der Freimaurerei bzw. einige ihrer Anhänger und diese »freimaurerische Dreiheit« mit der Heiligen Dreifaltigkeit des katholischen Glaubens verwechseln.

27 »LE DROIT HUMAIN«, *Rituel d'ouverture des travaux au 12ᵉ degré* (»Ritual der Eröffnung der Arbeit im zwölften Grad«), a. a. O., S. 6.

28 Ps 119 ist der längste der Psalmen.

29 »Courtes méditations sur les Psaumes« (www.bibliquest.org/Bellett/JGB-at19-Psaumes.htm).

30 Während des Exorzismus aus dem Mund der besessenen Person gesprochene Worte eines Dämons, zitiert nach P. Francesco BAMONTE, *La Vierge Marie et le diable dans les exorcismes*, Saint-Benoît-du-Sault 2012, S. 87.

31 Zur Zeremonie der Erhebung in den Meistergrad vgl. mein letztes Buch *J'ai frappé à la porte du Temple*, a. a. O., S. 99–105.
32 Mit Aberglauben meint die Freimaurerei die Religion und insbesondere den Katholizismus.
33 Yves-Albert DAUGE, *L'ésotérisme, pourquoi faire?*, Paris 1998, zitiert nach P. Joseph-Marie VERLINDE, *Quand le voile se déchire*, Versailles 2002, S. 96.
34 Ebd.
35 Maurice CAILLET, *J'étais franc-maçon*, Paris 2009, S. 164.
36 Freimaurerisches Werkstück *Les rapports entre la franc-maçonnerie et l'Église catholique de Rome* (www.ledifice.net/7491-1.html).
37 Diesen Titel *(Très Illustre Frère)* tragen die Freimaurer, die den XXX. und höchsten Freimaurergrad nach dem AASR erreicht haben. Sie bekleiden die höchsten – nämlich nationalen – Ämter ihrer jeweiligen Großloge.
38 Alain VIGNEAU, *La loge maçonnique*, Paris 2011, S. 39.
39 Was, solange man keine sehr umfassende Deutung des juristischen Begriffs der Zuhälterei zugrunde legt, nach derzeitigem Strafrecht auch logisch erscheint, selbst wenn man bezweifeln darf, dass der geschäftsführende Direktor des IWF, der keineswegs den Eindruck der Naivität erweckt, nicht gewusst haben soll, dass es sich um Prostituierte handelte. Dass DSK sich gegen diesen Hauptanklagepunkt verwahrt hat, scheint mithin auf einen politischen »Lynchmord« oder eine Strategie hinzuweisen, mit der der eventuelle Präsidentschaftskandidat noch vor den Wahlen aus dem Rennen geworfen werden sollte.
40 Émeline CAZI und Ariane CHEMIN, *Affaire du Carlton: ce que révèlent les PV de garde à vue de DSK*, in: lemonde.fr, 28. März 2012.
41 François KOCH, *La Lumière: le blog franc et maçon* de L'Express, 10. Februar 2015.
42 Ebd.
43 Ebd.
44 Freimaurerisches Werkstück *Éthique et morale* des Großorients von Frankreich, 25. Februar 2008 (www.ledifice.net/7113-1.html).
45 LEO XIII., Enzyklika *Humanum genus,* 20. April 1884.
46 Albert PIKE, *Morals and Dogma of Freemasonry*, Bd. VI, S. 212 f.
47 Abbé Guillaume DE TANOÜARN, *Une histoire du mal*, Versailles 2013, S. 13.

48 Père Michel-Marie ZANOTTI-SORKINE, *Croire*, Perpignan 2012, S. 79 f.
49 Jacques LACOURT, *Délivre-nous du mal*, Paris 2003, S. 22.
50 Abbé Pierre DESCOUVEMONT, *Guide des difficultés de la foi catholique*, Paris 2009, S. 308.
51 Vgl. *J'ai frappé à la porte du Temple*, a. a. O., S. 119–122.
52 Vom griechischen *autónomos*: wer sein eigener Herr ist, sich seine Gesetze selbst gibt.
53 Oswald WIRTH, *La franc-maçonnerie rendue intelligible à ses adeptes*, Bd. III, *Le maître*, a. a. O., S. 27.
54 Ebd., S. 49 f.
55 Lehre von der totalen Freiheit des Menschen gegenüber Gott.
56 Oswald WIRTH, a. a. O., S. 160.
57 Kommuniqué der Großloge »Le Droit Humain«, Juli 2014 (www.droithumain-france.org).
58 Michel HUBAUT, *Accueillir la Parole de Dieu avec Saint François d'Assise*, Paris 2007, S. 55.
59 Oswald WIRTH, *La franc-maçonnerie rendue intelligible à ses adeptes*, Bd. II, *Le compagnon*, a. a. O., S. 113.
60 Als Dritte Republik bezeichnet man den französischen Staat von 1870 und 1940. Die Vierte Republik dauerte von 1946 bis 1958 (Anm. d. V.).
61 Bibliothèque de combat, 22. Januar 2016: »Ennemis de Dieu, franc-maçonnerie«.
62 Oswald WIRTH, *La franc-maçonnerie rendue intelligible à ses adeptes*, Bd. III, *Le maître*, a. a. O., S. 240.
63 Bei jeder neuen Initiation oder Erhebung zu einem höheren Grad durchlebt der Eingeweihte die Zeremonien, die bereits hinter ihm liegen, im Geist noch einmal.
64 HL. THÉRÈSE VON LISIEUX, *Geschichte einer Seele*, Trier 1953, S. 180.
65 Diesen Titel *(Trois Fois Puissant)*, der dem des Ehrwürdigen Meisters in der blauen Loge entspricht, trägt der Logenvorsitzende in der grünen Freimaurerei, den sogenannten Perfektionsgraden, die vom VI. bis zum XIV. Hochgrad reichen.
66 »Ihr seid Götter, ihr alle seid Söhne des Höchsten. Doch nun sollt ihr sterben wie Menschen, sollt stürzen wie einer der Fürsten.«
67 Mit großem V im Text des freimaurerischen Rituals für den vierten Grad (Geheimer Meister) in der Großloge »Le Droit Humain«.

68 »LE DROIT HUMAIN«, *Instruction rituelle du 4ᵉ degré de Maître secret* (»Rituelle Instruktion des vierten Grades des Geheimen Meisters«), S. 10.
69 Weil ich niemanden verletzen wollte, hatte ich beschlossen, mich weiterhin nach der freimaurerischen *Doxa* der Hochgrade zu richten. Dennoch war mir klar, dass ich nicht in dieser esoterischen Welt bleiben konnte, ohne faule Kompromisse mit meinem Gewissen zu schließen.
70 Unter Naturalismus versteht man die Auffassung, dass die Welt als ein rein von der Natur gegebenes Geschehen zu begreifen ist (Anm. d. V.).
71 Freimaurerische Werkstücke *La Vérité* (www.ledifice.net/3039-6.html und www.ledifice.net/3039-1.html).
72 *Synthèse de la question sociale*, in: »Le Droit Humain«, Rapport de la question sociale (»Bericht über die soziale Frage«), Konvent 2014.
73 Ebd.
74 Ebd.

II. Der Einfluss der Freimaurerei auf die Politik

1 Der Redner ist der Logenbeamte, der über das Gesetz und die freimaurerische Regelkonformität der Arbeiten wacht. Sämtliche Abstimmungen können nur mit seiner Genehmigung durchgeführt werden. Dieses Amt geht mit einer gewissen strategischen Macht einher und ist daher sehr begehrt. Am Ende jedes Jahres trägt der Redner einen Bericht über die Verfasstheit der Loge vor.
2 Ich zitiere aus dem Gedächtnis.
3 Es ist nicht erwiesen, dass Alfred Naquet, der Urheber des Gesetzentwurfs, Freimaurer war.
4 Der Bruder von Alfred Naquet, Eliacin Naquet, war Mitglied der Loge »Les Arts et l'Amitié«.
5 »Religion, Eigentum, Familie« (Anm. d. V.).
6 Laurent KAUPFERMAN und Emmanuel PIERRAT, *Ce que la France doit aux francs-maçons, et ce qu'elle ne leur doit pas*, Paris 2012.
7 Dieses Gesetz dient seit fast eineinhalb Jahrhunderten als Rahmen für die Scheidung und hat lediglich in der Anwendung gewisse Modifikationen erfahren. Ursprünglich für Fälle von Ausschweifungen, Misshandlungen oder Beleidigungen gedacht, wurde es im

Lauf der Zeit im Sinne einer immer größeren Lockerung erheblich ausgeweitet, bis schließlich Mitte des 20. Jahrhunderts eine schlichte Veränderung der ehelichen Beziehung ausreichte, um sich scheiden zu lassen.

8 Jean-Jacques URVOAS, der dem Vernehmen nach Freimaurer ist (das berichtete die bretonische Tageszeitung *Breiz Atao* am 10. November 2014), wurde, als er Abgeordneter des *Parti Socialiste* (»Sozialistischen Partei«) und innerhalb dieser Partei für Sicherheitsfragen zuständig war, am 6. Juni 2011 zu einer Debatte in die Loge »Marianne de l'An 1« des Großorients von Frankreich in der Rue Cadet in Paris eingeladen.

9 *Le Monde*, 5. Mai 2016.

10 Politmagazin *Marianne*, 3. bis 9. Juni 2016, S. 56.

11 Nachzulesen auf www.glff.org.

12 In Frankreich wurden – dies nur zur Orientierung – in den 1990er-Jahren durchschnittlich 215 000 Abtreibungen pro Jahr vorgenommen (SEDGH, HENSHAW ET AL., *Induced abortion: estimated rates and trends worldwide*, in: The Lancet 370/9595 (November 2007), S. 1338–1345, www.thelancet.com/article/s0140-6736(07)61575-X/abstract). Wenn man bedenkt, dass in Frankreich seit 1975, das heißt seit 40 Jahren legal abgetrieben werden kann und ein Durchschnitt von 100 000 bis 200 000 Abtreibungen durchaus realistisch ist, dann beläuft sich die Zahl der mit staatlicher Erlaubnis ausgelöschten Leben auf vier bis acht Millionen!

13 Siehe www.godf.org/index.php/actualité/details/liens/position/nom/prise-de-position, 14. Januar 2013.

14 Durch die »Pille danach« (Anm. d. V.).

15 Nicolas HERVIEU, *EGMR, Gauer et al. c/ France*, combatsdroits homme.blog.lemonde.fr, 1. September 2011.

16 Dieses Thema ist deshalb aktuell, weil der belgische Senator und Freimaurer Philippe Mahoux im Oktober 2015 im Haupttempel des Großorients von Frankreich in Paris skandalöserweise die Möglichkeit einer Ausweitung der Sterbehilfe auf Demenzpatienten angesprochen und sein Bedauern darüber geäußert hat, dass »die [öffentliche] Meinung dafür noch nicht reif *(sic)*« sei.

17 »Une nouvelle vie« (www.corpshumain.ca/NouvelleVie.php).

18 In Anlehnung an Tertullian und später an den hl. Augustinus lehrt die Kirche, dass der Fötus vom Moment der Empfängnis an eine Seele besitzt und somit in vollumfänglichem Sinn Mensch ist. Seit

der Synode von Elvira (305 n. Chr.) war man der Überzeugung, dass *Homo est qui futurus est*: »Was erst ein Mensch werden soll, ist schon ein Mensch« (Tertullian, *Apologeticum*, 9, 6–8, deutscher Wortlaut zitiert nach *Bibliothek der Kirchenväter*: http://www.unifr.ch/bkv/kapitel92-8.htm.

19 Europäischer Gerichtshof für Menschenrechte (EGMR), 8.7.2004, Bsw. 53924/00, Beschwerdesache Mme THI-NHO-VO gegen Frankreich.
20 EGMR, 16.12.2010, Bsw. 25579/05, Beschwerdesache A.,B., C. gegen Irland.
21 EGMR, 27.08.2015, Bsw. 46470/11, Beschwerdesache Parillo gegen Italien.
22 FRAUEN-GROSSLOGE VON FRANKREICH, Pressemitteilung vom 27. Oktober 2012.
23 Der Konvent ist eine Generalversammlung, die jede freimaurerische Großloge einmal jährlich organisiert.
24 Das Wörterbuch *Larousse* definiert die Homophobie als »Ablehnung der Homosexualität, systematische Homosexuellenfeindschaft«.
25 »Gang mit verbundenen Augen«, Teil des Initiationsrituals (Anm. d. V.).
26 Eine Form der Abstimmung, bei der die Mitglieder schwarze oder weiße Kugeln in eine Urne werfen, um über die Aufnahme neuer Mitglieder zu entscheiden (Anm. d. V.).
27 YASFALOTH, Kommentar zum Artikel »Le Droit Humain français et le mariage pour tous«, 19. Dezember 2012, 21:37 Uhr (www.hiram.be/blog/2012/12/07/le-droit-humain-francais-et-le-mariage-pour-tous).
28 PIJOU, ebd., 13. Dezember 2012, 16.24 Uhr und 11.33 Uhr.
29 Gesetz Nr. 2013-404 vom 17. Mai 2013.
30 Das heißt 10 000 von insgesamt 241 000 Eheschließungen (Quelle: lefigaro.fr, 13. Januar 2015).
31 *Le Figaro*, 13. Januar 2015, *La Dépêche et La Croix*, 19. Januar 2016.
32 »Auf eine Homo-Ehe zu« (Anm. d. V.).
33 Siehe www.glff.org/actualites/vers-un--mariage-homosexuel--9-novembre2012.html.
34 An einer ohne ideologische Vorurteile geführten Diskussion würden wir uns gern beteiligen!

35 »Le Droit Humain«, *Öffentliche Mitteilung* vom 7. Dezember 2012.
36 Grossorient von Frankreich, öffentliche Mitteilung vom 5. November 2012 (www.godf.org/index.php/actualité/details/liens/positions).
37 Michelle d'Astier de la Vigerie, *Libération de la franc-maçonnerie* (www.judeochretien.com/delivrance-liberation-franc-maconnerie.pdf), S. 11.
38 Am 17. Juli 2012 auf RTL (siehe www.rtl.fr).
39 Ein Freimaurer kann sich nur dann in der Loge äußern, wenn er die Haltung des jeweiligen Grades angenommen hat, in dem die Tempelarbeit stattfindet. Hierbei handelt es sich um eine Position, die der militärischen Habachtstellung ähnelt und während der gesamten mündlichen Wortmeldung streng bewahrt werden muss.
40 Jede Wortmeldung in der blauen Loge muss mit dieser rituellen Formel beginnen ...
41 ... und mit diesem Satz enden.
42 J.-B.·C.·(Honorararzt), Freimaurerisches Werkstück der Loge »Science et Solidarité« des Großorients von Frankreich, Cannes, 2004.
43 Ebd.
44 Parlamentarische Anhörung der Frauen-Großloge von Frankreich am 8. Oktober 2014, S. 1.
45 Vorlagebericht und Text des Gesetzentwurfs der Herren Abgeordneten Alain Claeys und Jean Leonetti zur Schaffung neuer Rechte zugunsten kranker und sterbender Personen.
46 Im *Code de la santé publique* (»Gesetzbuch des öffentlichen Gesundheitswesens«).
47 Französische Nationalversammlung, Nr. 2887, Eintrag beim Präsidium der Nationalversammlung mit Datum vom 23. Juni 2015, Entwurf eines Gesetzes zur Schaffung neuer Rechte zugunsten kranker und sterbender Personen, Art. 3.
48 Siehe www.parti-socialiste.fr/articles/les-60-engagements-pour-la-france-le-projet-de-francois-hollande.
49 *Le Monde*, 6. Februar 2012.
50 Ebd.
51 Das Wort »reif« scheint die Vorstellung zu bestätigen, dass die öffentliche Meinung »vorbereitet« werden und »reifen« muss.
52 *Le Monde*, 6. Februar 2012.
53 Ebd.

54 Siehe hierzu François KOCH, *La Lumière: le blog franc et maçon de L'Express*, 19. Mai 2015.
55 François KOCH, *Franc-maçonnerie: la charte de ›Ni maîtres ni dieux‹, loge de Manuel Valls*, L'Express, 23. Mai 2015.
56 Hervorhebung des Verfassers.
57 François KOCH, a. a. O.
58 *Association pour le droit de mourir dans la dignité* (»Vereinigung für das Recht, in Würde zu sterben«).
59 docteurangelique.forumactif.com/12143-euthanasie-et-franc-ma connerie.
60 Ebd.
61 Henri CAILLAVET, zitiert nach »Euthanasie et franc-maçonnerie«, ebd.
62 »LE DROIT HUMAIN«, *La fin de vie en question ... réflexions de la Commission Bioéthique, conclusion* (www.droithumain-france.org/contenu.le-droit-humain-dans-la-cite/bioethique).
63 Dr. Jean LEONETTI, Abgeordneter und Bürgermeister von Antibes, Fernsehdebatte, M6, Sonntag, 16. November 2014.
64 Pierre SIMON, *De la vie avant toute chose*, Paris 1979, S. 13.
65 1935 in die Toulouser Loge »Vrais Amis Réunis Indépendance Française« aufgenommen.
66 Siehe www.ichtus.fr/petit-voyage-au-cœur-de-la-nebuleuse-pro-eu thanasie.
67 Ebd.
68 Ein Scheinargument, da die Probleme in diesem Zusammenhang vor allem durch die ungenügende Anwendung des *Leonetti*-Gesetzes verursacht wurden.
69 BLOG MAÇONNIQUE, *Le GODF s'exprime sur l'euthanasie* (www.hiram.be/blog/2013/01/29/le-godf-sexprime-sur-leuthanasie).
70 Parlamentarische Anhörung der Frauen-Großloge von Frankreich vom 8. Oktober 2014, S. 4.
71 Ebd., S. 3.
72 Ebd.
73 »LE DROIT HUMAIN«, Rituel d'augmentation de salaire au grade de compagnon (»Ritual der Lohnerhöhung im Gesellengrad«), S. 41.
74 COMITÉ PROTESTANT ÉVANGÉLIQUE POUR LA DIGNITÉ HUMAINE (»Protestantisches Komitee für die Menschenwürde«), Debatte vom 30. September 2003 (siehe www.cpdh.org).

75 Es handelt sich um eine Debattiersitzung in einem Freimaurertempel, bei dem der Referent Freimaurer oder Profaner sein kann und zu dem auch Profane zugelassen werden können (ihre Einladung ist streng personenbezogen und erfolgt auf Empfehlung von Freimaurern, die mit ihnen bekannt sind). Bei dieser Gelegenheit sind die Freimaurer »zivil« gekleidet, sodass ihre Zugehörigkeit nicht zu erkennen ist. Lediglich einige Beamte – unter ihnen natürlich der Meister vom Stuhl, der den Vorsitz führt – tragen die »Schärpe«, die ihr Amt kennzeichnet (aber weder Schurz noch Handschuhe).

76 »Les francs-maçons de France initient le débat sur l'euthanasie des enfants«, 13. Oktober 2015 (www.infochretienne.com).

77 Arthur MERTENS, *Exclusif: Le Grand Orient de France planche déjà sur l'euthanasie des enfants,* 6. Oktober 2015 (www.famillechretienne.fr/politique-societe/bioethique).

78 Ebd.

79 Ebd.

80 Ebd.

81 Gemeint ist damit wohlgemerkt »eine Welt ohne andere Dogmen als die von der Freimaurerei vertretenen einschließlich des Antidogmatismus, der für das ›freie Denken‹ zwingend notwendig ist«.

82 Arthur MERTENS, a. a. O.

83 Vgl. *J'ai frappé à la porte du Temple,* a. a. O., S. 182 f.

84 Aus den Anfangsbuchstaben mehrerer Wörter gebildetes Kurzwort (Anm d. V.).

85 »Bergpartei« (Anm. d. V.).

86 LEO XIII., Enzyklika *Humanum genus* (20. April 1884), 10.

87 Ebd., 10–12.

88 Ebd., 13–14.

89 Ebd., 20.

90 Ebd., 21.

91 Ebd., 28.

92 Ebd., 24.

III. Eine Initiationsgemeinschaft

1 Ausschließlich dem Geist der Eingeweihten.

2 Oswald WIRTH, *Le symbolisme occulte de la franc-maçonnerie,* Paris 1993, S. 94.

3 Jean ONOFRIO, *La Chaîne d'union*, Lugrin 2006, S. 5.
4 »Mille-Feuille« ist ein französisches Feingebäck aus Blätterteig (Anm. d. V.).
5 Maurice CAILLET, Interview mit Radio Courtoisie, 10. Februar 2013.
6 Vgl. hierzu das freimaurerische Werkstück *La Main*, Großorient von Frankreich (www.ledifice.net/6034-3.html).
7 Die liegende Acht – ∞ – ist das mathematische Zeichen für Unendlichkeit. Man muss sich vor Augen halten, dass die Freimaurerei insbesondere des AASR ihren Okkultismus teilweise aus der pythagoreischen Lehre schöpft. Die Art und Weise, wie die Teilnehmer ihre Arme vor der Brust verschränken, erinnert an die Schlinge der horizontalen Acht. Wenn Oswald Wirth schreibt, die Acht empfange »in dem Maß, in dem sie gibt«, meint er damit, dass die Arme der Teilnehmer die beiden Seiten der Acht nachstellen: Mit der linken Hand und dem linken Arm empfangen sie die fluidische Energie, die durch die Kette strömt, und mit der rechten Hand und dem rechten Arm geben sie sie weiter.
8 Oswald WIRTH, *La franc-maçonnerie rendue intelligible à ses adeptes*, Bd. III, *Le maître*, a. a. O., S. 205.
9 Ebd., S. 196.
10 Pierre DANGLE, *Le livre de l'apprenti*, Fuveau 2001, S. 121.
11 Ebd., S. 122. Mit »Werk« ist die alchemistische Handlung gemeint, die darauf abzielt, Blei in Gold zu verwandeln.
12 Oswald WIRTH, a. a. O., S. 98. »Kunst« steht ebenfalls für die Alchemie. Vgl. hierzu das freimaurerische Werkstück *L'art royal* der Loge »Appolonius de Tyane« des Großorients der Schweiz, Genf (www.ledifice.net/7009-2.html).
13 Ebd., S. 123.
14 P. Jean-Baptiste GOLFIER, a. a. O.
15 Jean ONOFRIO, a. a. O., S. 79.
16 Jean-Luc MAXENCE, *L'Égrégore, l'énergie psychique collective*, Paris 2003, S. 113.
17 Jules BOUCHER, a. a. O., S. 337.
18 Valery SANFO, *Le monde secret des tarots*, Paris 2007, S. 9.
19 Oswald WIRTH, *La franc-maçonnerie rendue intelligible à ses adeptes*, Bd. I, *L'apprenti*, a. a. O., S. 156.
20 Oswald WIRTH, *La franc-maçonnerie rendue intelligible à ses adeptes*, Bd. II, *Le compagnon*, a. a. O., S. 41.

21 Ebd., S. 114.
22 Bei den Tarotkarten beschreiben die Symbolkarten der Großen Arkana entscheidende Lebensabschnitte und wichtige Ereignisse (Anm. d. V.).
23 Julien BEHAEGHEL, *Le maître franc-maçon et la mort symbolique*, Fuveau 2005, S. 106.
24 Oswald WIRTH, *La franc-maçonnerie rendue intelligible à ses adeptes*, Bd. III, *Le maître*, a. a. O., S. 217.
25 Ebd., S. 218.
26 Julien BEHAEGHEL, a. a. O., S. 95.
27 Diese alchemistische Formel wird in der Freimaurerei häufig aufgegriffen und findet insbesondere in der Zeremonie der Erhebung zum XXX. Hochgrad Verwendung.
28 Valéry SANFO, a. a. O., S. 42.
29 Éliphas LÉVI, *Secrets de la magie*, Paris 2000, S. 1033.
30 Arnaud de Lassus, *Connaissance élémentaire de la franc-maçonnerie*, Paris 1985, S. 39.
31 Éliphas LÉVI, a. a. O., S. 1016.
32 Jérôme COLIN, Freimaurerisches Werkstück *Le diable et le satanisme expliqué aux francs-maçons*, 23. April 2012 (hautsgrades.over-blog.com/article-le-diable-et-le-satanisme-expliques-aux-francs-macons-118536723.html). Der Verfasser dieses Werkstücks schreibt insbesondere, dass nach der Lehre der Kirche »nicht einmal Gott den Teufel loskaufen kann«, und fragt daran anschließend: »Beweist das nicht, dass dieser Teufel und Gott gleich sind?«
33 Siehe bigbrowser.blog.lemonde.fr/2015/07/28/le-temple-satanique-de-detroit-devoile-son-imposante-statue-de-baphomet.
34 P. Jean-Baptiste GOLFIER, a. a. O., S. 92.

IV. Wie ich herausfand, dass die Freimaurerei eine satanische Religion ist

1 Befragung, die alle oder einen Teil der geheimen Wörter, Passwörter und geheiligten Wörter betrifft und dazu dient, die Zugehörigkeit und den Grad eines Freimaurers zu überprüfen, ehe man ihm Einlass in die Loge gewährt. Diese Überprüfung wird in der Regel nur noch bei den Kandidaten für die Zeremonie der Lohnerhöhung oder bei unbekannten Besuchern vorgenommen.

2   Oswald WIRTH, *La franc-maçonnerie rendue intelligible à ses adeptes*, Bd. I, *L'apprenti*, a. a. O., S. 25.
3   Roger DACHEZ und Alain BAUER, a. a. O., S. 83.
4   Oswald WIRTH, a. a. O., S. 25.
5   Als ob es zwei katholische Kirchen geben könnte! Es sei denn, dahinter steckt eine Strategie des »Spalters«, das heißt des Satans.
6   C. BERGERAC, Freimaurerisches Werkstück *Alchimie et gnose au 18ᵉ degré* (hautsgrades.over-blog.com/article-alchimie-et-gnose-au-18eme-degre-du-reaa-106692286.html).
7   Zitiert nach www.ledifice.net/7194-1.html.
8   Oswald WIRTH, *La franc-maçonnerie rendue intelligible à ses adeptes*, Bd. III, *Le maître*, a. a. O., S. 13.
9   Die Theurgie ist eine spirituelle magisch-rituelle Technik, die dazu dient, mit geistigen Wesen in Verbindung zu treten und mit ihrer Hilfe göttliche Werke zu tun (Anm. d. V.).
10 Zauberei durch Geisterbeschwörung (Anm. d. V.).
11 Vertreter des konservativen Adels und die Verfechter der Vorherrschaft des Senats in der späten Römischen Republik (Anm. d. V.).
12 Albert PIKE, zitiert nach Léon MEURIN SJ, Erzbischof von Port-Louis, *La franc-maçonnerie, synagogue de Satan*, Paris (Victor Retaux) 1893, S. 216.
13 Benny HINN, *Les noms de Dieu*, La Courneuve 2011.
14 Ebd., S. 5051.
15 Freimaurerisches Werkstück *L'Étoile du matin* (www.ledifice.net/6088-5.html).
16 Freimaurerisches Werkstück *Le diable* der Loge »La Parfaite Union« des Orients von Namur, Belgien (www.ledifice.net/7129-1.html).
17 »LE DROIT HUMAIN«, *Rituel d'augmentation de salaire au grade de compagnon*, S. 50.
18 Ebd., S. 51.
19 Werkstück *L'Étoile du matin*, a. a. O. *Étoile du matin* (»Morgenstern«) ist einer der Namen Luzifers.
20 Jules DOINEL, *Lucifer démasqué*, Cabanac 2000, S. 162.
21 »LE DROIT HUMAIN«, *Rituel d'ouverture des travaux au 12ᵉ des hauts grades de Grand Maître Architecte*, S. 8.
22 Als Erzloge wird die Freimaurerloge im zwölften Hochgrad bezeichnet. Ihre Leitung obliegt dem Erhabenen Großmeister.
23 Unter Freimaurern als »Salve« bezeichnet.

24 PLATON, *Des Sokrates Verteidigung*, übers. v. Fr. Schleiermacher, in: Platon. Sämtliche Werke, Bd. 1, Reinbek bei Hamburg ^{32}2011, S. 30 (31d).
25 PLUTARCH, *Der Schutzgeist des Sokrates*, in: Moralia, Bd. 1, hg. v. Christian Weise u. Manuel Vogel, Wiesbaden 2012, S. 985 (588CD).
26 Pascal QUIGNARD, *Petit traité sur les anges*, Vorwort zu: Apulée, Le démon de Socrate, Paris 1993, S. 36.
27 Freimaurerisches Werkstück *La lettre G* der Loge »Lumière d'Égypte« des Orients von Vacoas (Mauritius) (www.ledifice.net/6015-4.html).
28 Oswald WIRTH, *La franc-maçonnerie rendue intelligible à ses adeptes*, Bd. III, *Le maître*, a. a. O., S. 123.
29 Léon MEURIN, a. a. O., S. 215.
30 *Demon*, in: 456-bible.123-bible.com/calmet/D/demon.htm.
31 Albert PIKE, *Morale et Dogmes*, S. 104 f., zitiert nach Michelle D'ASTIER DE LA VIGERIE, *Libération de la franc-maçonnerie et de ses héritages funestes* (www.judeochretien.com/delivrance-liberation-franc-maconnerie.pdf).
32 Freimaurerisches Werkstück *La gnose* (www.ledifice.net/3064-6.html).
33 Freimaurerisches Werkstück *Le diable*, a. a. O.
34 Ebd.
35 Verehrung zweier Götter (Anm. d. V.).
36 Freimaurerisches Werkstück, 7. Januar 2013 (deusmeumquejus.over-blog.com/article-a-tous-les-faux-ma-ons-114159986.html).
37 Freimaurerisches Werkstück *Le diable*, a. a. O.
38 Großschreibung im Original.
39 Freimaurerisches Werkstück *Lucifer: Passage obligé vers la connaissance*, Oktober 2006 (www.ledifice.net/7364-1.html).
40 Ein Freimaurer von dankenswerter intellektueller Aufrichtigkeit bestätigt die Existenz dieses Texts, den Albert Pike 1871 veröffentlicht hat: »Es handelt sich um *Morals and Dogma*, mit dem einige Anti-Freimaurer hetzen, weil im Kapitel über den IXX. Grad (Hoher Priester) [...] in einem Abschnitt, der neun Zeilen umfasst (S. 321 in der Ausgabe von 1951, einem Nachdruck der Ausgabe von 1950) auf Luzifer angespielt wird.«
41 Dieser Grad nennt sich Ritter Kadosch.
42 Léon MEURIN, a. a. O., S. 404.

43 Freimaurerisches Werkstück *La Lumière*, Oktober 2009 (www.ledifice.net/3063-6.html).
44 Wie wir dem Kommentar eines gebildeten Bloggers entnehmen können (Le blogue du Maître-Chat lully, leblogdumesnil.unblog.fr): »Nicht großgeschrieben bedeutet das Wort *lucifer* ›Morgenstern‹. So singen wir im 109. [110.] Psalm in der Vesper der Sonntage und Hochfeste: *Tecum principium in die virtutis tuae in splendoribus sanctorum: ex utero ante luciferum genuite!* – ›Dich umgibt Herrschaft am Tag deiner Macht, im Glanz des Heiligtums. Ich habe dich aus dem Schoß gezeugt vor dem Morgenstern.‹ Großgeschrieben kann der Name *Lucifer* zwei Personen bezeichnen: 1. Das darin enthaltene Wort »Ans-Licht-bringen« ist er vor allem anderen und sehr zu Recht einer der Namen Christi, des ewigen Gottesworts – *Lumen de Lumine*, ›Licht vom Licht‹ –, das den Menschen die Fülle des Lichts der göttlichen Offenbarung bringt ... 2. jedoch ist der Name *Luzifer* (und das ist es, was einem spontan als Erstes in den Sinn kommt, wenn man diesen Namen hört) gleichsam ausgeweitet worden auf den, der einstmals der schönste und höchste der Engel Gottes war. Denn die Namen, die man den Engeln gibt, sind die Übersetzungen ihrer ›Funktion‹, die sie im göttlichen Plan wahrnehmen: Dieser christliche Name wurde dem schönsten der Engel verliehen, weil er ursprünglich derjenige war, durch den das göttliche Licht am hellsten erstrahlte, derjenige, durch den das Licht Gottes an die anderen Engel weitergegeben wurde (der hl. Dionysius Areopagita und der hl. Thomas von Aquin erklären, dass die Gaben und Gnaden Gottes in der Welt der Engel in ›Kaskaden‹ herabstürzen).«
45 Louis BREMOND, *Pour triompher des embûches du démon*, a. a. O., S. 13.
46 Claude LLORENS (Freimaurer des XXX. Grads), Freimaurerisches Werkstück *Grand Maître Architecte: un thème du 12ᵉ degré*, 27. August 2012 (hautsgrades.over-blog.com/article-grand-maitre-architecte-un-theme-du-12eme-degre-109468192.html).
47 Ritus der katholischen (Kinder-)Taufe.
48 »LE DROIT HUMAIN«, *Rituel d'initiation*, S. 13.
49 J. W. v. GOETHE, *Le Serpent vert*, übers. u. komm. v. Oswald WIRTH.
50 Ebd., S. 104.
51 Ebd., p. 185.

52 Vertreter einer Herrschaftsform, bei der die Staatsgewalt allein religiös legitimiert und von einer als Gott bzw. Stellvertreter Gottes auf Erden angesehenen Einzelperson oder von der Priesterschaft ausgeübt wird (Anm. d. V.).
53 Oswald WIRTH, *La franc-maçonnerie rendue intelligible à ses adeptes*, Bd. II, *Le compagnon*, a. a. O., S. 92.
54 Großschreibung im Original.
55 Großschreibung im Original.
56 Freimaurerisches Werkstück *Lucifer: Passage obligé vers la connaissance*, a. a. O.
57 Oswald WIRTH, *La franc-maçonnerie rendue intelligible à ses adeptes*, Bd. III, *Le maître*, a. a. O., S. 13.
58 P. Joseph-Marie VERLINDE, *Quand le voile se déchire*, a. a. O., S. 190.
59 JOHANNES PAUL II., Enzyklika *Fides et ratio*, 22.
60 Eine negative Einstellung in Bezug auf die Bibel (Anm. d. V.).
61 C. BERGERAC, Freimaurerisches Werkstück *Alchimie et gnose au 18e degré*, a. a. O.
62 Im XVIII. Grad ist der Phönix angeblich ein Christussymbol.
63 Wir werden noch sehen, wie die Freimaurerei die Kreuzesaufschrift *INRI* deutet und dass diese Deutung jeglicher biblischen Grundlage entbehrt.
64 Der Ritter der Sonne ist im XVIII. Grad das Pendant zum Meister vom Stuhl in den blauen Logen.
65 Die Freimaurerei möchte eine Verbindung zwischen dem Akronym *INRI* und dem verlorenen Wort aus dem Freimaurermythos herstellen.
66 Diese Technik wendet die Freimaurerei gerne an, um ihren eigenen Dogmen – in diesem Fall dem freimaurerischen Dogma von der sich selbst erneuernden Natur, das überdies fälschlicherweise zur Auferstehung Christi in Beziehung gesetzt wird – eine biblische oder historische Glaubwürdigkeit zu verleihen. Was beweist, dass sich die Freimaurerei auf ein naturalistisches Dogma gründet.
67 *Bible de Jérusalem*, Paris 2009, S. 2151.
68 GRAND COLLÈGE DES RITES DU SUPRÊME CONSEIL, *Symbolisme du 18e grade Rose + Croix*, ^{2}1973, S. 9.
69 Ebd., S. 4 f.
70 Wahrsagen aus Zahlen (Anm. d. V.).

71 Eine spätantike religiöse Offenbarungs- und Geheimlehre (Anm. d. V.).
72 Mit Buchstaben- und Zahlendeutung arbeitende jüdische Geheimlehre und Mystik (Anm. d. V.).
73 Kollektivname für die häretischen religiösen Strömungen der späten Antike (Anm. d. V.).
74 Ebd., S. 5.
75 Vgl. hierzu »Rite français« (www.regius-glnf.fr/rubrique.php?id=261).
76 P. Nicolas DESCHAMPS, *Les sociétés secrètes et la société*, Bd. I, Paris (Oudin) 1882, S. LVI.
77 Vgl. hierzu den Alten und Angenommenen Schottischen Ritus auf der Internetseite der GLNF, Nr. 2685.
78 Vgl. hierzu den Rektifizierten Schottischen Ritus auf der Internetseite der GLNF, Nr. 2684.
79 Jedoch nicht auf die Lehren der Kirchenväter entsprechend dem Lehramt der katholischen Kirche – im Hinblick auf die spirituelle Kompatibilität ein wesentlicher Unterschied.
80 Martinès de Pasqually war allerdings ein Okkultist und Kabbalist des 18. Jahrhunderts, der mit seiner »christlich-esoterischen Lehre der Freimaurerei« unter das Interdikt und die Exkommunikation fiel, die Papst Clemens XII. mit seiner Enzyklika *In eminentia postolatus specula* verhängt hatte. Diese Lehre formuliert er in seinem Werk *Le traité de la réintégration des êtres*. Martinès de Pasqually vertritt die Auffassung, dass Gott »emaniert« und nicht erschaffen habe. Er fordert die baldige Zerstörung der katholischen Kirche und hält es für möglich, Gott im Zuge einer fortschreitenden Initiation unmittelbar zu erkennen.
81 GRAND COLLÈGE DES RITES DU SUPRÊME CONSEIL, Mémento *du Grade Rose + Croix (18e degré)*, S. 4.
82 Im Original steht das französische Wort *sauveur* (kleingeschrieben).
83 C. BERGERAC, Freimaurerisches Werkstück *Alchimie et gnose au 18e degré*, a. a. O.
84 Für die Freimaurerei hat das Kreuz keinerlei mystische Bedeutung! Für die esoterische Institution ist es lediglich ein polyvalentes Symbol, und wenn man dem Büchlein des *Grand Collège des rites* Glauben schenkt, eine Art »primitives Feuerzeug«.
85 GRAND COLLÈGE DES RITES DU SUPRÊME CONSEIL, *Symbolisme du 18e grade Rose + Croix*, ^{2}1973, S. 13 f.

86 bigbrowser.blog.lemonde.fr/2015/07/28/le-temple-satanique-de-detroit-devoile-son-imposante-statue-de-baphomet.
87 GRAND COLLÈGE DES RITES DU SUPRÊME CONSEIL, Mémento *du Grade Rose + Croix (18ᵉ degré)*, S. 20.
88 So heißt die Loge im XVIII. Grad.
89 GRAND COLLÈGE DES RITES DU SUPRÊME CONSEIL, Mémento *du Grade Rose + Croix (18ᵉ degré)*, S. 20.
90 Claude LLORENS, Freimaurerisches Werkstück *Grand Maître Architecte: un thème du 12ᵉ degré*, a. a. O.
91 Vgl. *J'ai frappé à la porte du Temple*, a. a. O., S. 99–104.
92 Das Ende der Zeremonie bildet die glückliche Wiedergeburt des »Meisters« Hiram im neuen Freimaurermeister.
93 In der Bibel ist Tubal-Kajin ein Nachkomme Kains. »Kain erkannte seine Frau; sie wurde schwanger und gebar Henoch. [...] Dem Henoch wurde Irad geboren; Irad zeugte Mehujaël, Mehujaël zeugte Metuschaël und Metuschaël zeugte Lamech. Lamech nahm sich zwei Frauen; der Name der einen war Ada und der Name der anderen Zilla. [...] Auch Zilla gebar, und zwar Tubal-Kajin, der die Geräte aller Erz- und Eisenhandwerker schmiedete« (Gen 4,17–19.22).
94 Freimaurerisches Werkstück *Tubal-Caïn* des Großorients von Frankreich (www.ledifice.net/7076-2.html).
95 Ebd. Man beachte, mit welcher Selbstverständlichkeit dieser Freimaurer und auch der Verfasser des nächsten Werkstücks die Heilige Schrift mit einer bloßen Legende gleichsetzen.
96 Freimaurerisches Werkstück *Tubal-Caïn* (www.ledifice.net/7076-7.html). Dass Tubal-Kajin von Kain abstammt, ist der Freimaurerei, wie dieses Werkstück belegt, offenbar durchaus bekannt.
97 Freimaurerisches Werkstück *Tubal-Caïn*, a. a. O. (7076-2).
98 Ebd.
99 Freimaurerisches Werkstück *Tubal-Caïn*, a. a. O. (7076-7).
100 Freimaurerisches Werkstück *Tubal-Caïn*, a. a. O. (7076-6).
101 Den Schöpfer betreffend (Anm. d. V.).
102 Thomas DALET, Freimaurerisches Werkstück *Tubal-Caïn*, 21. Mai 2012 (hautsgrades.over-blog.com/article-tubalcain-105538403.html).
103 Freimaurerisches Werkstück *Tubal-Caïn*, a. a. O. (7076-7).
104 *Bible de Jérusalem*, a. a. O., Anm. »bm«, S. 114.
105 Ebd., Anm. zu Gen 4,1, S. 40.
106 Ebd., Anm. zu Gen 4,22, S. 41.

107 Freimaurerisches Werkstück *Caïn, Abel et Seth*, 16. Juli 2012 (hautsgrades.over-blog.com/article-cain-abel-et-seth-108192021.html).
108 Ebd.
109 Sappia APRT, Freimaurerisches Werkstück *De Tubal-Caïn à Phaleg*, 20. Mai 2012 (hautsgrades.over-blog.com/article-de-tubalcain-a-phaleg-105479387.html).
110 Ebd.
111 Ebd.
112 Ebd.
113 Rektifizierter Schottischer Ritus (Anm. d. V.)
114 Bedrängnis (Anm. d. V.)
115 Umsessenheit (Anm. d. V.).
116 Oswald WIRTH, *Le symbolisme occulte de la franc-maçonnerie*, a. a. O., S. 87.
117 Oswald WIRTH, *La franc-maçonnerie rendue intelligible à ses adeptes*, Bd. I, *L'apprenti*, a. a. O., S. 123.
118 Bernard ANTONY, *Vériteśsur la franc-maçonnerie. De la subversion des loges à la république des initiés*, Paris 2008, S. 243.
119 Ebd., S. 219.
120 Pierre CHEVALLIER, *Histoire de la franc-maçonnerie française*, Bd. III, *La Maçonnerie: Église de la République* (1877–1944), Paris 1975.
121 R. L.·Perf.·Nr. 65, »La Pierre d'Agathe«, Orient von Vierzon, *Paroles plurielles*, Sonderheft, Mai 2011, S. 39. R.·L.·Perf.·steht für *Respectable Loge de Perfection*, »Ehrenwerte Loge der Perfektionsgrade«.
122 Albert PIKE, *Morals and Dogma*, S. 320. Übersetzung des Verfassers: »We build slowly and destroy swiftly [...]. Stone after stone, by the combined effort and long toil of the Apprentice, Fellow-Craft and Masters, the walls arose [...]. Be patient my Brother and wait!«
123 TGI Nizza, 3. Kammer, 2. Oktober 2001, X c/ Grande Loge nationale française.

V. Luzifer lässt nicht los

1. Thérèse von Lisieux (hl.), *Warum ich dich liebe, Maria*, Gedicht, Mai 1897.
2. Umsessenheit (Anm. d. V.).
3. P. Gilles Jeanguenin, *Le diable existe*, Paris 2009, S. 114.
4. Michelle d'Astier de la Vigerie, *Libération de la franc-maçonnerie*, S. 7 (www.judeochretien.com/delivrance-liberation-franc-maconnerie.pdf).
5. Neuling (Anm. d. V.).
6. »Le Droit Humain«, *Rituel d'initiation au grade d'apprenti* (»Ritual der Initiation in den Lehrlingsgrad«), S. 55.
7. Ebd., S. 59.
8. Oswald Wirth, *La franc-maçonnerie rendue intelligible à ses adeptes*, Bd. I, *L'apprenti*, a. a. O., S. 139.
9. P. Paul-Marie de Mauroy CSJ, *Pourquoi la délivrance*, Website der *International Association for Deliverance* (vade-retro.fr/delivrance.html).
10. Michelle d'Astier de la Vigerie, a. a. O., S. 5.
11. »Le Droit Humain«, *Rituel d'ouverture des travaux au 12e degré de Grand Maître Architecte*, S. 8.
12. P. Jean-Baptiste Golfier, a. a. O.
13. P. Gilles Jeanguenin, a. a. O., S. 144 f.
14. Christian Poirier, *Guérison et combat spirituel*, Paris 2011, S. 32.
15. Ebd., S. 32 f.

VI. Bekehrung und Friede

1. »Grenzen setzen« (Anm. d. V.).
2. Joseph Ratzinger, *Quel avenir pour l'Église*, 8. April 2001.
3. P. Gilles Jeanguenin, a. a. O., S. 89.
4. Ebd., S. 130.
5. P. Francesco Bamonte, a. a. O., S. 46.
6. Vgl. *J'ai frappé à la porte du Temple*, a. a. O., S. 135–138.
7. Hl. Thérèse von Lisieux, *Geschichte einer Seele*, a. a. O., S. 35.
8. Das Krankenhaus von Narbonne hat 250 Betten.
9. Oswald Wirth, *La franc-maçonnerie rendue intelligible à ses adeptes*, Bd. III, *Le maître*, a. a. O., S. 95.

10 Jules BOUCHER, *La symbolique maçonnique*, a. a. O., S. 272.
11 Ebd., S. 252.
12 Traditionelles französisches Weihnachtsgebäck (Anm. d. V.).
13 HL. THÉRÈSE VON LISIEUX, a. a. O., S. 53.
14 Isabelle WIENAND, *Significations de la Mort de Dieu chez Nietzsche d'«Humain, trop humain« à »Ainsi parlait Zarathoustra«*, Bern 2006, S. 129.
15 Vgl. Lk 17,9.
16 Abbé Pierre DESCOUVEMONT, a. a. O., S. 419.
17 Marcel LÉGAUT, zitiert nach Marie-Hélène FLYE SAINTE-MARIE, *Désir et expérience de Dieu*, Les Cahiers de la Faculté de Théologie 8, Theologische Fakultät Toulouse 2001, S. 49.

Schluss

1 Abwerben von Personen aus einem anderen Glauben (Anm. d. V.).
2 Oswald WIRTH, *La franc-maçonnerie rendue intelligible à ses adeptes*, Bd. III, *Le maître*, a. a. O., S. 173.

Epilog

1 Phil COLLINS, *Against all odds*.